TIO TUNGSTÊNIO

A marca FSC® é a garantia de que a madeira utilizada na fabricação do papel deste livro provém de florestas que foram gerenciadas de maneira ambientalmente correta, socialmente justa e economicamente viável, além de outras fontes de origem controlada.

OLIVER SACKS

TIO TUNGSTÊNIO
Memórias de uma infância química

Tradução:
LAURA TEIXEIRA MOTTA

3ª reimpressão

COMPANHIA DAS LETRAS

Copyright © 2001 by Oliver Sacks

Título original:
Uncle Tungsten — Memories of a chemical boyhood

Capa:
Hélio de Almeida
sobre ilustração de Zaven Paré

Índice remissivo:
Luciano Marchiori

Preparação:
Beatriz de Freitas Moreira

Revisão:
Cláudia Cantarin
Isabel Jorge Cury

Dados Internacionais de Catalogação na Publicação (CIP)
(Câmara Brasileira do Livro, SP, Brasil)

Sacks, Oliver W.
　　Tio Tungstênio : memórias de uma infância química / Oliver W. Sacks; tradução Laura Teixeira Motta — São Paulo : Companhia das Letras, 2002.

　　Título original: Uncle Tungsten : Memories of a chemical boyhood
　　ISBN 978-85-359-0270-9

　　1. Neurologistas - Inglaterra - Biografia
　　2. Sacks, Oliver W. I. Título.

02-3841　　　　　　　　　　　　　　　　CDD-616.8092

Índice para catálogo sistemático:
1. Inglaterra : Neurologistas - Biografia
616.8092

2016

Todos os direitos desta edição reservados à
EDITORA SCHWARCZ S.A.
Rua Bandeira Paulista, 702, cj. 32
04532-002 — São Paulo — SP
Telefone: (11) 3707-3500
Fax: (11) 3707-3501
www.companhiadasletras.com.br
www.blogdacompanhia.com.br
facebook.com/companhiadasletras
instagram.com/companhiadasletras
twitter.com/cialetras

Para Roald

SUMÁRIO

1. Tio Tungstênio 9
2. "37" 17
3. Exílio 25
4. "Um metal ideal" 37
5. Luz para as massas 51
6. A terra da estibina 59
7. Recreações químicas 72
8. Fedores e explosões 82
9. Consultas domiciliares 96
10. Uma linguagem química 106
11. Humphry Davy: um químico-poeta 121
12. Imagens 135
13. As rodelinhas de madeira do sr. Dalton 150
14. Linhas de força 159
15. Vida em família 173
16. O jardim de Mendeleiev 190
17. Espectroscópio de bolso 214
18. Fogo frio 223
19. Mamãe 235

20. Raios penetrantes 246
21. O elemento de Madame Curie 255
22. *Cannery Row* 269
23. O mundo desencadeado 282
24. Luz brilhante 293
25. Fim do romance 309
Posfácio 315

Agradecimentos 319
Créditos das ilustrações 321
Índice remissivo 323

A Tabela Periódica está nas pp. 194-5

1

TIO TUNGSTÊNIO

Muitas das minhas lembranças de infância têm relação com metais: eles parecem ter exercido poder sobre mim desde o início. Destacavam-se em meio à heterogeneidade do mundo por seu brilho e cintilação, pelos tons prateados, pela uniformidade e peso. Eram frios ao toque, retiniam quando golpeados.

Eu adorava o amarelo do ouro, seu peso. Minha mãe tirava a aliança do dedo e me deixava pegá-la um pouco, comentando que aquele material se mantinha sempre puro e nunca perdia o brilho. "Está sentindo como é pesado?", ela acrescentava. "Mais pesado até do que o chumbo." Eu sabia o que era chumbo, pois já segurara os canos pesados e maleáveis que o encanador uma vez esquecera lá em casa. O ouro também era maleável, minha mãe explicou, por isso, em geral, o combinavam com outro metal para torná-lo mais duro.

O mesmo acontecia com o cobre, que era misturado ao estanho para produzir bronze. Bronze! — a palavra em si já me soava como um clarim, pois uma batalha era o choque valente de bronze contra bronze, espadas de bronze em escudos de bronze, o grande escudo de Aquiles. O cobre também podia ser combinado com zinco para produzir latão, acrescentou minha mãe. Todos nós — minha mãe, meus irmãos e eu — tínhamos nosso menorá de bronze para o Hanuca. (O de meu pai era de prata.)

Eu conhecia o cobre — a reluzente cor rósea do grande caldeirão em nossa cozinha era cobre; o caldeirão era tirado do armário só uma vez por ano, quando os marmelos e as maçãs ácidas amadureciam no pomar e minha mãe fazia geléia com eles.

Eu conhecia o zinco — o pequeno chafariz fosco e levemente azulado onde os pássaros se banhavam no jardim era feito de zinco; e o estanho, a pesada folha-de-flandres em que eram embalados os sanduíches para piquenique. Minha mãe me mostrou que, quando se dobrava estanho ou zinco, eles emitiam um "grito" especial. "Isso é devido à deformação da estrutura cristalina", ela explicou, esquecendo que eu tinha cinco anos e por isso não a compreendia — mas ainda assim suas palavras me fascinavam, faziam-me querer saber mais.

Havia um enorme rolo compressor de ferro fundido no jardim — pesava mais de duzentos quilos, meu pai contou. Nós, crianças, mal conseguíamos movê-lo, mas meu pai era fortíssimo e conseguia erguê-lo do chão. O rolo estava sempre um pouco enferrujado, e isso me afligia — a ferrugem descascava, deixando pequenas cavidades e escamas —, porque eu temia que o rolo inteiro algum dia se esfarelasse pela corrosão, se reduzisse a uma massa de pó e flocos avermelhados. Eu tinha necessidade de ver os metais como estáveis, como é o ouro — capazes de resistir aos danos e estragos do tempo.

Às vezes eu pedia à minha mãe que pegasse seu anel de noivado e me mostrasse o diamante. Ele brilhava mais do que tudo o que eu já vira — era quase como se emitisse mais luz do que recebia. Minha mãe me mostrou como ele riscava fácil o vidro, e então me disse para encostá-lo nos lábios. Era estranho, espantosamente frio; os metais pareciam frios ao toque, mas o diamante era gelado. Isso acontece, minha mãe explicou, porque ele conduz tão bem o calor — melhor do que qualquer metal — que retira o calor dos lábios de quem o toca. Aquela foi uma sensação que eu nunca mais esqueceria. Uma outra ocasião, ela me mostrou que, quando encostávamos um diamante em um cubo de gelo, o diamante retirava o calor da nossa mão e o transmitia ao gelo, que era cortado como manteiga. Minha mãe me explicou que o diamante era uma forma especial de carbono, como o carvão que usávamos para aquecer os cômodos da casa no inverno. Isso me deixou intrigado — como o carvão, preto, laminoso e opaco, podia ser o mesmo que aquela gema dura e transparente do anel?

Eu amava a luz, especialmente a cintilação das velas do sabá nas noites de sexta-feira, quando minha mãe murmurava uma prece enquanto as acendia. Não me permitiam tocá-las depois de acesas — eram sagradas, explicavam-me, suas chamas eram santas, não se devia mexer nelas. Eu ficava fascinado pelo pequenino cone de chama azulada no centro da vela — por que era azul? Em casa tínhamos lareiras a carvão, e eu muitas vezes fitava o centro do fogo, observando como ele passava de um tênue brilho avermelhado ao laranja, em seguida ao amarelo; então o atiçava com o fole até que a incandescência se tornasse quase branca. E pensava comigo: será que, se esquentar o suficiente, ganhará um brilho azul, ficará azul de tão quente?

O Sol e as estrelas queimariam daquela maneira? Por que nunca se apagavam? De que eram feitos? Tranqüilizei-me quando aprendi que o centro da Terra consistia em uma grande bola de ferro — parecia algo sólido, em que se podia confiar. E gostei quando me disseram que nós éramos feitos dos mesmos elementos que compunham o Sol e as estrelas, que alguns de meus átomos talvez tivessem estado algum dia numa estrela distante. Mas isso também me assustou, deu-me a sensação de que meus átomos eram apenas emprestados e poderiam se separar e sair voando a qualquer momento, voando como o fino pó de talco que eu via no banheiro.

Eu vivia atazanando meus pais com perguntas. De onde vem a cor? Por que minha mãe usava o gancho de platina que ficava pendurado acima do fogão para fazer o queimador de gás acender? O que acontecia com o açúcar quando o mexíamos no chá?

Para onde ele ia? Por que a água fazia bolhas quando fervia? (Eu gostava de ver a água começar a ferver no fogão, vê-la tremer com o calor antes de romperem as bolhas.)

Minha mãe revelou-me outras maravilhas. Tinha um colar de âmbar, de contas amarelas polidas, e me mostrou que, quando as friccionava, pedacinhos de papel vinham voando e grudavam nelas. Ou então punha o âmbar eletrificado em meu ouvido, e eu escutava e sentia um estalido, uma faísca.

Meus dois irmãos mais velhos, Marcus e David, com nove e dez anos a mais do que eu, gostavam de ímãs e se divertiam fazendo-me demonstrações, arrastando um ímã sob uma folha de papel onde eles haviam espalhado limalha de ferro. Eu nunca me cansava de ver os espantosos padrões que irradiavam dos pólos do ímã. "São linhas de força", Marcus me explicou — mas fiquei na mesma.

E havia o rádio de cristal de galena, que ganhei de meu irmão Michael e que eu ouvia na cama, movendo o ponteiro de um lado para o outro do cristal até conseguir sintonizar claramente uma estação. E os relógios luminosos — a casa era cheia deles, pois meu tio Abe fora pioneiro na criação de tintas luminosas. Também esses eu levava, junto com meu rádio de cristal de galena, para debaixo das cobertas à noite, em minha câmara particular secreta, e eles iluminavam minha caverna de lençóis com sua fantasmagórica luz esverdeada.

Todas essas coisas — o âmbar friccionado, os ímãs, o rádio de cristal de galena, os mostradores de relógio com suas incansáveis cintilações — faziam com que eu sentisse que havia raios e forças invisíveis; eu sentia que, sob o mundo visível e familiar das cores e aparências, existia um mundo desconhecido, oculto, de leis e fenômenos misteriosos.

Sempre que "acabava a luz", meu pai subia até onde estava a caixa de fusíveis de porcelana, no alto da parede da cozinha, localizava o fusível queimado, reduzido agora a uma bolha derretida, e o substituía por um fusível novo, um fio de metal estranho, mole. Era difícil imaginar que um metal pudesse derreter — um fusível poderia realmente ser feito do mesmo material que um rolo compressor ou que uma lata de estanho?

Os fusíveis eram feitos de uma liga especial, uma combinação de estanho, chumbo e outros metais, meu pai me explicou. Todos tinham pontos de fusão relativamente baixos, mas o ponto de fusão da liga feita com eles era ainda mais baixo. Eu me perguntava como isso podia acontecer. Qual era o segredo do ponto de fusão estranhamente baixo daquele novo metal? Aliás, o que era a eletricidade? Como ela fluía? Seria um tipo de fluido como o calor, que também podia ser conduzido? Por que ela fluía através do metal, mas não da porcelana? Isso igualmente pedia uma explicação.

Minhas perguntas eram intermináveis e abrangiam tudo, embora tendessem, repetidamente, a girar em torno de minha obsessão, os metais. Por que eles eram brilhantes? Por que eram homogêneos? Por que eram frios? Por que eram duros? Por que eram pesados? Por que vergavam sem quebrar? Por que tilintavam? Por que dois metais moles, como o zinco e o cobre, ou o estanho e o cobre, podiam ser combinados e produzir um metal mais duro? O que dava a cor dourada ao ouro, e por que ele nunca perdia o brilho? Minha mãe, na maioria das vezes, era paciente e tentava me esclarecer, mas, por fim, quando eu lhe esgotava a paciência, ela dizia: "Isso é tudo o que posso explicar; para saber mais, você tem de perguntar ao tio Dave".

Até onde minha memória alcança, nós o chamávamos de Tio Tungstênio, porque ele fabricava lâmpadas elétricas com filamentos de tungstênio. Sua firma chamava-se Tungstalite, e eu o visitava com freqüência na velha fábrica em Farringdon; ficava olhando enquanto ele trabalhava, de camisa com colarinho de ponta virada, mangas arregaçadas. O pesado pó escuro de tungstênio era prensado, martelado e sinterizado sob forte calor, e então estirado para se transformar gradualmente em fios finos para os filamentos. As mãos de meu tio eram sulcadas de pó preto, que não saía por mais que ele as lavasse (seria preciso remover toda a sua epiderme, e desconfiávamos que mesmo isso não bastaria). Eu imaginava que, depois de trinta anos trabalhando com tungstênio, aquele elemento pesado estava em seus pulmões e ossos, em todos os vasos e vísceras, em cada tecido de seu corpo. Para mim isso era uma maravilha, não uma desgraça — seu corpo tonificado, fortalecido pelo poderoso elemento, ganhando força e resistência quase super-humanas.

Sempre que eu ia à fábrica ele me mostrava as máquinas, ou mandava o contramestre fazê-lo. (O contramestre era um sujeito baixo e musculoso, um Popeye com antebraços enormes — um testemunho palpável dos benefícios de trabalhar com tungstênio.) Eu nunca me cansava daquelas máquinas engenhosas, sempre caprichosamente limpas, polidas e lubrificadas, ou da fornalha onde o pó preto era compactado e uma simples poeira era transformada em barras densas e duras, de brilho esverdeado.

Durante minhas visitas à fábrica, e às vezes em casa, tio Dave me ensinava sobre os metais com pequenos experimentos. Eu sabia que o mercúrio, esse estranho metal líquido, era incrivelmente pesado e denso, e que até o chumbo flutuava nele — meu tio me mostrou isso fazendo uma bala de chumbo flutuar num recipiente com mercúrio. Mas então ele tirou uma pequena barra cinzenta do bolso e, para meu espanto, ela imediatamente afundou. Aquilo, ele explicou, era o *seu* metal, o tungstênio.

Meu tio apreciava a densidade do tungstênio que ele preparava, sua refratariedade, sua grande estabilidade química. Gostava de manipulá-lo — o fio, o pó, mas, sobretudo, as pequenas barras e os lingotes maciços. Ele as acariciava, equilibrava-as nas mãos (de uma maneira muito carinhosa, me parecia). "Sinta isto, Oliver", ele dizia, passando-me uma barra. "A sensação de tocar o tungstênio sinterizado é incomparável." Ele dava batidinhas nas barras e elas retiniam forte. "Não há nada igual ao som do tungstênio", dizia tio Dave. Eu não sabia se isso era verdade, mas nunca o questionei.

Sendo o caçula da filha quase mais nova (eu era o último de quatro, e minha mãe, a décima sexta de dezoito filhos), nasci quase cem anos depois de meu avô materno, e não o conheci. Ele nasceu em um pequeno povoado russo em 1837, e chamava-se Mordechai Fredkin. Quando jovem, conseguiu evitar o alistamento compulsório no exército cossaco e fugiu da Rússia usando o passaporte de um homem morto chamado Landau; tinha apenas dezesseis anos. Como Marcus Landau, ele conseguiu chegar a Paris, depois foi para Frankfurt, onde se casou (sua esposa também tinha dezesseis anos). Dois anos mais tarde, em 1855, já com o primeiro filho, eles se mudaram para a Inglaterra.

O pai de minha mãe, pelo que se diz, era um homem igualmente atraído pelo espiritual e pelo material. Trabalhou como fabricante de botas e sapatos, como *shochet* (abatedor de animais segundo os preceitos kosher) e posteriormente como merceeiro — mas também foi estudioso do hebraico, místico, matemático amador e inventor. Tinha interesses variadíssimos: de 1888 a 1891 publicou um jornal no porão de sua casa, o *Jewish Standard*; interessou-se pela nova ciência da aeronáutica e se correspondeu com os irmãos Wright, que lhe fizeram uma visita quando foram a Londres no início do século XX (alguns de meus tios ainda se lembram disso). Tinha paixão por intrincados cálculos aritméticos, e meus tios e tias me contaram que ele os fazia de cabeça enquanto estava deitado na banheira. Mas, acima de tudo, interessou-se pela invenção das lâmpadas — lâmpadas de segurança para as minas, lâmpadas para carruagens, lâmpadas de rua — e patenteou muitas delas na década de 1870.

Meu avô, polímata e autodidata, era obcecado pela educação — e especialmente pela educação científica — de todos os seus filhos, as nove filhas no mesmo grau que os nove filhos. Quer por esse motivo, quer porque compartilharam de seus ardentes entusiasmos, sete de seus filhos homens acabaram, como ele, atraídos pela matemática e pelas ciências físicas. Suas filhas, em contraste, foram atraídas pelas ciências humanas — biologia, medicina, educação e sociologia. Duas delas fundaram escolas. Outras duas foram professoras. Minha mãe de início se sentiu dividida entre as ciências físicas e as humanas; interessou-se especialmente pela química quando menina (seu irmão mais velho, Mick, acabara de ingressar na carreira de químico), porém mais tarde se tornou anatomista e cirurgiã. Ela nunca perdeu o amor, a queda pelas ciências físicas, nem o desejo de ir além da superfície das coisas, de explicar. Por isso, os milhões de perguntas que eu fazia quando criança raramente recebiam respostas impacientes ou peremptórias; em vez disso, eu ouvia fascinado respostas bem pensadas (embora com freqüência estivessem além do meu entendimento). Desde o princípio fui encorajado a interrogar, a investigar.

Com todos esses tios e tias (e mais dois do lado paterno), meus primos totalizavam quase cem; e como a família, em sua maioria, estava baseada em Londres (embora houvesse ramificações distantes nos Estados Unidos, na Europa continental e na África do Sul), nós todos nos reuníamos freqüentemente, como uma tribo, em ocasiões especiais. Esse ambiente de família extensa esteve presente desde que me conheço por gente, e eu me deleitava com ele; dava-me a sensação de que era nossa tarefa, a tarefa da família, fazer perguntas, ser "científicos" assim como éramos judeus e ingleses. Eu estava entre os primos mais novos — tinha primos na África do Sul que eram 45 anos mais velhos do que eu — e alguns de meus primos já eram cientistas ou matemáticos na ativa; outros, um pouco mais velhos que eu, já estavam apaixonados pela ciência. Um dos primos era um jovem professor de física; três estudavam química na universidade; outro, um precoce garoto de quinze anos, revelava-se um promissor matemático. Eu não podia deixar de imaginar que cada um de nós trazia em si um pouco de nosso velho avô.

2

"37"

Passei minha infância, pouco antes da Segunda Guerra Mundial, numa casa em estilo eduardiano na região noroeste de Londres, um casarão de numerosos cômodos agrupados sem muito planejamento. Situada numa esquina, na junção das ruas Mapesbury e Exeter, a casa de número 37 de Mapesbury Road abria-se para as duas ruas e era maior que as vizinhas. Basicamente quadrada, quase cúbica, seu pórtico na entrada salientava-se e terminava no alto em um V, como a entrada de uma igreja. Duas janelas oitavadas também se projetavam, uma de cada lado, separadas do pórtico por um recesso, dando uma forma bem complexa ao telhado, que aos meus olhos parecia um gigantesco cristal. A casa era feita de tijolos vermelhos de um tom singularmente suave, escurecido. Depois de aprender um pouco de geologia, imaginei que eram feitos de arenito vermelho muito antigo, do período devoniano, uma idéia corroborada pelo fato de que todas as ruas ao nosso redor — Exeter, Teignmouth, Dartmouth, Dawlish — tinham nomes devonianos.

As portas principais eram duplas, entremeadas por um pequeno vestíbulo, e levavam a um hall seguido por um corredor que desembocava na cozinha, nos fundos; o hall e o corredor tinham piso de pedras coloridas em mosaico. À direita de quem entrava no hall ficava a escada curva, com seu pesado corrimão, brilhante graças a meus irmãos, que viviam descendo por ele.

Certos cômodos da casa tinham uma aura mágica ou sagrada, e talvez mais do que todos o consultório de meus pais (ambos eram médicos), com seus frascos de remédios, a balança de pesar os pós, as estantes com tubos de ensaio e béqueres, a espiriteira e a mesa de exame. Havia todo tipo de remédios, loções e elixires num armário grande — lembrava uma farmácia antiga em miniatura —, e havia um microscópio, e frascos de reagentes para examinar a urina dos pacientes, como a solução de Fehling, de um azul-vivo que se tornava amarelo na presença de açúcar na urina.

Era daquela sala especial, onde podiam entrar os pacientes mas não as crianças (a menos que alguém esquecesse a porta aberta), que eu às vezes via um brilho violeta sair por baixo da porta e sentia um cheiro estranho, oceânico, que mais tarde soube ser de ozônio — era a velha lâmpada ultravioleta sendo usada. Quando pequeno eu não sabia muito bem o que os médicos "faziam", e os vislumbres de cateteres e velas nas bandejas em forma de rim, de retratores e espéculos, luvas de borracha, categutes e fórceps — tudo aquilo me assustava, eu acho, embora também me fascinasse. Certa vez, quando se esqueceram de trancar a porta, vi uma paciente com as pernas para cima, presas por correias (na posição que, mais tarde, descobri chamar-se "litotomia"). A bolsa de obstetra e a bolsa de anestesia de minha mãe ficavam sempre à mão para as emergências, e eu sabia quando elas eram necessárias, pois ouvia comentários como "Ela está com três dedos de dilatação", que, ininteligíveis e misteriosos (seriam alguma espécie de código?), estimulavam minha imaginação de todas as maneiras.

Outro recinto sagrado era a biblioteca, que, pelo menos à noite, meu pai transformava em território especialmente seu. Uma parte da parede da biblioteca estava ocupada por seus livros hebraicos, mas havia livros sobre todos os assuntos — os de minha mãe (ela gostava de romances e biografias), os de meus irmãos, e os herdados dos avós. Toda uma estante era dedicada somente ao teatro — meus pais, que haviam se conhecido ao compartilhar seu entusiasmo pelo teatro participando de uma sociedade de estudantes de medicina apreciadores de Ibsen, ainda assistiam a alguma peça toda quinta-feira.

A biblioteca não servia apenas para a leitura; nos fins de semana, os livros que estavam na mesa eram postos de lado para dar lugar a vários tipos de jogos. Enquanto meus três irmãos mais velhos estavam concentradíssimos em um jogo de cartas ou xadrez, por exemplo, eu jogava algo mais simples, como ludo, com a tia Birdie, a irmã mais velha de minha mãe, que morou conosco quando eu era pequeno; ela foi mais companheira de brinquedos para mim do que meus irmãos. Os ânimos se exaltavam nas partidas de Banco Imobiliário, e, mesmo antes de eu aprender o jogo, os preços e as cores das propriedades ficaram gravados em minha mente. (Até hoje vejo Old Kent Road e Whitechapel como propriedades roxo-claras baratas, e as suas vizinhas, Angel e Euston Road, como azul-claras, não muito mais valorizadas. Em contraste, o West End para mim se apresenta em cores vívidas e caras: Fleet Street é escarlate, Piccadilly, amarelo, Bond Street, verde, e Park Lane e Mayfair, azul-escuras como os carros Bentley dos diplomatas.) Às vezes todo mundo se reunia num jogo de pingue-pongue, ou então fazíamos algum trabalho em madeira usando a grande mesa da biblioteca. Mas, depois de um fim de semana de frivolidades, os jogos voltavam para o gavetão sob uma das estantes e a sala era devolvida à tranqüilidade para as leituras noturnas de meu pai.

Havia uma outra gaveta na estante, uma gaveta falsa que, por algum motivo, não abria — freqüentemente eu sonhava com ela. Como qualquer criança, eu adorava moedas por seu brilho e pelos diferentes pesos, formas e tamanhos: desde os reluzentes *farthings* [moedas de um quarto de *penny*], o meio *penny* e o *penny*, as diversas moedas de prata (especialmente a moedinha prateada de três *pence* que sempre escondiam no pudim de Natal), até o pesado soberano de ouro que meu pai usava na corrente do relógio. E eu lera em minha enciclopédia infantil sobre os dobrões e os rublos, moedas que tinham um orifício, e os "pesos de oito" [*duros*, moedas espanholas que valiam oito reais], que eu imaginava octógonos perfeitos. No meu sonho, a falsa gaveta se abria para mim, revelando um resplandecente tesouro de cobre, prata e ouro, moedas de uma centena de países e épocas, incluindo, para minha imensa alegria, os octogonais pesos de oito.

Eu adorava entrar rastejando no armário triangular debaixo da escada, onde ficavam guardados os pratos e os talheres especiais da Páscoa. O armário era menos profundo que a escada, e eu tinha a impressão de que seu fundo produzia um som oco quando eu batia nele; achava que ele poderia esconder um espaço lá atrás, talvez uma passagem secreta. Nesse meu esconderijo eu me aconchegava — só eu era pequeno o bastante para caber lá dentro.

A porta de entrada era linda e misteriosa aos meus olhos, com seus vitrais de múltiplas cores e formas. Eu encostava o olho no vidro carmesim e via o mundo todo tingido de vermelho (mas os telhados vermelhos das casas do outro lado da rua curiosamente empalideciam, e as nuvens espantosamente se destacavam no céu que, de azul, ficava quase negro). Com o vidro verde a experiência era completamente diferente, e também com o azul-escuro violáceo. O vidro amarelo-esverdeado era bem curioso, pois parecia cintilar ora em amarelo, ora em verde, dependendo de onde eu me posicionava e de onde vinha o sol.

Uma zona proibida era o sótão, gigantesco, pois cobria toda a área da casa e se estendia até o beiral pontudo e cristalóide do telhado. Uma ocasião me levaram para vê-lo, e sonhei repetidamente com ele, talvez pelo fato de termos sido proibidos de entrar ali depois que Marcus foi lá em cima sozinho e despencou pela clarabóia, sofrendo um corte profundo na coxa (embora um dia, inspirado para contar histórias, ele me dissesse que a cicatriz fora feita por um javali, como a cicatriz da coxa de Odisseu).

Fazíamos as refeições na copa, ao lado da cozinha; a sala de jantar, com sua mesa comprida, era reservada para as refeições do sabá, as festividades e as ocasiões especiais. Fazia-se uma distinção semelhante entre a sala de estar e a sala de visitas — a sala de estar, com seu sofá e suas poltronas confortáveis e estropiadas, era de uso geral; a sala de visitas, com suas elegantes e desconfortáveis cadeiras chinesas e os armários laqueados, era para as grandes reuniões de família. Tias, tios e primos que moravam perto apareciam nas tardes de sábado, quando saía do armário o aparelho de chá de prata especial e eram servidos sanduíches de salmão defumado e ova de bacalhau em pãezinhos sem casca — iguarias assim não havia em outras ocasiões. Os candelabros da sala de visitas, originalmente a gás, foram convertidos para elétricos nos anos 20 (mas por toda a casa ainda se viam singulares bicos de gás e outros acessórios, de modo que, numa emergência, podíamos voltar a usar a iluminação a gás). A sala de visitas continha ainda um enorme piano de cauda, coberto de fotos de família, mas eu preferia os tons suaves do piano de armário da sala de estar.

Embora a casa fosse repleta de música e livros, era praticamente desprovida de quadros, gravuras e ilustrações de qualquer tipo; analogamente, apesar de meus pais serem assíduos espectadores de teatro e concertos, pelo que eu me lembre eles nunca visitaram uma galeria de arte. Nossa sinagoga tinha vitrais retratando cenas bíblicas, que eu habitualmente contemplava nas partes mais massacrantes do serviço religioso. Aparentemente, houvera uma disputa sobre serem ou não aceitáveis tais imagens, dada a proibição de figuras entalhadas, e eu pensava que talvez essa pudesse ser a razão de não termos objetos de arte visual em casa. A verdade, porém, como não tardei a perceber, era que meus pais não davam a menor importância para a decoração da casa nem para a mobília. De fato, mais tarde fiquei sabendo que quando eles compraram aquela casa, em 1930, haviam dado carta-branca à irmã mais velha de meu pai, Lina, entregando-lhe o talão de cheques e dizendo "Faça o que quiser, compre o que quiser".

As escolhas de Lina — bem convencionais, exceto pelas imitações chinesas na sala de visitas — não foram aprovadas nem contestadas; meus pais as aceitaram sem realmente notar ou se importar. Meu amigo Jonathan Miller, quando esteve na casa pela primeira vez — logo depois da guerra —, comentou que ela lhe parecia uma casa alugada, pois quase nada evidenciava um gosto ou decisões pessoais. Eu era tão indiferente quanto meus pais à decoração da casa, mas mesmo assim me aborreci e fiquei perplexo com o comentário de Jonathan. Pois, para mim, a 37 era rica em mistérios e maravilhas — o palco, o mítico pano de fundo onde minha vida se passava.

Havia lareiras a carvão em quase todos os cômodos, incluindo uma no banheiro, de porcelana, emoldurada por azulejos com formato de peixe. A lareira da sala de estar tinha um grande balde de cobre para carvão de cada lado, um fole e grades de ferro, além de um atiçador de brasas de aço, meio curvado (meu irmão mais velho, Marcus, que era muito forte, conseguira entortá-lo quando estava quentíssimo). Se recebíamos a visita de uma ou duas tias, nos reuníamos na sala de estar, elas levantavam as saias e se sentavam de costas para o fogo. Todas elas, como minha mãe, fumavam bastante; depois de se aquecer junto ao fogo, sentavam-se no sofá para fumar, jogando as pontas de cigarro úmidas nas chamas. A pontaria delas era horrível, e as bitucas molhadas geralmente grudavam na parede ao redor da lareira, permanecendo ali, nojentas, até serem consumidas pelo calor.

Tenho apenas recordações fragmentadas de meus primeiros anos, os anos antes da guerra, mas lembro que me assustava vendo que muitos de meus tios e tias tinham a língua preta como carvão — eu achava que a minha também ficaria preta quando eu crescesse. Foi um alívio quando tia Len, adivinhando meu receio, explicou que sua língua não era preta de verdade, que a cor provinha dos biscoitos de carvão que eles todos comiam porque sofriam de gases.

De minha tia Dora (que morreu quando eu era muito pequeno), não me lembro de nada além da cor laranja — não tenho idéia se a cor era de sua pele, dos cabelos, das roupas ou um reflexo do fogo na lareira. Só o que resta é um sentimento terno, nostálgico, e uma singular predileção pelo laranja.

Meu quarto, sendo eu o mais novo, era bem pequeno e ligado ao de meus pais, e lembro que tinha o teto ornamentado por estranhas excrescências calcárias. Michael dormira ali antes de eu nascer, e gostava de atirar colheradas de sagu gelatinoso — cuja viscosidade ele detestava — no teto, onde o sagu grudava com um estalo molhado. O sagu secava, restando apenas um montinho branco como giz.

Havia vários cômodos que não pertenciam a ninguém nem tinham uma função definida; serviam para armazenar todo tipo de objeto doméstico não usado diariamente — livros, jogos, brinquedos, revistas, capas de chuva, equipamento esportivo. Numa saleta não havia nada além de uma máquina de costura Singer de pedal (que minha mãe comprara ao casar, em 1922) e uma máquina de tricô de formas intrincadas e (na minha opinião) belas. Minha mãe a usava para tricotar meias para nós; eu gostava de vê-la girar a manivela, fazendo as brilhantes agulhas de aço estalarem em uníssono e o cilindro de lã vir descendo, uniformemente, ligado a um peso de chumbo. Uma ocasião, distraí minha mãe enquanto ela fazia um pé de meia, e o cilindro de lã foi descendo, descendo, até finalmente chegar ao chão. Ela, sem saber o que fazer com aquele cano de lã de um metro de comprimento, disse-me que o usasse para aquecer as mãos.

Aqueles cômodos extras permitiam a meus pais hospedar parentes como tia Birdie e outros, às vezes por longos períodos. O maior deles era reservado a tia Annie, uma mulher enorme, nas raras visitas que ela nos fazia quando vinha de Jerusalém (trinta anos depois de sua morte, o quarto continuava conhecido como "o quarto de Annie"). Quando tia Len vinha de Delamere nos visitar, também tinha seu próprio quarto, e lá se instalava com seus livros e apetrechos de chá — havia um fogareiro a gás no quarto onde ela preparava o chá; ao ser convidado a entrar, eu tinha a sensação de ingressar num mundo diferente, um mundo de outros interesses e gostos, de civilidade, de amor incondicional.

Quando meu tio Joe, que fora médico na Malásia, caiu prisioneiro de guerra dos japoneses, seu filho e filha mais velhos ficaram conosco. E meus pais algumas vezes acolheram refugiados da Europa durante os anos da guerra. Assim, a casa, embora grande, nunca estava vazia; ao contrário, parecia abrigar dezenas de vidas separadas, não só a família imediata — meus pais, meus três irmãos e eu —, mas também tios e tias itinerantes, os empregados residentes — nossas babás, a cozinheira — e os próprios pacientes, que entravam e saíam.

3

> ## EVACUAÇÃO
> ### DE
> ## MULHERES E CRIANÇAS DE LONDRES ETC.
>
> ### SEXTA-FEIRA, 1º DE SETEMBRO
> Linhas intermunicipais de trens de carga e de passageiros funcionam normalmente, com algumas exceções.
> Linha principal e serviços suburbanos serão reduzidos durante o dia no período da evacuação.
>
> ### SÁBADO E DOMINGO
> ### 2 e 3 DE SETEMBRO
> Os serviços ferroviários funcionarão exatamente como na sexta-feira.
> Lembrete: haverá pouquíssimos trens de carga e de passageiros saindo de Londres ao meio-dia no sábado.
>
> ## SOUTHERN RAILWAY

EXÍLIO

No começo de setembro de 1939 eclodiu a guerra. Esperava-se que Londres viesse a sofrer fortes bombardeios, e, assim, como medida de segurança, o governo pressionou insistentemente os pais para que enviassem suas crianças para o interior. Michael, cinco anos mais velho do que eu, freqüentava uma escola em regime de externato próxima à nossa casa; quando ela foi fechada no início da guerra, um dos professores assistentes decidiu reconstruir a escola no pequeno povoado de Braefield. Meus pais (eu perceberia muitos anos depois) ficaram muito preocupados por terem de separar um garotinho — eu tinha apenas seis anos — de sua família e mandá-lo para um colégio interno improvisado nas Midlands, mas não viram alternativa, e se consolaram um pouco porque pelo menos Michael e eu ficaríamos juntos.

Isso poderia ter funcionado — a evacuação funcionou razoavelmente bem para milhares de outros. Mas a escola, depois de reconstituída, não passava de uma caricatura da original. A comida era racionada e escassa, e os pacotes de alimentos que nos mandavam de casa eram surrupiados pela zeladora. Nossa dieta básica consistia em nabos suecos e beterrabas de forragem — rabanetes gigantes e enormes beterrabas cultivadas para alimentar gado. Havia um pudim feito no vapor cujo cheiro repulsivo e sufocante ainda posso sentir (quase sessenta anos depois, ao escrever este livro) e que até hoje me dá náuseas. O horror da escola se agravava para a maioria de nós pelo sentimento que tínhamos de ter sido abandonados pelas nossas famílias, deixados naquele lugar medonho para apodrecer, como um inexplicável castigo por alguma coisa que tivéssemos feito.

O diretor parecia ter enlouquecido com o poder. Quando professor em Londres, fora um sujeito decente, até estimado, como Michael comentou, mas em Braefield, onde assumiu a chefia, transformou-se logo num monstro. Era perverso e sádico, e batia em muitos de nós com deleite quase todos os dias. A "teimosia" era severamente punida. Eu às vezes me perguntava se era o seu "preferido", aquele selecionado para o castigo supremo, mas a verdade é que muitos de nós apanhávamos tanto que mal podíamos sentar por vários dias. Certa vez, ao quebrar uma vara em meu traseiro de garoto de oito anos, ele rugiu: "Sacks, seu desgraçado! Veja o que fiz por sua causa!", e incluiu o preço da vara na minha conta. Enquanto isso, entre os garotos grassavam a intimidação e a crueldade, e toda engenhosidade era pouca na hora de descobrir os pontos fracos das crianças menores para atormentá-las além dos limites do suportável.

Mas, junto com o horror, havia súbitos prazeres, acentuados pela raridade e pelo contraste com o resto daquela vida. O primeiro inverno que passei ali — o de 1939-40 — foi excepcionalmente frio, com a neve acumulando-se mais alta do que eu e longos pingentes cintilantes de gelo pendendo dos beirais da igreja. Aquelas cenas glaciais, e às vezes as fantásticas formas de gelo e neve, levavam-me, em imaginação, à Lapônia ou ao País das Fadas. Sair da escola e andar pelos campos vizinhos era sempre um deleite, e o frescor, a alvura e a limpeza da neve proporcionavam uma adorável, embora breve, libertação do confinamento, do tormento e do odor da escola. Certa vez, dei um jeito de me separar dos outros meninos e do professor, e por um breve e extático momento me "perdi" em meio aos montes de neve — uma sensação que logo se transformou em terror quando ficou claro que eu estava perdido de verdade, e não mais apenas brincando. Foi uma alegria ser finalmente encontrado e abraçado, além de ganhar uma caneca de chocolate quente ao voltarmos para a escola.

Lembro que foi durante esse mesmo inverno que encontrei as vidraças da porta da diretoria cobertas de geada; fiquei fascinado com as agulhas e as formas cristalinas no vidro, e com o poder de derreter parte do gelo com meu hálito e criar um buraquinho para espiar. Uma das minhas professoras — seu nome era Barbara Lines — percebeu meu interesse e me mostrou cristais de neve através de uma lupa. Nenhum era totalmente igual ao outro, ela me disse, e a noção de quanta variação podia existir em um formato hexagonal básico foi para mim uma revelação.

No campo havia uma árvore em particular que eu adorava; sua silhueta recortada no céu me afetava de um modo singular. Ainda a vejo, assim como a trilha sinuosa para chegar até lá, quando devaneio sobre aquele tempo. A sensação de que pelo menos a natureza existia fora dos domínios da escola era imensamente consoladora.

E o vicariato, com seu vasto jardim onde a escola estava instalada, a velha igreja logo ao lado e o próprio povoado eram encantadores, idílicos até. Os habitantes eram gentis com aqueles meninos londrinos visivelmente desarraigados e infelizes. Foi no povoado que aprendi a cavalgar, ensinado por uma moça robusta; às vezes ela me abraçava quando me via muito triste. (Michael lera para mim partes de *Viagens de Gulliver*, e eu às vezes a imaginava como Glumdalclitch, a enfermeira gigante de Gulliver.) Havia uma velha senhora que me dava aulas de piano; ela me servia chá. E havia a loja do povoado, onde eu ia comprar doces e, ocasionalmente, carne enlatada. Mesmo na escola eu gostava de algumas ocasiões: construir modelos de aviões com pau-de-balsa e fazer uma casa na árvore com um amigo, um garoto ruivo da minha idade. Mas o sentimento esmagador em Braefield era o de estar prisioneiro, sem esperança, sem apelação, para sempre — e muitos de nós, suponho, ficaram gravemente perturbados por terem estado ali.

Durante os quatro anos que passei em Braefield, meus pais raramente nos visitavam na escola, e quase não me recordo dessas visitas. Em dezembro de 1940, após quase um ano longe de casa, Michael e eu voltamos a Londres para os feriados do Natal; meus sentimentos eram confusos e complexos: alívio, raiva, prazer, apreensão. A casa também parecia estranha e diferente: nossa arrumadeira e a cozinheira tinham partido, e havia estranhos por lá — um casal flamengo que estava entre os últimos a escapar de Dunquerque. Agora que a casa estava quase vazia, meus pais se ofereceram para abrigá-los até que encontrassem moradia. Só Greta, nossa cadela dachshund, parecia a mesma, e me saudou com latidos de boas-vindas e barriga para cima, esperneando de alegria.

E havia mudanças físicas também: todas as janelas estavam cobertas por pesadas cortinas de blecaute; a porta de entrada interna, aquela que tinha o vitral colorido através do qual eu gostava de olhar, fora despedaçada por uma explosão de bomba, algumas semanas antes de eu chegar; o jardim, agora ocupado por girassóis plantados em prol do esforço de guerra, estava quase irreconhecível; e a velha cabana de jardineiro fora substituída por um abrigo antiaéreo, uma construção feiosa e massuda com um teto grosso e reforçado de concreto.

Embora a batalha da Grã-Bretanha houvesse terminado, a blitz continuava no auge. Quase toda noite ocorriam ataques aéreos, e o céu clareava com o fogo das baterias antiaéreas e com os holofotes. Lembro-me de ver aviões alemães atravessados pelas luzes errantes dos holofotes quando sobrevoavam o céu agora escuro de Londres. Dava medo, mas também era emocionante para um garoto de seis anos — acima de tudo, eu me sentia feliz por estar fora da escola e novamente em casa, protegido.

Certa noite, uma bomba de quinhentos quilos caiu no jardim do vizinho, mas felizmente não explodiu. Todos nós, pareceu-me que a rua inteira, fugimos dali naquela noite rastejando (minha família foi para o apartamento de um primo) — muitos estavam de pijama, e fizemos tudo para pisar bem de leve (será que a vibração poderia detonar aquela coisa?). As ruas estavam na escuridão total, pois vigorava o blecaute, e todos carregávamos lanternas elétricas encobertas com papel crepom vermelho. Não tínhamos idéia se nossas casas ainda estariam em pé de manhã.

Numa outra ocasião, uma bomba incendiária, uma bomba de termite, caiu atrás de nossa casa e se incendiou, emitindo um calor terrível. Meu pai tinha uma bomba-d'água portátil, e meus irmãos levavam-lhe baldes cheios, mas a água parecia inútil contra aquele fogo infernal — na verdade, fazia com que ardesse ainda com mais fúria. A água atingia o metal incandescente, chiando e cuspindo violentamente, enquanto a bomba derretia seu próprio invólucro e lançava bolhas e jatos de metal fundido em todas as direções. Na manhã seguinte, o gramado estava todo fendido e carbonizado como uma paisagem vulcânica, mas, para minha alegria, juncado de belos estilhaços metálicos brilhantes que eu poderia exibir na escola depois dos feriados.

Um episódio peculiar e vergonhoso gravou-se em minha mente naquele breve período passado em casa durante a blitz. Eu gostava muito de Greta, nossa cachorra (chorei amargamente quando, tempos depois, em 1945, ela foi morta por uma motocicleta em alta velocidade), mas, naquele inverno, uma das primeiras coisas que fiz foi prendê-la no gélido depósito de carvão no quintal, onde seus choros e latidos aflitos não podiam ser ouvidos. Acharam falta dela depois de algum tempo, e me perguntaram,

perguntaram a todos, onde a víramos pela última vez, se tínhamos alguma idéia de onde ela poderia estar. Pensei nela — com fome e frio, presa, talvez morrendo lá fora no depósito de carvão —, mas não disse nada. Somente no fim da tarde admiti o que havia feito, e Greta foi trazida do depósito, quase congelada. Meu pai ficou furioso, deu-me "uma boa surra" e me deixou de castigo num canto o resto do dia. No entanto, ninguém procurou saber por que eu fora tão inusitadamente malvado, por que agira com tanta crueldade com a cachorra que eu adorava; tampouco eu poderia ter explicado, caso me perguntassem. Mas sem dúvida fora uma mensagem, alguma espécie de ato simbólico, tentando chamar a atenção de meus pais para o *meu* depósito de carvão, Braefield, para o meu sofrimento e o desamparo naquele lugar. Embora em Londres caíssem bombas todos os dias, eu tinha mais horror de voltar para Braefield do que conseguia expressar, e ansiava por ficar em casa com minha família, para estar com eles, não separado deles, mesmo se fôssemos todos bombardeados.

Eu tivera alguns sentimentos religiosos, de natureza pueril, nos anos antes da guerra. Quando minha mãe acendia as velas do sabá, eu sentia, quase fisicamente, o sabá chegando, sendo acolhido, descendo como um manto suave sobre a terra. Imaginava que isso também ocorria em todo o universo, o sabá descendo suavemente sobre as constelações e galáxias distantes, envolvendo-as todas na paz de Deus.

A prece fora parte da vida. Primeiro o Shemá, "Escuta, Israel...", e depois a prece que eu dizia todas as noites antes de dormir. Minha mãe esperava até eu ter escovado os dentes e vestido o pijama, subia ao meu quarto, sentava-se em minha cama enquanto eu recitava em hebraico: *"Baruch atoh adonai...* Bendito és Tu, nosso Deus, rei do Universo, que fazes o sono cair sobre meus olhos e a sonolência sobre minhas pálpebras...". Era belo, mais belo ainda em hebraico. (O hebraico, me disseram, era a verdadeira língua de Deus, embora, naturalmente, Ele entendesse todas as línguas, e até mesmo os sentimentos de uma pessoa que não soubesse expressá-los em palavras.) "Seja Tua vontade, meu Deus e Deus de meus antepassados, que me faça deitar em paz e me levantar novamente..." Mas a essa altura o sono já caíra sobre meus olhos, e eu raramente prosseguia. Minha mãe se debruçava e me beijava, e eu adormecia de imediato.

Em Braefield não havia beijo, e eu desisti de minha prece noturna — ela era inseparavelmente associada ao beijo de minha mãe, e ali se transformava em uma intolerável lembrança de sua ausência. As próprias frases que tanto me animavam e reconfortavam, falando sobre a solicitude e o poder de Deus, agora não passavam de falatório, quando não puro engodo.

Pois quando fui subitamente abandonado por meus pais (na minha interpretação), a confiança que eu tinha neles e meu amor por eles foram rudemente abalados, e com isso também minha crença em Deus. Que provas havia da existência de Deus?, eu me perguntava muitas vezes. Em Braefield, elaborei um experimento para resolver essa questão de uma vez por todas: plantei dois renques de rabanete lado a lado na horta e pedi a Deus que abençoasse um deles ou amaldiçoasse o outro, o que ele achasse melhor, para que eu pudesse ver uma nítida diferença entre eles. As duas fileiras de rabanetes cresceram idênticas, e isso para mim provou que Deus não existia. Só que agora eu ansiava ainda mais por algo em que acreditar.

Com o prosseguimento das surras, da fome e dos tormentos, aqueles dentre nós que permaneceram na escola foram impelidos a medidas psicológicas cada vez mais extremas — a desumanização, a desrealização de nosso principal torturador. Às vezes, enquanto era espancado, eu o via reduzido a um esqueleto que gesticulava (em casa eu vira radiografias, ossos em um tênue invólucro de carne.) Em outras eu o via não como um ser, mas como um aglomerado temporário de átomos. Dizia a mim mesmo: "Ele é só átomos" — e, cada vez mais, eu ansiava por um mundo que fosse "só átomos". A violência exalada pelo diretor parecia contaminar toda a natureza viva, e com isso eu via violência no próprio princípio da vida.

O que eu poderia fazer, naquelas circunstâncias, além de procurar um lugar privado, um refúgio onde pudesse ficar sozinho, absorver-me sem a interferência de ninguém, e encontrar algum senso de estabilidade e simpatia? Minha situação talvez fosse semelhante à que Freeman Dyson descreve em seu ensaio autobiográfico "To teach or not to teach":

> Eu pertencia a uma reduzida minoria de meninos a quem faltavam força física e habilidade atlética [...] e [estavam] espremidos entre as opressões gêmeas de [um diretor perverso e garotos torturadores]. [...] Encontramos nosso refúgio em um território que era igualmente inacessível ao nosso diretor obcecado por latim e aos nossos colegas obcecados por futebol. Encontramos nosso refúgio na ciência. [...] Aprendemos [...] que a ciência é um território de liberdade e amizade em meio à tirania e ao ódio.

Para mim, de início, o refúgio foi nos números. Meu pai era um prodígio em aritmética mental, e eu, mesmo com apenas seis anos, era rápido com números — mais ainda, eu os adorava. Gostava dos números porque eram confiáveis, invariáveis; existiam inalterados num mundo caótico. Havia nos números e na relação entre eles algo absoluto, certo, inquestionável, isento de dúvidas. (Anos mais tarde, quando li *1984*, o auge do horror para mim, o sinal definitivo da desintegração e rendição de Winston foi ele ser forçado, sob tortura, a negar que dois mais dois são quatro. Ainda mais terrível foi o fato de ele acabar duvidando disso em seu íntimo, o fato de os números finalmente o decepcionarem.)

Eu gostava particularmente dos números primos, do fato de serem indivisíveis, não poderem ser desmembrados, serem inalienavelmente eles próprios. (Eu não tinha essa mesma confiança em mim, pois sentia que estava sendo dividido, alienado, desmembrado, mais a cada semana.) Os números primos eram as unidades constitutivas de todos os outros números, e devia haver neles algum significado, eu pensava. Por que os números primos apareciam em seus lugares específicos na seqüência numérica? Haveria algum padrão, alguma lógica na sua distribuição? Haveria algum limite para eles, ou continuavam infinitamente? Eu passava horas incontáveis fatorando, procurando números primos, memorizando-os. Eles me proporcionavam muitas horas de concentração em uma brincadeira solitária, para a qual eu não precisava de mais ninguém.

Fiz uma tabela, de dez por dez, dos primeiros cem números, com os primos em negrito, mas não enxerguei nenhum padrão, nenhuma lógica em sua distribuição. Fiz tabelas maiores, aumentando minhas grades para vinte por vinte, trinta por trinta, ainda sem conseguir discernir um padrão óbvio. Mas estava convicto de que ele deveria existir.

    As únicas férias de verdade que tive durante a guerra foram as visitas a uma tia favorita em Cheshire, em plena floresta Delamere, onde ela fundara a Escola Judaica ao Ar Livre para "crianças delicadas" (eram crianças de famílias operárias de Manchester; muitas sofriam de asma, algumas tinham raquitismo ou tuberculose e uma ou duas, eu acho, refletindo agora, eram autistas). Cada criança da escola tinha seu pequenino jardim, um quadrado de terra de dois metros de lado, delimitado por pedras. Eu desejava desesperadamente poder ir para Delamere em vez de Braefield — mas esse foi um desejo que nunca mencionei (embora eu me pergunte se minha tia, tão perspicaz e carinhosa, não o tivesse adivinhado).

    Tia Len sempre me deixava extasiado ao mostrar-me todo tipo de prazeres botânicos e matemáticos. Indicou-me os padrões espiralados nos girassóis do jardim e sugeriu que eu contasse seus florículos. Depois de eu ter feito isso, ela comentou que eles se dispunham segundo uma série — 1, 1, 2, 3, 5, 8, 13, 21 etc. — na qual cada número era a soma dos dois precedentes. E se fôssemos dividindo cada número pelo número seguinte (1/2, 2/3, 3/5, 5/8 etc.), nos aproximaríamos do número 0,618. Essa série, ela explicou, chamava-se série de Fibonacci, nome dado em homenagem a um matemático italiano que vivera séculos antes. A razão 0,618, minha tia acrescentou, era conhecida como a proporção divina ou "seção áurea", uma proporção geométrica ideal usada com freqüência por arquitetos e artistas.

    Ela me levava em longas caminhadas para observar plantas na floresta, onde me fazia examinar pinhas caídas para ver que também elas tinham espirais que respeitavam a seção áurea. Mostrava-me cavalinhas que cresciam junto a um riacho, fazia-me apalpar seus caules rijos e nodosos e me dizia para medi-los e marcar os comprimentos dos sucessivos segmentos num gráfico. Quando fiz isso e vi que a curva se tornava totalmente horizontal, ela explicou que os incrementos eram "exponenciais", sendo esse o modo como o crescimento em geral ocorria. Ela me disse que essas razões, essas proporções geométricas eram encontradas em toda a natureza — os números eram o modo como o mundo se constituíra.

A associação de plantas e jardins com números assumiu, para mim, uma forma simbólica curiosamente marcante. Comecei a pensar em um reino ou universo de números, com sua própria geografia, línguas e leis; mas, sobretudo, em um jardim de números, um admirável jardim mágico e secreto. Esse era um jardim que ficava oculto e inacessível aos garotos valentões e ao diretor, e também um jardim onde eu, de certo modo, me sentia bem recebido e estimado. Entre meus amigos nesse jardim estavam não só os números primos e os girassóis de Fibonacci, mas também os números perfeitos (como 6 ou 28, a soma de seus fatores excluindo eles próprios), os números pitagóricos, cujo quadrado era a soma de dois outros quadrados (como 3, 4, 5 ou 5, 12, 13), e os "números amigos" (como 220 e 284), pares de números nos quais a soma dos fatores de cada um era igual ao outro. E minha tia me mostrara que meu jardim de números era duplamente mágico — não apenas divertido e acolhedor, sempre ao meu alcance, mas parte do plano segundo o qual todo o universo fora construído. Minha tia me disse que os números são a maneira como Deus pensa.

De todos os objetos da minha casa, o que mais me dava saudade era o relógio da minha mãe, um belo relógio de pêndulo antigo, com mostrador dourado que indicava não só o dia e a hora mas também as fases da Lua e a conjunção dos planetas. Quando bem pequeno, eu pensava que aquele relógio fosse algum tipo de instrumento astronômico, transmitindo informações diretamente do cosmo. Uma vez por semana, minha mãe abria o gabinete e dava corda no relógio; eu via o pesado contrapeso subindo e tocava (quando ela deixava) os longos sinos de metal que anunciavam as horas e os quartos de hora.

Senti uma falta imensa de sua música de carrilhão durante os quatro anos que passei em Braefield; às vezes sonhava com ela à noite e me imaginava em casa, mas acordava na cama estreita e encaroçada, molhado, a maioria das vezes por minha incontinência. Muitos de nós tivemos regressão em Braefield, sendo castigados com selvageria quando sujávamos a cama.

Na primavera de 1943, Braefield foi fechada. Quase todos haviam se queixado aos pais das condições da escola, e a maioria dos alunos foi tirada de lá. Nunca me queixei (nem Michael, mas ele fora transferido para Clifton College em 1941, quando fez treze anos), e por fim eu me vi quase o único aluno restante. Nunca soube exatamente o que aconteceu — o diretor desapareceu, com sua odiosa mulher e o filho —; simplesmente me disseram, no fim das férias, que eu não voltaria para Braefield, que iria para uma nova escola.

St. Lawrence College era uma propriedade vasta e venerável (a meus olhos), com edifícios antigos e árvores centenárias — tudo excelente, sem dúvida, mas me aterrorizava. Braefield, com todos os seus horrores, pelo menos era familiar — eu conhecia a escola, conhecia o povoado, tinha alguns amigos; em St. Lawrence tudo me era estranho, desconhecido.

Curiosamente, pouco me lembro do tempo que passei ali — parece ter sido tão profundamente reprimido ou esquecido que, quando mencionei a escola recentemente a uma pessoa que me conhecia bem e que sabia muitas coisas sobre o período em Braefield, ela se espantou e disse que eu nunca lhe falara sobre St. Lawrence antes. De fato, minhas principais lembranças são das súbitas mentiras — ou brincadeiras, fantasias, ilusões; nem sei como chamá-las — que gerei ali.

Eu me sentia particularmente sozinho nas manhãs de domingo, quando todos os outros garotos iam para a igreja, deixando o menino judeu na escola (isso não ocorrera em Braefield, onde a maioria das crianças eram judias). Houve uma grande tempestade numa manhã de domingo, com relâmpagos violentos e trovões fortíssimos — um deles tão aterrador e próximo que por um momento pensei que a escola fora atingida. Quando os outros voltaram da igreja, asseverei que eu tinha sido realmente atingido por um raio e que o raio "entrara" em mim e se alojara em meu cérebro.

Outras ficções que eu acalentava tinham relação com minha infância, ou melhor, com uma versão ou fantasia alternativa de minha infância. Eu dizia que nascera na Rússia (a Rússia era nossa aliada na época, e eu sabia que o pai de minha mãe viera de lá), e contava longas histórias fantasiosas e ricamente detalhadas de passeios de tobogã, roupas e chapéus de pele e matilhas de lobos uivantes perseguindo nosso trenó à noite. Não recordo como essas histórias eram recebidas, mas eu insistia nelas.

Em outras ocasiões, afirmava que meus pais, por alguma razão, haviam me abandonado quando pequeno e que eu fora encontrado por uma loba e criado entre lobos. Eu tinha lido *O livro da selva*, sabia-o quase de cor, o que me permitia enfeitar minhas "lembranças", contando aos assombrados garotos de nove anos sobre Baguera, a pantera-negra, Balu, o velho urso que me ensinara a Lei, Kaa, minha amiga serpente com quem eu nadava no rio, e Hathi, o rei da selva, que tinha mil anos de idade.

Quando penso sobre essa época, parece-me que eu andava em meio a devaneios e mitos e que às vezes não distinguia bem as fronteiras entre fantasia e realidade. Tenho a impressão de que eu estava tentando inventar uma identidade absurda — mas fascinante. Acho que meu sentimento de isolamento, de ser desamparado e desconhecido, pode ter sido ainda maior em St. Lawrence do que em Braefield, onde até as atenções sádicas do diretor poderiam ser vistas como uma espécie de preocupação, ou mesmo de amor. Talvez eu estivesse furioso com meus pais, que permaneciam cegos e surdos, ou desatentos, ao meu sofrimento, e assim tentava substituí-los por bondosos pais russos ou lobos.

Quando meus pais me visitaram no intervalo do ano letivo de 1943 (talvez tenham sido informados de minhas mentiras curiosas e fantásticas), finalmente se deram conta de que eu estava quase perdendo o juízo e que era melhor me levarem de volta a Londres antes que o pior acontecesse.

4

"UM METAL IDEAL"

Voltei para Londres no verão de 1943. Após quatro anos de exílio, eu era um menino de dez anos retraído e perturbado em alguns aspectos, mas apaixonado por metais, plantas e números. A vida estava começando a reassumir algum grau de normalidade, apesar dos onipresentes estragos dos bombardeios, do racionamento, dos blecautes e do papel fino e ruim em que eram impressos os livros. Os alemães haviam recuado em Stalingrado, os Aliados tinham desembarcado na Sicília; poderia demorar anos, mas agora a vitória era certa.

Um sinal disso, para mim, foi o fato de meu pai ganhar, por meio de uma série de intermediários, uma coisa inusitada: uma banana do norte da África. Nenhum de nós vira uma banana desde o início da guerra, e por isso meu pai a dividiu, solenemente, em sete segmentos iguais: um para minha mãe, outro para ele, outro para tia Birdie, um para mim e um para cada um de meus irmãos. O minúsculo pedaço foi posto na língua, como uma hóstia, lentamente saboreado e engolido. Seu gosto era voluptuoso, quase extático, ao mesmo tempo uma recordação e um símbolo de tempos passados e um antegozo de tempos futuros, uma garantia, um sinal, talvez, de que eu voltara para casa para ficar.

No entanto, muita coisa havia mudado, e minha própria casa me desconcertava por estar diferente, nada parecida, em muitos aspectos, com a casa organizada e estável que fora antes da guerra. Éramos, suponho, uma família comum de classe média, mas naquela época famílias assim contavam com uma equipe de empregados, essenciais em nossas vidas, dado que crescíamos tendo pais ocupadíssimos e, em certa medida, "ausentes". Havia a ama mais velha, Yay, que estivera conosco desde o nascimento de Marcus, em 1923 (eu nunca tive certeza de como soletrar seu nome, mas imaginava, depois de aprender a ler, que o certo era "Yea", pois lera partes da Bíblia e me fascinara com palavras como *lo* [vede], *hark* [ouvi] e *yea* [em verdade]). Havia também Marion Jackson, minha babá, a quem eu me afeiçoara intensamente — a primeira palavra inteligível que falei (me disseram) foi seu nome, cada sílaba pronunciada com lentidão e atenção infantis. Yay usava touca de babá e uniforme, que me davam a impressão de severidade e inacessibilidade, mas Marion Jackson vestia roupas brancas e macias, macias como penas de pássaro, e nelas eu me aninhava e me sentia totalmente seguro.

Havia Marie, a cozinheira-arrumadeira, com seu avental engomado e mãos avermelhadas, e uma "diarista", cujo nome esqueci, que vinha para ajudá-la. Além dessas quatro mulheres, havia Don, o motorista, e Swain, o jardineiro, que dividiam entre si o trabalho pesado da casa.

Disso tudo, bem pouco sobreviveu à guerra. Yay e Marion Jackson desapareceram — éramos todos "crescidos" agora. O jardineiro e o motorista haviam ido embora, e minha mãe (então com cinqüenta anos) decidiu dirigir seu próprio carro. Esperava-se que Marie voltasse, mas ela nunca retornou, e no lugar dela era tia Birdie quem fazia as compras e cozinhava.[1]

---

[1] Só uma pessoa ficou: a srta. Levy, secretária de meu pai, que trabalhava para ele desde 1930. Embora fosse um tanto reservada e formal (impensável chamá-la pelo prenome; era sempre srta. Levy) e estivesse invariavelmente ocupada, ela às vezes deixava que eu me sentasse para brincar junto à lareira aquecida a gás em sua saleta enquanto datilografava as cartas de meu pai (eu adorava o matraqueado das teclas da máquina de escrever e a sineta que tocava ao final de cada linha). A srta. Levy morava a cinco minutos de nossa casa (em Shoot-Up Hill ["Colina Boca Fechada"], um nome que me parecia mais apro-

Também fisicamente a casa mudara. O carvão tornara-se escasso, como tudo o mais no tempo da guerra, e a enorme caldeira fora fechada. Havia um pequeno queimador a óleo, com capacidade muito limitada, e muitos dos aposentos supérfluos da casa haviam sido lacrados. Agora que eu era "crescido", deram-me um quarto maior, que fora o de Marcus, já que ele e David estavam na universidade. Ali eu tinha meu próprio aquecedor a gás, uma velha escrivaninha e uma estante só para mim; pela primeira vez na vida sentia que tinha um lugar meu, um espaço. Passava horas em meu quarto, lendo, sonhando com números, química e metais.

Acima de tudo, eu exultava por poder novamente visitar tio Tungstênio — sua fábrica parecia relativamente inalterada (embora o tungstênio andasse um tanto escasso, devido à grande quantidade necessária à produção de aço-tungstênio para blindagens). Acho que ele também gostou muito de ter seu jovem protegido de volta, pois passava horas comigo em sua fábrica e em seu laboratório, respondendo às minhas perguntas no mesmo ritmo em que eu as fazia. Em seu escritório ele tinha vários armários com porta de vidro, um dos quais continha uma série de lâmpadas elétricas; havia diversas lâmpadas de Edison do início da década de 1880, com filamentos de fibra de carbono, uma lâmpada de 1897, com filamento de ósmio, e várias lâmpadas da virada do século, com filamentos de tântalo, cujo traçado lembrava uma teia de aranha. E havia também as lâmpadas mais recentes — orgulho e interesse especiais de meu tio, pois algumas delas tinham sido inventadas por ele —, com filamentos de tungstênio

---

priado talvez para Tombstone ["Lápide"] do que para Kilburn), e chegava às nove em ponto toda manhã nos dias de semana. Durante todos os anos em que convivi com ela, nunca chegou atrasada, nunca a vi mal-humorada ou inquieta, nunca adoeceu. Seus horários, e até mesmo sua presença, permaneceram uma constante durante a guerra, apesar de tudo o mais na casa ter mudado. Ela parecia imune às vicissitudes da vida.
    A srta. Levy, que era dois anos mais velha que meu pai, continuou a trabalhar cinqüenta horas por semana até os noventa anos, sem fazer nenhuma concessão perceptível à idade. A aposentadoria era impensável para ela, como também para meus pais.

de todas as formas e tamanhos. Uma delas, batizada de "Lâmpada do Futuro?", não tinha filamento, e trazia a palavra *Rênio* escrita em um cartão ao lado dela.

Eu já ouvira falar da platina, mas os outros metais — ósmio, tântalo, rênio — eram novidade para mim. Tio Dave guardava amostras de todos eles, e de alguns de seus minérios, num armário ao lado das lâmpadas. Enquanto os manuseava, ele discorria sobre suas qualidades únicas, soberanas, como haviam sido descobertos, como eram refinados e por que eram tão apropriados para fabricar filamentos. À medida que tio Dave falava sobre os metais filamentosos, "seus" metais, eles se tornavam, aos meus olhos, especialmente desejáveis e significativos — nobres, densos, infusíveis, fulgentes.

Ao pegar uma pepita desgastada de metal cinzento, dizia: "Densa, não é?", e a jogava para mim. "É uma pepita de platina. É assim que elas são encontradas, como pepitas de metal puro. A maioria dos metais é encontrada em combinações com outras coisas, nos minérios. Existem pouquíssimos outros metais que ocorrem sem mistura, como a platina — apenas o ouro, a prata, o cobre e um ou outro mais." Esses outros metais já eram conhecidos havia milhares de anos, ele explicou, mas a platina fora "descoberta" apenas duzentos anos antes — embora os incas a valorizassem por séculos, ela era ignorada pelo resto do mundo. De início, a "prata pesada" foi considerada um estorvo, um adulterante do ouro, e a jogavam fora nas partes mais profundas do rio para que não voltasse a "sujar" as bateias dos mineiros. Mas em fins da década de 1700 o novo metal já encantara toda a Europa — era mais denso, mais pesado que o ouro e, como o ouro, era "nobre" e nunca embaciava. Seu brilho equiparava-se ao da prata (*platina*, em espanhol, significa "pequena prata").

A platina freqüentemente era encontrada com dois outros metais, o irídio e o ósmio, ainda mais densos, duros e refratários. Nessa parte da explicação meu tio tirou do armário e me passou às mãos duas amostras, simples flocos do tamanho de lentilhas, mas que eram espantosamente pesados. Era "osmirídio", uma liga natural de ósmio e irídio, as duas substâncias mais densas do mundo. Algo na qualidade das coisas pesadas e densas — não sei dizer o quê — me eletrizava, dava-me uma sensação infinita de segurança e conforto. O ósmio, além disso, tinha o mais alto ponto de fusão de todos os metais do grupo da platina, contou tio Dave, e por isso houve uma época em que, apesar de ser raro e caro, fora usado para substituir filamentos de platina em lâmpadas.

A grande virtude dos metais do grupo da platina era que, apesar de nobres e moldáveis como o ouro, tinham pontos de fusão muito mais elevados, sendo por isso ideais para a aparelhagem química. Cadinhos feitos de platina suportavam as mais altas temperaturas; béqueres e espátulas de platina agüentavam os ácidos mais corrosivos. Tio Dave tirou do armário um pequeno cadinho, primorosamente liso e brilhante. Parecia novo. "Isto foi feito mais ou menos em 1840", falou. "Um século de uso, e quase nenhum desgaste."

Jack, o filho mais velho de meu avô, tinha catorze anos em 1867, quando foram encontrados diamantes nas proximidades de Kimberley, na África do Sul, e então teve início a grande corrida dos diamantes. Na década de 1870, Jack e dois irmãos — Charlie e Henry (este último nasceu surdo e se comunicava na linguagem de sinais) — foram para a África do Sul em busca de fortuna, dando consultoria sobre diamante, urânio e minas de ouro (sua irmã Rose os acompanhou). Em 1873, meu avô casou-se novamente; teve mais treze filhos, e os velhos mitos da família — uma combinação, talvez, de relatos de seus filhos mais velhos, das histórias de Rider Haggard sobre as minas do rei Salomão e de antigas lendas sobre o Vale dos Diamantes — levaram dois dos filhos nascidos em seguida (Sydney e Abe) a juntar-se a seus meios-irmãos na África. Tempos depois, dois dos irmãos mais novos, Dave e Mick, também foram para lá, e assim, em certa época, sete dos irmãos Landau estavam trabalhando na África como consultores em mineração.

Uma fotografia que tínhamos em nossa casa (e que hoje está na minha) mostra a família em 1902 — meu avô, barbudo e patriarcal, sua segunda esposa, Chaya, e seus treze filhos. Minha mãe aparece como uma garotinha de seis ou sete anos, e sua irmã caçula, Dooggie — a mais nova dos dezoito filhos —, como uma bolinha fofa no chão. Quem observa com atenção pode ver que as imagens de Abe e Sydney foram enxertadas na foto (o fotógrafo redistribuiu os outros para dar espaço aos dois), pois na época eles ainda estavam na África do Sul — detidos, e talvez em perigo, na Guerra dos Bôeres.[2]

Os meios-irmãos mais velhos, já casados e radicados, permaneceram na África do Sul. Nunca voltaram para a Inglaterra, embora histórias sobre eles circulassem constantemente na família, histórias que eram magnificadas a um grau de lenda pela mitopéia familiar. Os irmãos mais novos — Sydney, Abe, Mick e Dave — voltaram para a Inglaterra quando eclodiu a Primeira Guerra Mundial, munidos de narrativas e troféus exóticos de seus dias de mineração — inclusive minerais de todos os tipos.

Tio Dave adorava manusear os metais e minerais de seu armário, deixar que eu os pegasse, dissertar sobre seus prodígios. Acho que ele via a Terra inteira como um gigantesco laboratório natural, onde o calor e a pressão causavam não só grandes movimentos geológicos, mas também inúmeros milagres químicos. "Veja estes diamantes", ele dizia, mostrando-me um exemplar da célebre mina de Kimberley. "São quase tão antigos quanto a Terra. Formaram-se há bilhões de anos, nas profundezas da Terra, sob pressões inimagináveis. E então foram trazidos à superfície neste kimberlito, viajando centenas de quilômetros pelo manto terrestre, atravessando a crosta até por fim chegarem à superfície. Talvez nunca vejamos o interior da Terra diretamente, mas este

---

[2] Temia-se por todos os parentes na África durante a Guerra dos Bôeres, e isso deve ter impressionado profundamente minha mãe — passados mais de quarenta anos, ela ainda cantava ou recitava uma modinha daquele período:

One, two, three — relief of Kimberley
Four, five, six — relief of Ladysmith
Seven, eight, nine — relief of Bloemfontein

["Um, dois, três — socorro a Kimberley/ Quatro, cinco, seis — socorro a Ladysmith/ Sete, oito, nove — socorro a Bloemfontein"]*

* Todos esses locais sul-africanos foram palcos destacados na Guerra dos Bôeres. (N. T.)

kimberlito e seus diamantes são uma amostra de como é por lá. As pessoas já tentaram fabricar diamantes", ele acrescentou, "mas não conseguem obter as temperaturas e pressões necessárias."[3]

Numa das visitas, tio Dave mostrou-me uma grande barra de alumínio. Depois de ver os densos metais do grupo da platina, espantei-me com a leveza do alumínio, não muito mais pesado que um pedaço de madeira. "Vou mostrar a você uma coisa interessante", ele disse. Pegou um pedaço menor de alumínio, com uma superfície lisa e brilhante, e o lambuzou de mercúrio. Subitamente — como se fosse alguma doença terrível —, a superfície se rompeu e uma substância branca, como um fungo, rapidamente se formou, cresceu meio centímetro, um centímetro, e continuou crescendo até que o alumínio estivesse totalmente consumido. "Você já viu ferro enferrujar, oxidar-se, quando combinado ao oxigênio do ar", meu tio explicou, "mas aqui, com o alumínio, é um milhão de vezes mais rápido. Esta grande barra ainda está bem brilhante, pois é recoberta por uma fina camada de óxido, que a protege de mudanças adicionais. Mas quando a friccionamos com mercúrio, destruímos esse revestimento da superfície, o alumínio fica sem proteção e se combina com o oxigênio em segundos."

Para mim, aquilo era mágico, assombroso, mas também um pouco assustador — ver um metal claro e brilhante reduzido em instantes a uma massa de óxido em desintegração. Fazia-me pensar em uma maldição ou feitiço, o tipo de desintegração que eu às vezes via nos sonhos. Eu ficava com a impressão de que o mercúrio era perverso, um destruidor de metais. Ele fazia isso com todo tipo de metal?

---

[3] Houve muitas tentativas de fabricar diamantes no século XIX, sendo a mais célebre a de Henri Moissan, o químico francês que pela primeira vez isolou o flúor e inventou a fornalha elétrica. É duvidoso que Moissan tenha realmente obtido diamantes — os minúsculos cristais duros que ele julgou serem diamantes provavelmente eram carboneto de silício (hoje conhecido como moissanita). O clima dessas primeiras tentativas de fabricar diamantes, seus perigos e suas loucas ambições, é vividamente retratado na história "The diamond maker", de H. G. Wells.

"Não se preocupe", respondeu meu tio, "os metais que usamos aqui são perfeitamente seguros. Se eu puser esta barrinha de tungstênio no mercúrio, ela não será afetada de jeito nenhum. Se eu a guardar por um milhão de anos, continuará tão brilhante quanto agora." O tungstênio, pelo menos, era estável num mundo precário.

"Você viu que quando a camada superficial é rompida, o alumínio se combina muito rapidamente com o oxigênio do ar, formando este óxido branco, chamado alumina", prosseguiu tio Dave. "Acontece coisa parecida com o ferro quando enferruja; a ferrugem é um óxido de ferro. Alguns metais são tão ávidos por oxigênio que se combinam com ele, embaciando, formando um óxido, assim que são expostos ao ar. Alguns chegam a retirar oxigênio da água, por isso é preciso mantê-los em um tubo selado ou imersos em óleo." Meu tio me mostrou alguns pedaços de metal de superfície esbranquiçada dentro de uma garrafa com óleo. Pescou um dos pedaços e o cortou com um canivete. Fiquei surpreso por ele ser tão mole; eu nunca tinha visto um metal ser cortado daquela maneira. A superfície do corte tinha um fulgor prateado. Aquilo era cálcio, disse meu tio, e era tão ativo que nunca ocorria na natureza como metal puro, mas somente como compostos ou minerais dos quais tinha de ser extraído. Os paredões de rocha brancos de Dover eram greda, ele mencionou; outros eram feitos de calcário — estas eram diferentes formas do carbonato de cálcio, o principal componente da crosta terrestre. O metal cálcio se oxidara completamente enquanto conversávamos; sua superfície brilhante transformara-se em branca e opaca. "Está se transformando em cal", disse meu tio, "óxido de cálcio."

Mas, cedo ou tarde, os solilóquios e as demonstrações de meu tio diante do armário voltavam ao *seu* metal. "Tungstênio!", ele dizia. "De início, ninguém percebeu que metal perfeito ele era. Possui o mais elevado ponto de fusão de todos os metais, é mais resistente que o aço e se mantém forte a altas temperaturas — um metal ideal!"

Meu tio guardava uma variedade de barras e lingotes de tungstênio no escritório. Alguns ele usava como peso de papel, mas outros não tinham nenhuma função discernível, exceto dar prazer a seu dono e fabricante. E, de fato, em comparação, as barras de aço e até as de chumbo pareciam leves e de algum modo porosas, frágeis. "Estes pedaços de tungstênio têm uma extraordinária concentração de massa", ele dizia. "Poderiam ser letais como armas — muito mais letais do que o chumbo."

Haviam tentado produzir balas de canhão com tungstênio no início do século, ele acrescentou, mas tiveram muita dificuldade para trabalhar com o metal — embora o usassem às vezes para fazer pesos de pêndulos. Se alguém quisesse pesar a Terra, sugeriu meu tio, e tomar uma massa muito densa e compacta como "peso da balança", o melhor jeito seria usar uma gigantesca esfera de tungstênio. Meu tio calculou que uma bola de apenas sessenta centímetros de diâmetro pesaria mais de duas toneladas.

Um dos minérios do tungstênio, a xilita, devia seu nome ao grande químico sueco Carl Wilhelm Scheele, o primeiro a demonstrar que aquele minério continha um novo elemento, comentou meu tio. O minério era tão denso que os mineiros o chamavam de "pedra pesada", *tung sten,* nome que depois foi dado ao próprio elemento. A xilita era encontrada em belos cristais cor de laranja, que à luz ultravioleta emitiam uma intensa fluorescência azul. Meu tio guardava amostras de xilita e outros minerais fluorescentes num armário especial em seu escritório. Eu imaginava que a luz baça de Farringdon Road numa noite de novembro se transformaria quando ele ligasse sua lâmpada de Wood e os pedaços luminosos dentro do armário subitamente brilhassem em tons laranja, turquesa, carmesim e verdes.

Embora a xilita fosse a maior fonte de tungstênio, o metal fora obtido primeiramente de um mineral diferente, a volframita [*wolfram*]. De fato, às vezes o tungstênio era chamado *wolfram,* e ainda conservava o símbolo químico W. Isso me fascinava, pois meu segundo nome era Wolf. Pesados veios dos minérios de tungstênio eram freqüentemente encontrados com minério de estanho, e o tungstênio dificultava ainda mais o processo de isolar o estanho. Por isso, continuou meu tio, originalmente fora dado ao metal o nome *wolfram*, porque, como um animal faminto [o lobo, ou *wolf*], ele "roubava" o estanho. Eu gostava do nome *wolfram*, sua qualidade animal agressiva, sua evocação de um místico lobo famélico — e pensava nisso como um laço unindo Tio Tungstênio — Tio Wolfram — e eu, O. Wolf Sacks.

"A natureza nos oferece cobre, prata e ouro nativos, como metais puros", dizia meu tio, "e, na América do Sul e nos Urais, oferece também metais do grupo da platina." Ele gostava de pegar os metais nativos em seu armário — fios torcidos e lantejoulas de cobre rosado, prata escurecida, grânulos de ouro garimpados por mineiros na África do Sul. "Imagine como deve ter sido ver o metal pela primeira vez — súbitas centelhas refletindo a luz do sol, brilhos súbitos numa rocha ou no fundo de um rio!", ele devaneava.

Mas a maioria dos metais era encontrada em forma de óxidos, às vezes chamados óxidos de cálcio, e sabia-se que esses minérios eram insolúveis, incombustíveis, infusíveis e, como escreveu um químico setecentista, "desprovidos de esplendor metálico". No entanto, como se percebeu, eles eram muito próximos dos metais e podiam, de fato, ser convertidos em metais quando aquecidos com carvão, enquanto os metais puros se tornavam óxidos de cálcio quando aquecidos ao ar. Mas não se entendia o que realmente ocorria nesses processos. Muito antes da teoria pode haver um profundo conhecimento prático, meu tio comentou: compreendia-se como era possível, na prática, fundir minérios para extrair metais, mesmo não se entendendo exatamente o que acontecia.

Meu tio me fez visualizar a primeira fusão de metal: homens das cavernas poderiam ter usado rochas contendo um minério de cobre — malaquita verde, talvez — para cercar uma fogueira onde preparavam comida e de repente percebido, quando a madeira se tornava carvão, que a rocha verde estava sangrando, transformando-se num líquido vermelho, o cobre derretido.

Sabemos, ele prosseguiu, que se aquecermos os óxidos com carvão, o carbono do carvão se combina com o oxigênio dos óxidos e, dessa maneira, os "reduz", deixando o metal puro. Sem a capacidade de obter metais a partir de seus óxidos, ele dizia, nunca teríamos conhecido outras variedades além do punhado de metais nativos. Nunca teria existido uma Idade do Bronze, muito menos uma Idade do Ferro; nunca teríamos tido as fascinantes descobertas do século XVIII, quando uma dúzia e meia de novos metais (incluindo o tungstênio!) foram extraídos de seus minérios.

Tio Dave mostrou-me o óxido túngstico puro obtido da xilita, a mesma substância que Scheele e os d'Elhuyar, os descobridores do tungstênio, haviam preparado.[4] Peguei a garrafa das mãos de meu tio; continha um pó amarelo denso que era surpreendentemente pesado, quase tanto quanto o ferro. "Basta aquecê-lo com um pouco de carbono num cadinho, até ficar rubro-incandescente", ele disse. Misturou então o óxido amarelo com carbono e colocou o cadinho em um canto da grande fornalha. Poucos minutos depois, retirou-o com tenazes compridas e, enquanto a mistura esfriava, vi que uma mudança fascinante ocorrera. O carbono tinha desaparecido totalmente, e também a maior parte do pó amarelo; no lugar deles havia grânulos de metal cinzento com um tênue brilho, exatamente como os d'Elhuyar haviam visto em 1783.

"Existe uma outra maneira de fazer isso", disse meu tio. "É mais espetacular." Ele misturou o óxido túngstico a alumínio finamente pulverizado, depois acrescentou açúcar, perclorato de potás-

---

[4] Os irmãos d'Elhuyar eram membros da Sociedade Basca dos Amigos do País, uma sociedade dedicada ao cultivo das artes e das ciências que se reunia todas as noites, discutindo matemática às segundas, fazendo experimentos com máquinas elétricas e bombas de ar às terças etc. Em 1777, os irmãos foram mandados para o exterior, um para estudar mineralogia, o outro, metalurgia. Viajaram e conheceram toda a Europa, e um deles, Juan José, esteve com Scheele em 1782.

Após retornarem à Espanha, os irmãos estudaram a volframita, o pesado mineral negro, e a obtiveram de um denso pó amarelo ("ácido volfrâmico") que eles perceberam ser idêntico ao ácido túngstico obtido por Scheele do mineral "tung-sten" na Suécia e que, Scheele tinha certeza, continha um novo elemento. Os irmãos, ao contrário de Scheele, deram mais um passo e aqueceram o ácido volfrâmico com carvão e assim obtiveram o novo elemento metálico puro (que batizaram de volfrâmio) em 1783.

sio e ácido sulfúrico. O açúcar, o perclorato e o ácido incendiaram-se imediatamente, o que, por sua vez, ateou fogo no alumínio e no óxido túngstico, e estes queimaram com grande intensidade, emitindo uma chuva de centelhas brilhantes. Quando as centelhas se extinguiram, vi no cadinho um glóbulo de tungstênio branco-incandescente. "Essa é uma das reações mais violentas que existem", disse meu tio. "Chamam-na processo termítico; você pôde ver por quê. Ele é capaz de gerar uma temperatura de 3 mil graus ou mais — suficiente para derreter o tungstênio. Você viu que precisei usar um cadinho especial revestido com magnésia, que suporta a alta temperatura. É muito perigoso, pode haver uma explosão se não tivermos muito cuidado — e na guerra, obviamente, usam esse processo para fazer bombas incendiárias. Mas, nas condições certas, é um método excelente, e tem sido usado para obter todos os metais difíceis — cromo, molibdênio, tungstênio, titânio, zircônio, vanádio, nióbio, tântalo."

Raspamos os grânulos de tungstênio do cadinho, depois os lavamos cuidadosamente com água destilada, os examinamos com uma lupa e os pesamos. Meu tio trouxe um minúsculo cilindro graduado de 0,5 mililitro, encheu-o com água até a marca de 0,4 mililitro e então colocou lá dentro os grânulos de tungstênio. A água subiu um vigésimo de mililitro. Escrevi os números exatos e fiz o cálculo — o tungstênio pesava pouco menos de um grama e sua densidade era 19. "Excelente", disse meu tio. "É mais ou menos isso que os d'Elhuyar obtiveram quando o produziram pela primeira vez, na década de 1780."

E acrescentou: "Agora tenho aqui vários metais diferentes, todos em grânulos. Que tal você praticar pesando-os, medindo seu volume e calculando sua densidade?". Passei a hora seguinte empolgadíssimo na tarefa, e descobri que meu tio me fornecera uma variedade imensa, que ia de um metal prateado, um pouco embaciado, com densidade menor que 2, a um de seus grânulos de osmirídio (eu reconheci o metal), cuja densidade era quase doze vezes maior. Quando medi a densidade de um minúsculo grânulo amarelo, vi que era exatamente igual à do tungstênio — 19,3, para ser exato. "Está vendo?", meu tio comentou. "A densidade do ouro é quase igual à do tungstênio, mas a prata é bem mais leve. É fácil sentir a diferença entre ouro puro e prata revestida de ouro — mas seria difícil com o tungstênio revestido de ouro."

Scheele era um dos grandes heróis do tio Dave. Descobrira não só o ácido túngstico e o ácido molíbdico (do qual se fez o novo elemento, molibdênio), mas também o ácido fluorídrico, o sulfeto de hidrogênio, a arsina e o ácido prússico, além de uma dúzia de ácidos orgânicos. Tudo isso, comentou tio Dave, ele fez sem ajuda de ninguém, sem assistentes, sem financiamento, sem cargo nem salário na universidade; fez trabalhando sozinho, tentando pagar as contas com seus rendimentos de boticário numa cidadezinha provinciana sueca. Ele descobrira o oxigênio, não por um feliz acidente, mas obtendo-o de vários modos diferentes; descobrira o cloro e mostrara o caminho para a descoberta do manganês, do bário e de outra dezena de coisas.

Scheele era totalmente devotado ao trabalho, disse meu tio, não ligava a mínima para fama e dinheiro, e compartilhava seus conhecimentos, todos os que possuía, com qualquer pessoa. Fiquei impressionado com a generosidade de Scheele, e também com sua engenhosidade, com o modo como (na prática) ele cedeu a descoberta efetiva de elementos a seus alunos e amigos — a descoberta do manganês a Johan Gahn, a do molibdênio a Peter Hjelm, e a do tungstênio aos irmãos d'Elhuyar.

Dizia-se que Scheele nunca esquecia nada que se relacionasse com a química. Nunca esquecia a aparência, o cheiro e a sensação produzida por uma substância ao toque, nem o modo como ela se transformava nas reações químicas; nunca esquecia nada do que lia ou ouvia sobre os fenômenos da química. E parecia indiferente, ou desatento, à maioria das outras coisas, sendo inteiramente dedicado à sua única paixão, a química. A absorção pura e apaixonada dos fenômenos — anotando tudo, não se esquecendo de nada — constituiu o ponto forte de Scheele.

Para mim, Scheele era o epítome da paixão científica. Eu via integridade, bondade essencial em uma vida imersa na ciência, um caso de amor eterno. Eu nunca tinha pensado muito no que poderia ser quando "crescesse" — crescer era difícil de imaginar —, mas agora eu sabia: queria ser químico. Um químico como Scheele, um químico do século XVIII ingressando nesse campo de estudo, examinando todo o mundo inexplorado das substâncias naturais e minerais, analisando-as, perscrutando seus segredos, descobrindo as maravilhas de metais novos e desconhecidos.

5

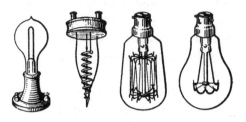

LUZ PARA AS MASSAS

Tio Tungstênio era uma mistura complexa, um homem ao mesmo tempo intelectual e prático, como a maioria de seus irmãos e irmãs e o pai de todos eles. Adorava a química, mas não era um químico "puro", como seu irmão mais novo Mick; tio Dave também era um empreendedor, um homem de negócios. Era um industrial razoavelmente bem de vida — suas lâmpadas e válvulas eletrônicas tinham boa procura, e isso bastava. Conhecia, com a intimidade de um amigo, todos os que trabalhavam para ele. Não desejava expandir seu negócio, torná-lo gigantesco, o que poderia ter feito facilmente. Permanecia, como fora desde o princípio, um aficionado dos metais e materiais, eternamente fascinado por suas propriedades. Passava centenas de horas observando todos os processos em suas fábricas: a sinterização e a trefilação do tungstênio, a feitura das espirais e dos suportes de molibdênio para os filamentos, a introdução de argônio nas lâmpadas na velha fábrica de Farringdon, a sopragem do vidro para formar os bulbos e sua perolização com ácido fluorídrico na nova fábrica de Hoxton. Não precisaria fazer isso — seus funcionários eram competentes e as máquinas funcionavam com perfeição —, mas fazia por prazer, e às vezes, enquanto estava lá observando, acabava tendo idéias para novos aprimoramentos, novos processos. Ele não precisava realmente dos laboratórios compactos mas primorosamente equipados em suas fábricas, porém era curioso e não conseguia deixar de fazer experimentos, alguns com aplicação imediata nas fábricas, embora boa parte deles, pelo que posso avaliar, fosse feita por puro deleite, por divertimento. Tampouco precisava conhecer em detalhes enciclopédicos, como conhecia, a história das lâmpadas incandescentes, da iluminação em geral e da química e física básicas que a fundamentavam. Mas gostava de se sentir parte de uma tradição — simultaneamente uma tradição de ciência pura, ciência aplicada, artesanato e indústria. Meu tio me disse que, de muitos modos, a história das descobertas químicas era inseparável da busca da luz.

Ele também gostava de comentar que a visão de Edison, da luz para as massas, finalmente se concretizara na lâmpada incandescente. Se alguém pudesse olhar a Terra do espaço cósmico, ver como ela faz a rotação a cada 24 horas entrando nas sombras da noite, essa pessoa veria milhões, centenas de milhões de lâmpadas incandescentes acenderem-se toda noite, fulgurando com tungstênio branco-incandescente nas entranhas daquelas trevas — e saberia, então, que a humanidade finalmente conquistara a escuridão. A lâmpada incandescente fizera mais para alterar os hábitos sociais, a vida humana, do que qualquer outra invenção que ele conhecia, disse meu tio.

Antes de 1800, só se dispunha de velas ou simples lâmpadas a óleo, como as que vinham sendo usadas por milhares de anos. A luz que elas emitiam era fraca e as ruas eram escuras e perigosas — dificilmente se saía à noite sem uma lanterna ou em dias sem lua cheia. Havia uma necessidade premente de alguma forma eficaz de iluminação que pudesse ser usada com segurança e facilidade, tanto em casa como nas ruas.

No início do século XIX introduziu-se a iluminação a gás, que foi experimentada em várias formas. Bocais diferentes produziam chamas de gás de formas diversas: asa de morcego, rabo de peixe, espora de galo e crista de galo — eu me encantei com aqueles nomes ao ouvi-los de meu tio, e também com as belas formas das chamas. Mas as chamas de gás, com suas partículas de carbono fulgurantes, não eram muito mais brilhantes do que as chamas das velas. Era preciso algo mais, um material que brilhasse com especial intensidade quando aquecido numa chama de gás. Essa substância era a cal — óxido de cálcio —, que brilhava com uma intensa luz branco-esverdeada quando aquecida. Essa "luz de cal", explicou tio Dave, foi descoberta na década de 1820 e usada para iluminar os palcos dos teatros durante muitas décadas — por isso, em inglês, ainda se usava a expressão "in the limelight",* embora não se empregasse mais a cal para obter incandescência. Podia-se obter uma luz de brilho equivalente aquecendo-se vários outros óxidos — zirconita, tória, magnésia, alumina, óxido de zinco. ("E o óxido de zinco, eles não chamam de zíncia?", perguntei. "Não", respondeu meu tio, achando graça. "Nunca ouvi chamarem-no assim.")

Na década de 1870, depois de serem tentados muitos óxidos, evidenciou-se que algumas misturas brilhavam mais do que qualquer um dos óxidos individualmente. Auer von Welsbach, na Alemanha, fez experimentos com inúmeras dessas combinações e finalmente, em 1891, descobriu a ideal: uma mistura de tória e dióxido de cério, 99 partes para 1. Essa razão era crucial; Auer constatou que uma razão de 100 para 1 ou de 98 para 1 era muito menos eficaz.

Até então haviam sido usadas barras ou hastes de óxido, mas Auer descobriu que "um tecido de forma adequada", uma camisa de rami, poderia fornecer uma área superficial muito maior para ser impregnada com a mistura de Auer, emitindo assim uma luz mais intensa. Essas camisas de rami revolucionariam toda a indústria da iluminação a gás, permitindo-lhe competir de igual para igual com a incipiente indústria da luz elétrica.

Meu tio Abe, alguns anos mais velho que tio Dave, recordava-se vividamente dessa descoberta, e de que sua casa fracamen-

---

* Equivalente à nossa expressão "luzes da ribalta". (N. T.)

te iluminada em Leman Street subitamente se transformara com as novas camisas incandescentes. Lembrava que acontecera uma grande corrida ao tório: em poucas semanas, o preço do tório aumentou dez vezes, e teve início uma busca frenética por novas fontes desse elemento.

Edison, nos Estados Unidos, também foi pioneiro nas experimentações com a incandescência de várias terras-raras, mas não fez a descoberta de Auer, e por isso voltou sua atenção, em fins da década de 1870, para o aperfeiçoamento de outro tipo de luz, uma luz elétrica. Swan, na Inglaterra, e vários outros, haviam começado a fazer experimentos com lâmpadas de platina na década de 1860 (meu tio tinha uma dessas primeiras lâmpadas de Swan em seu armário); Edison, muito competitivo, entrou na corrida, mas descobriu, como Swan, que havia dificuldades fundamentais — o ponto de fusão da platina, embora elevado, não era suficientemente alto.

Edison fez experimentos com muitos outros metais com pontos de fusão mais altos para obter um filamento viável, mas nenhum se mostrou adequado. Em 1879, ele teve uma idéia brilhante. O carbono tinha um ponto de fusão muito mais elevado que o de qualquer metal — ninguém jamais conseguira fundi-lo — e, embora conduzisse eletricidade, tinha grande resistência, o que o faria aquecer-se e se tornar incandescente com mais facilidade. Edison tentou produzir espirais de carbono elementar, semelhantes às espirais de metal dos filamentos mais antigos, mas essas espirais de carbono se esfacelaram. A solução que encontrou — absurdamente simples, embora fosse preciso genialidade para chegar a ela — foi usar uma fibra orgânica (papel, madeira, bambu, linho ou fio de algodão) e queimá-la, deixando um esqueleto de carbono suficientemente forte para se manter íntegro e conduzir uma corrente. Se esses filamentos fossem inseridos em bulbos evacuados, poderiam produzir uma luz constante por centenas de horas.

As lâmpadas de Edison traziam a possibilidade de uma verdadeira revolução — ainda que, evidentemente, tivessem de ser associadas a todo um novo sistema de dínamos e linhas de transmissão. "O primeiro sistema elétrico central do mundo foi construído por Edison bem aqui, em 1882", contou meu tio, levando-me até a janela e apontando para as ruas lá embaixo. "Grandes dínamos a vapor foram instalados no viaduto Holburn, ali adiante, e abasteciam 3 mil lâmpadas elétricas ao longo do viaduto e de Farringdon Bridge Road."

Assim, a década de 1880 foi dominada pelas lâmpadas elétricas e pela instalação de toda uma rede de estações e linhas de transmissão de energia elétrica. Porém, em 1891, Auer aperfeiçoou as camisas de gás, que eram muito eficientes e não custavam caro (e podiam usar as tubulações de gás existentes), impondo um grave obstáculo à incipiente indústria da luz elétrica. Meus tios me falaram da disputa entre as iluminações elétrica e a gás quando eles eram moços, e disseram que a balança alternadamente pendia para uma ou para a outra. Muitas casas construídas naquela época — incluindo a nossa — haviam sido equipadas para ambos os tipos de iluminação, pois não estava claro quem ganharia no final. (Mesmo depois de cinqüenta anos, quando eu ainda era menino, muitas ruas de Londres, especialmente na City, o centro financeiro, eram iluminadas por camisas de gás, e às vezes, ao pôr-do-sol, víamos o acendedor de lampiões com sua vara comprida, de poste em poste, acendendo os lampiões. Eu adorava contemplar aquela cena.)

Mas, com todas as suas virtudes, as lâmpadas de carbono tinham problemas. Eram frágeis, e com o uso essa fragilidade aumentava — só podiam ser usadas a temperaturas relativamente baixas, e por isso a luz emitida era amarelada e baça, e não branca e brilhante.

Haveria alguma solução para isso? Era preciso um material com um ponto de fusão quase tão elevado quanto o do carbono, ou pelo menos próximo de 3000 °C, mas com uma resistência que um filamento de carbono nunca poderia apresentar — e apenas três metais com essas características eram conhecidos: ósmio, tântalo e tungstênio. Tio Dave pareceu empolgar-se mais nesse trecho. Ele tinha imensa admiração por Edison e sua engenhosidade, mas estava óbvio que os filamentos de carbono não lhe agradavam. Um filamento respeitável, ele parecia pensar, tinha de ser feito de metal, pois somente metais podiam ser estirados para formar fios adequados. Um fio de fuligem — ele torcia o nariz — era, de certo modo, uma contradição, e muito admirava que esses fios agüentassem tão bem como o fizeram.

As primeiras lâmpadas de ósmio foram feitas em 1897 por Auer; tio Dave também tinha uma delas em seu armário. Mas o ósmio era raríssimo — a produção mundial total era de apenas sete quilos por ano — e muito caro. Era quase impossível, na época, estirar ósmio para transformá-lo num filamento, e por isso o pó de ósmio tinha de ser misturado a um aglutinante e injetado em um molde, queimando-se depois o aglutinante para eliminá-lo. Além disso, esses filamentos de ósmio eram muito frágeis e se quebravam se a lâmpada fosse virada de cabeça para baixo.

O tântalo era conhecido já fazia um século ou mais, embora sempre houvesse grande dificuldade para purificá-lo e trabalhar com ele. Em 1905, tornou-se possível purificar esse metal o suficiente para transformá-lo em fios, e com filamentos de tântalo poderiam ser produzidas lâmpadas incandescentes em massa, a preços baixos, para competir com as lâmpadas de carbono — o que nunca seria possível para as lâmpadas de ósmio. Mas, para obter a resistência necessária, era preciso usar um fio muito longo e fino, ziguezagueando como uma teia de aranha no interior da lâmpada, para formar um filamento complexo, semelhante a uma gaiola. Apesar de o tântalo ficar um pouco mais mole quando aquecido, ainda assim esses filamentos tiveram grande êxito e, por fim, desafiaram a hegemonia das camisas de gás. "De repente, as lâmpadas de tântalo viraram a coqueluche", disse meu tio.

As lâmpadas de tântalo continuaram a ser a coqueluche até a Primeira Guerra Mundial; porém, mesmo no auge de sua popularidade, estava sendo usado um outro tipo de metal para filamentos: o tungstênio. As primeiras lâmpadas de tungstênio viáveis foram feitas em 1911, e podiam operar brevemente a temperaturas altíssimas, embora logo enegrecessem com a evaporação do tungstênio, que se depositava na superfície interna do vidro. Isso foi um desafio para a engenhosidade de Irving Langmuir, químico americano que propôs o uso de um gás não reativo para exercer uma pressão positiva sobre o filamento e assim reduzir sua evaporação. Era preciso um gás absolutamente inerte, e o candidato óbvio era o argônio, que havia sido isolado quinze anos antes (embora só fosse disponível em pequenas quantidades obtidas em laboratório). Mas o uso de um enchimento de gás trouxe outro problema: imensa perda de calor por convecção no gás. A resposta para isso, percebeu Langmuir, era obter o filamento mais compacto possível, uma hélice filamentosa densamente espiralada, e não uma teia de aranha dispersa. Essa espiral densa poderia ser feita com tungstênio, e em 1913 tudo isso foi reunido: fio de tungstênio finamente estirado, hélices densamente espiraladas, em um bulbo preenchido com argônio. Nessa altura, ficou evidente que os dias da lâmpada de tântalo estavam contados, e que o tungstênio — mais resistente, mais barato, mais eficiente — logo o substituiria (ainda que isso só pudesse acontecer depois da guerra, quando o argônio se tornaria disponível em quantidades comerciais). Foi nessa fase que muitos fabricantes passaram a produzir lâmpadas de tungstênio, e que tio Dave, com vários de seus irmãos (e três irmãos de sua esposa, os Wechsler, que também eram químicos), uniram seus recursos e fundaram sua firma, a Tungstalite.

Tio Dave adorava me contar essa saga, da qual vivenciara boa parte, e seus pioneiros eram heróis para ele, sobretudo por terem sido capazes de combinar uma paixão pela ciência pura com um forte senso prático e comercial. (Langmuir, meu tio me contou, foi o primeiro químico industrial laureado com o Nobel.)

As lâmpadas do tio Dave eram maiores que as da Osram, da GE ou ainda outras lâmpadas elétricas no mercado — maiores, mais pesadas e quase absurdamente fortes, parecendo durar eternamente. Às vezes eu torcia para que se queimassem, assim eu poderia quebrá-las (nada fácil), retirar os filamentos de tungstênio e seus suportes de molibdênio, e então ter o prazer de ir até o armário triangular debaixo da escada e pegar uma lâmpada novinha em folha, embalada em seu cilindro de papelão ondulado. Outras pessoas compravam lâmpadas elétricas uma a uma, mas nós encomendávamos caixas direto da fábrica, algumas dúzias de lâmpadas por vez — a maioria de 60 watts e 100 watts, embora usássemos pequenas lâmpadas de 15 watts nos armários e abajures, e uma lâmpada de 300 watts possante como um farol na varanda da frente. Tio Tungstênio fabricava lâmpadas de todos os tipos e tamanhos, de minúsculas lâmpadas de $1^{-1}/_2$ volt para serem usadas em minilanternas a lâmpadas enormes para campos de futebol ou holofotes. Também havia as de formatos especiais, destinadas a mostradores de instrumentos, oftalmoscópios e outros aparelhos médicos, além de lâmpadas com filamentos de tântalo (apesar da afeição de meu tio pelo tungstênio), para uso em projetores de cinema e trens. Esses filamentos eram menos eficientes, menos capazes que o tungstênio de suportar altas temperaturas, porém resistiam melhor à vibração. Também estas eu gostava de quebrar quando pifavam, para retirar o fio de tântalo e acrescentá-lo à minha próspera coleção de metais e substâncias químicas.

As lâmpadas de meu tio, junto com minha queda para a improvisação, instigaram-me a montar um sistema de iluminação para o escuro armário sob a escada. Eu sempre sentira fascínio por aquele espaço, e um certo medo, pois ele não tinha iluminação própria e parecia sumir-se em segredo e mistério em seus recessos mais profundos. Usei uma lâmpada de 6 watts em formato de limão, como as que havia nas luzes laterais do nosso carro, e uma bateria de 9 volts feita para lanterna elétrica. Instalei desajeitadamente um comutador na parede e o liguei com fios à lâmpada e à bateria. Eu tinha um descabido orgulho daquela pequena instalação, e fazia questão de mostrá-la às visitas que apareciam em casa. Mas a luz penetrou nos recessos do armário e, expulsando a escuridão, expulsou também o mistério. Luz demais não era bom, constatei — certos lugares eram melhores com seus segredos intactos.

6

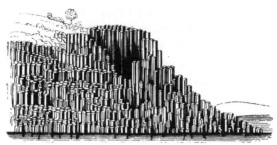

Colunas basálticas, costa de Illawara, Nova Gales do Sul

A TERRA DA ESTIBINA

Acho que fui um tanto arredio em minha escola, The Hall, pelo menos na época do meu primeiro retorno a Londres. Meu amigo Eric Korn, que me conhecera antes da guerra — tínhamos mais ou menos a mesma idade e éramos levados por nossas babás para brincar em Brondesbury Park —, supunha que alguma coisa acontecera comigo. Comentou que, antes da guerra, eu era agressivo e normal, entrava em brigas, me defendia, dizia o que pensava, mas que agora parecia intimidado, medroso, não começava brigas nem conversas, era retraído, mantinha distância. De fato, eu mantinha distância da escola, em quase todos os aspectos. Pois tinha medo de mais intimidações ou surras, e demorei a perceber que a escola podia ser um lugar agradável. Mas fui persuadido (ou forçado — não me lembro mais) a me tornar escoteiro. Julgou-se que isso me faria bem, me obrigaria a me misturar a outros meninos da minha idade, me ensinaria habilidades "necessárias" para a vida ao ar livre, como acender fogueira, acampar, seguir rastros — embora não fosse muito clara a serventia que isso teria na Londres urbana. Mas, por alguma razão, nunca as aprendi realmente. Eu não tinha senso de direção nem memória visual — no jogo chamado Kim's Game, em que era preciso memorizar uma série de objetos, eu era tão inepto que se chegou a cogitar em deficiência mental. As fogueiras que eu preparava nunca se acendiam, ou então se apagavam em poucos segundos; minhas tentativas de fazer fogo friccionando dois gravetos nunca deram certo (embora eu conseguisse esconder o fato durante algum tempo pegando emprestado o isqueiro de meu irmão), e minhas tentativas de montar uma tenda desencadeavam a hilaridade universal.

A única coisa de que eu realmente gostava em ser lobinho era o fato de todos nós usarmos uniforme (o que reduzia meu constrangimento, minha sensação de ser diferente), as invocações a Akela, o lobo cinzento, e nossa identificação com os filhotes de lobo de *O livro da selva* — uma doce origem mítica que falava ao meu lado romântico. Mas a vida real de escoteiro, pelo menos para mim, falhava continuamente em todos os aspectos.

Essa situação culminou no dia em que nos disseram para fazer um *damper* como aqueles que Baden Powell, o fundador do escotismo, preparava em suas temporadas na África. *Dampers*, pelo que eu sabia, eram bolos achatados e duros de farinha sem fermento; mas quando fui procurar farinha na cozinha de casa, o pote estava vazio. Eu não queria perguntar onde havia mais farinha, nem sair para comprar — afinal, esperava-se que fôssemos versáteis e auto-suficientes —, por isso dei uma olhada ao redor e, para minha alegria, descobri lá fora um pouco de cimento, deixado pelos pedreiros que estavam construindo um muro. Não consigo reconstruir o processo mental pelo qual me persuadi de que o cimento poderia substituir a farinha, mas o fato é que usei o cimento: transformei-o em pasta, temperei (com alho), moldei um bolo oval semelhante a um *damper* e assei no forno. Ficou duro, duríssimo — mas, enfim, os *dampers* eram mesmo duríssimos. Quando o levei para a reunião dos lobinhos no dia seguinte e o entreguei ao nosso chefe, o sr. Baron, ele ficou espantado, mas (acredito) contente, ou intrigado, com o peso daquele alimento, e a nutrição extraordinariamente substanciosa que ele prometia. O sr. Baron pôs meu *damper* na boca e mordeu, sendo recompensado com um tremendo estalo de um dente se quebrando. Ele instantaneamente cuspiu fora o que mordera; ouviram-se algumas risadinhas, e então se fez um pavoroso silêncio: toda a matilha de lobinhos me encarou.

"Como foi que você preparou este *damper*, Sacks?", perguntou o sr. Baron, numa voz ameaçadoramente calma. "O que pôs nele?"

"Pus cimento, senhor", respondi. "Não achei farinha."

O silêncio cresceu, estendeu-se; tudo pareceu congelar numa espécie de quadro vivo imóvel. Esforçando-se para se controlar e (acredito) não me bater, o sr. Baron fez um discurso breve e exaltado: eu parecia um bom rapaz, ele disse, bem-comportado, embora tímido, incompetente e muito trapalhão, mas aquela história do *damper* dava muito o que pensar — eu percebia o que estava fazendo, tinha a intenção de causar mal? Tentei dizer que era só brincadeira, mas não consegui emitir nenhum som. Eu era apenas incrivelmente estúpido, ou era perverso, talvez demente? Qualquer que fosse o caso, eu me comportara muito mal, ferira meu chefe, traíra os ideais da matilha de lobinhos. Não tinha condições de ser um escoteiro, e assim o sr. Baron sumariamente me expulsou.

O termo *acting out** ainda não fora inventado, mas o conceito vinha sendo freqüentemente discutido, a menos de dois quilômetros da escola, na clínica Hampstead. Anna Freud estava encontrando todo tipo de comportamento perturbado e delinqüente em jovens que haviam sofrido traumas durante a evacuação da guerra.

A Biblioteca Pública de Willesden era um curioso edifício triangular construído em ângulo com a rua Willesden Lane, a poucos minutos de nossa casa. Por fora parecia enganosamente pequeno, mas seu interior era vasto, com dezenas de nichos e compartimentos abarrotados de livros, mais livros do que eu jamais vira na vida. Assim que a bibliotecária se assegurou de que

---

* Em psicologia, "atuação" ou "passagem ao ato", a expressão de um impulso ou fantasia diretamente em um comportamento. (N. T.)

eu era capaz de manusear os livros e usar o catálogo, deu-me livre acesso ao acervo e me permitiu pedir livros da biblioteca central e até mesmo, às vezes, pegar livros raros e levar para casa. Eu era um leitor voraz, mas não metódico; passava os olhos pelo livro, folheava, demorava-me num trecho como bem entendia; e, embora meus interesses já estivessem fortemente enraizados nas ciências, eu também, de vez em quando, retirava livros de aventura ou histórias de detetives. Minha escola, The Hall, não ensinava ciências e, por isso, pouco me interessava — nosso currículo, na época, baseava-se apenas nos clássicos. Mas isso não era um problema, pois as leituras particulares na biblioteca me proporcionavam minha verdadeira educação, e eu dividia meu tempo livre, quando não estava com tio Dave, entre a biblioteca e as maravilhas dos museus de South Kensington, que foram cruciais para mim durante toda a minha infância e adolescência.

Os museus, em especial, permitiam-me vaguear à vontade, sem pressa, passando de uma sala a outra, de uma vitrine a outra sem ser obrigado a seguir nenhum currículo, assistir a aulas, fazer exames ou competir. Ir à escola dava uma sensação de passividade e obrigação, ao passo que nos museus podíamos ser ativos, explorar, como no mundo. Os museus — bem como o zoológico e o jardim botânico de Kew — incutiram-me o desejo de sair pelo mundo e explorar pessoalmente, ser um colecionador de rochas, de plantas, um zoólogo ou um paleontólogo. (Cinqüenta anos depois, ainda são os museus de história natural e os jardins botânicos que procuro toda vez que vou a uma nova cidade ou país.)

Entrava-se no Geological Museum como em um templo, através de um grande arco de mármore flanqueado por enormes vasos de fluorita, uma forma de espato-flúor. O andar térreo era ocupado por gabinetes abarrotados e vitrines de minerais e gemas. Havia dioramas mostrando vulcões, poços de lama borbulhantes, lava em processo de resfriamento, minerais em cristalização, lentos processos de oxidação e redução, subindo e descendo, mexendo-se, metamorfoseando-se, e com isso tínhamos uma noção não apenas dos produtos das atividades da Terra — suas rochas, seus minerais —, mas dos processos físicos e químicos que continuamente os produziam.

No andar superior havia um colossal aglomerado de estibina — negros e reluzentes prismas lanciformes de sulfeto de antimônio. Eu já tinha visto sulfeto de antimônio no laboratório do tio Dave, na forma de um pó preto sem nada de notável, mas ali, no museu, eles se apresentavam em cristais de quase dois metros de altura. Eu venerava aqueles prismas; tornaram-se uma espécie de totem ou fetiche para mim. Aqueles cristais fabulosos, os maiores de seu tipo no mundo, haviam sido trazidos da mina de Ichinokawa, dizia a legenda, na ilha japonesa de Shikoku. Eu planejava, quando crescesse e pudesse viajar, fazer uma visita a essa ilha, e prestar meu tributo ao deus. A estibina é encontrada em muitos lugares, fiquei sabendo mais tarde, mas aquela primeira visão associou-a em minha mente indissoluvelmente ao Japão, e assim o Japão, mesmo tempos depois, era para mim a Terra da Estibina. De modo semelhante, a Austrália se tornou a Terra da Opala, além de ser a Terra do Canguru e do Ornitorrinco.

Havia também no museu uma grande massa de galena — devia pesar mais de uma tonelada —, que se moldara na forma de brilhantes cubos cinza-escuro de uns doze a quinze centímetros de lado, com freqüência contendo cubos menores dentro deles. Esses cubos menores, por sua vez (eu podia vê-los examinando com minha lente de aumento), tinham cubos ainda menores que pareciam brotar de sua superfície. Quando mencionei esse fato ao tio Dave, ele explicou que a galena era totalmente cúbica, e que se eu pudesse vê-la magnificada 1 milhão de vezes, continuaria a ver cubos, com cubos menores ligados a eles. A forma dos cubos de galena, de todos os cristais, disse meu tio, era uma expressão do modo como seus átomos se dispunham, os padrões tridimensionais fixos ou retículos cristalinos que eles formavam. Isso ocorria porque as ligações entre eles, que eram de natureza eletrostática, e a disposição efetiva dos átomos em um retículo cristalino refletiam a mais densa aglomeração que as atrações e repulsões entre os átomos permitiam. Eu achava fascinante que um cristal fosse construído da repetição de inúmeros retículos cristalinos idênticos — que ele fosse, efetivamente, um retículo cristalino gigante auto-replicante. Os cristais eram como microscópios colossais, que nos permitiam ver a configuração dos átomos que os compunham. Eu quase podia ver, em imaginação, os átomos de chumbo e os átomos de enxofre que compunham a galena — imaginava-os vibrando levemente com energia elétrica, mas sempre firmemente mantidos em suas posições, juntando-se então uns aos outros, coordenados em um retículo cúbico infinito.

Eu tinha visões (especialmente depois de ouvir histórias sobre meus tios em seus tempos de mineração) nas quais eu era uma espécie de geólogo menino, munido de talhadeira e martelo, coletando amostras para minha coleção, descobrindo espécies minerais nunca antes descritas. Cheguei a minerar em nosso jardim, mas não encontrei muita coisa além de uma ou outra lasca de mármore e sílex. Ansiava por partir em excursões geológicas, ver pessoalmente os padrões das rochas, a riqueza do mundo mineral. Esse desejo era insuflado por minhas leituras, não só relatos de grandes naturalistas e exploradores, mas também de livros mais modestos que me caíam nas mãos, como o livreto *The geological story*, de Dana, com suas belas ilustrações, e meu favorito, *Playbook of metals*, do século XIX, cujo subtítulo era *Personal narratives of visits to coal, lead, copper and tin mines* [Narrativas pessoais de visitas a minas de carvão, chumbo, cobre e estanho]. Eu também queria visitar várias minas, não só as de cobre, chumbo e estanho da Inglaterra, mas igualmente as de ouro e diamante que haviam atraído meus tios para a África. Entretanto, isso não sendo possível, o museu podia ser para mim um microcosmo do mundo — compacto, atrativo, uma destilação da experiência de inúmeros colecionadores e exploradores, de seus tesouros materiais, suas reflexões e idéias.

Eu devorava as informações nas legendas de cada amostra. Entre os encantos da mineralogia estavam os belos e freqüentemente antigos termos usados. *Vug*, tio Dave explicou, era um termo usado pelos antigos mineiros de estanho da Cornualha, e vinha do dialeto córnico *vooga* (ou *fouga*), que significava câmara subterrânea; em última análise, esse termo provinha do latim *fovea*, depressão. Intrigava-me que aquela palavra esquisita e feia testemunhasse quanto a mineração era antiga, do tempo da primeira colonização da Inglaterra pelos romanos, atraídos pelas minas de estanho da Cornualha. O próprio nome do minério de estanho, cassiterita, provinha das Cassiterides, as "Ilhas de Estanho" dos romanos.

Os nomes dos minerais fascinavam-me particularmente — seus sons, associações, a evocação de pessoas e lugares. Os nomes mais antigos davam a idéia de antigüidade e alquimia: coríndon e galena, ouro-pigmento e realgar. (Esses, dois sulfetos de arsênio eram eufônicos quando pronunciados juntos [*orpiment* e *realgar*] e me faziam pensar em um casal de ópera, como Tristão e Isolda.) Havia a pirita, o ouro dos trouxas, em cubos metálicos brônzeos, e a calcedônia, o rubi, a safira e o espinélio. Zircão soava a algo oriental, calomelano, a grego — sua doçura melíflua, seu "mel", desmentido por seu veneno. Havia o sal amoníaco, nome de sonoridade medieval. Havia o cinabre, o pesado e rubro sulfeto de mercúrio, o massicote e o mínio, os óxidos de chumbo gêmeos.

Havia minerais batizados com nomes de pessoas. Um dos minerais mais comuns, responsável por boa parte do vermelho que havia no mundo, era o óxido de ferro e hidrogênio chamado goethita. Teria recebido esse nome em homenagem a Goethe, ou ele próprio a descobrira? Eu lera que ele tinha paixão por mineralogia e química. Muitos minerais tinham nomes de químicos — gailussita, xilita, berzelianita, bunsenita, liebignita, crookesita e a bela e prismática "prata-rubi", a proustita. Havia a samarskita, batizada em homenagem a um engenheiro de minas, coronel Samarski. E outros nomes que eram mais evocativos de lugares: stolzita, um tungstato de chumbo, e também scholzita. Quem teriam sido Stolz e Scholz? Pareciam-me nomes prussianos, o que, depois da guerra, suscitava um sentimento antigermânico. Eu imaginava Stolz e Scholz como oficiais nazistas de voz estridente, que carregavam bengalas de estoque e usavam monóculo.

Outros nomes atraíam-me simplesmente pelo som ou pelas imagens que suscitavam. Eu gostava de palavras clássicas que descreviam propriedades simples — as formas cristalinas, cores, configurações e a óptica dos minerais —, como diaspório, anastásio, micrólito e policroíta. Um grande favorito era a criolita — pedra de gelo, da Groenlândia, com índice de refração tão baixo que a tornava transparente, quase fantasmagórica, e, como o gelo, invisível na água.[1]

Muitos elementos haviam recebido nomes do folclore ou da mitologia, o que às vezes revelava um pouco de sua história. Cobalto provinha de *kobold*, um duende ou espírito mau; níquel originara-se de *nickel*, ou diabo; ambos eram termos usados por mineiros saxões quando os minérios de cobalto e níquel se mostravam traiçoeiros, não se prestando ao que se esperava deles. O tântalo suscitava visões de Tântalo atormentado no inferno pela água que se afastava toda vez que ele se curvava para bebê-la; li que esse elemento recebeu seu nome porque seu óxido era incapaz de "beber água", ou seja, de se dissolver em ácidos. O nióbio devia seu nome à filha de Tântalo, Níobe, porque esses dois elementos eram sempre encontrados juntos. (Meu livro de 1860 incluía nessa família um terceiro elemento, o pelópio — Pelópio era o filho de Tântalo, que foi preparado e servido como refeição aos deuses pelo pai — porém mais tarde se comprovou que esse elemento não existia.)

Outros elementos tinham nomes retirados da astronomia. Havia o urânio, descoberto no século XVIII e batizado com o nome do planeta Urano; alguns anos mais tarde, o paládio e o cério ganharam seus nomes em homenagem aos asteróides recém-descobertos Palas e Ceres. O telúrio tinha um belo nome grego, e nada mais natural que, ao ser descoberto seu análogo mais leve, ele recebesse o nome de selênio, como a Lua.[2]

---

[1] A criolita era o mineral principal em uma vasta massa de pegmatito em Ivigtut, Groenlândia, e foi explorada continuamente por mais de um século. Os mineiros, que vinham de navio da Dinamarca, às vezes extraíam grandes pedras de criolita transparente para usar como âncoras em suas embarcações, mas nunca se acostumaram inteiramente com o fato de a pedra desaparecer, tornar-se invisível assim que mergulhada na água.

[2] Além dos cento e tantos nomes dos elementos existentes, havia no mínimo duas vezes esse número de nomes para elementos que não foram reconhecidos como tais, elementos que haviam sido imaginados ou propostos com base em características químicas ou espectroscópicas únicas mas que, posteriormente, se descobriu serem elementos já conhecidos ou misturas. Muitos eram nomes de lugares, freqüentemente exóticos, que

Encantava-me ler sobre os elementos, como haviam sido descobertos, conhecer não só os aspectos químicos, mas também o lado humano do empreendimento; tudo isso, e muitas outras coisas, aprendi em um livro fascinante publicado pouco antes da guerra por Mary Elvira Weeks, *The discovery of the elements*. Nesse livro obtive uma vívida idéia da vida de muitos químicos, da grande variedade, e às vezes excentricidade, de caráter que eles encerravam. E ali encontrei citações de cartas de químicos antigos, que falavam dos momentos de empolgação e desalento no tateante caminho para suas descobertas, da ocasional perda de rumo, dos becos sem saída e da tão esperada concretização do objetivo.

Minha história e geografia, quando menino, a história e a geografia que me emocionavam, baseava-se mais na química do que em guerras e acontecimentos mundiais. Eu acompanhava os sucessos dos químicos antigos mais de perto do que os das forças adversárias na guerra (talvez, de fato, isso me ajudasse a ficar isolado da atemorizante realidade que eu vivia). Ansiava por ir à "ultima Thule", o lar no extremo norte do elemento túlio, e visitar o pequeno povoado de Ytterby, na Suécia, que dera o nome a nada menos que quatro elementos (itérbio, térbio, érbio e ítrio). Desejava ir à Groenlândia, onde eu imaginava que existissem cor-

---

foram descartados porque os elementos se revelaram espúrios: "florêncio", "moldávio", "noruégio", "helvécio", "áustrio", "rússio", "ilínio", "virgínio", "alabamino" e o esplendidamente batizado de "boêmio".

Eu me sentia estranhamente comovido com esses elementos fictícios e seus nomes, especialmente os que provinham de nomes de astros. Os mais belos, para mim, eram "aldebarânio" e "cassiopéio" (os nomes de Auer para elementos que efetivamente existiam, itérbio e lutécio) e "denébio", para uma mítica terra-rara. Também haviam existido um "cósmio" e um "neutrônio" ("elemento 0"), para não falar de "arcônio", "astênio", "etério" e o elemento primordial, "anódio", do qual se supunha terem sido construídos todos os outros elementos.

Às vezes havia nomes concorrentes para novas descobertas. Andrés del Rio descobriu o vanádio no México em 1800, e o batizou de "pancrômio" devido à variedade de seus sais multicores. Mas outros químicos duvidaram de sua descoberta, e ele acabou desistindo de tentar prová-la; o elemento só foi redescoberto e rebatizado trinta anos mais tarde por um químico sueco, desta vez em homenagem a Vanadis, a deusa nórdica da beleza. Outros nomes obsoletos ou desautorizados também se referiam a elementos reais: o magnífico "jargônio", um elemento supostamente presente nos minérios de zircão e zircônio, provavelmente era o elemento real háfnio.

dilheiras inteiras transparentes, quase invisíveis, da fantasmagórica criolita. Eu queria ir a Strontian, na Escócia, ver o povoado que dera o nome ao estrôncio. Toda a Grã-Bretanha, para mim, podia ser vista da ótica de seus numerosos minérios de chumbo — havia a matlockita, nome derivado de Matlock, no Derbyshire; a leadhilita, inspirada em Leadhills, no Lanarkshire; a lanarkita, também de Lanarkshire; e o belo sulfato de chumbo anglesita, de Anglesey, Gales. (Também havia a cidade de Lead, em South Dakota — uma cidade que eu gostava de imaginar como feita de chumbo metálico.) Os nomes geográficos de elementos e minerais destacavam-se, para mim, como luzes no mapa do mundo.

Ver os minerais no museu estimulou-me a comprar, por alguns *pence*, saquinhos de "minerais sortidos" em uma loja do bairro; continham pedacinhos de pirita, galena, fluorita, cuprita, hematita, gipsita, siderita, malaquita e diversas formas de quartzo; tio Dave poderia contribuir para enchê-los com coisas mais raras, como pequeninos fragmentos de xilita que haviam se desmembrado da peça principal. A maioria dos meus espécimes de minerais estava muito desgastada, quase sempre eram fragmentos minúsculos que um verdadeiro colecionador desprezaria, mas me davam a sensação de ser dono de uma amostra da natureza.

Foi olhando os minerais no Geological Museum e estudando suas fórmulas químicas que aprendi sobre sua composição. Alguns tinham uma composição simples e invariável, como o cinabre, um sulfeto de mercúrio que sempre continha as mesmas proporções de mercúrio e enxofre, onde quer que o espécime fosse encontrado. Mas não se aplicava a muitos outros minerais, incluindo o favorito de tio Dave, a xilita. Embora idealmente a xilita fosse tungstato de cálcio puro, alguns espécimes continham também uma certa quantidade de molibdato de cálcio. Inversamente, o molibdato de cálcio puro ocorria na natureza como o mineral powellita, mas alguns espécimes de powellita também continham pequenas quantidades de tungstato de cálcio. De fato, era possível ter qualquer intermediário entre os dois, de um mineral que era 99% tungstato e 1% molibdato a um que era 99% molibdato e 1% tungstato. Isso porque o tungstênio e o molibdênio tinham átomos, íons de tamanho semelhante, e assim um íon de um elemento podia substituir o outro no retículo cristalino do mineral. Mas, sobretudo, era porque o tungstênio e o molibdênio pertenciam ao mesmo grupo químico ou família, e a natureza os tratava de modo muito parecido por suas propriedades químicas e físicas semelhantes. Portanto, o tungstênio e o molibdênio tendiam, ambos, a formar compostos semelhantes com outros elementos, e a ocorrer naturalmente como sais acidíferos que se cristalizavam em solução sob condições semelhantes.

Esses dois elementos formavam um par natural, eram irmãos químicos. Essa relação fraternal era ainda mais íntima nos elementos nióbio e tântalo, que em geral ocorriam juntos nos mesmos minerais. E a fraternidade beirava a de gêmeos idênticos nos elementos zircônio e háfnio, que não só invariavelmente ocorriam juntos nos mesmos minerais, como também eram tão semelhantes quimicamente que decorreu um século antes de serem distinguidos — a própria natureza dificilmente podia fazer essa distinção.

Vagueando pelo Geological Museum também adquiri uma noção da imensa variedade, dos milhares de minerais diferentes na crosta terrestre e das abundâncias relativas dos elementos que os compunham. O oxigênio e o silício eram, de longe, os mais comuns — havia mais minerais de silicato do que qualquer outro, isso sem mencionar todas as areias do planeta. E nas rochas normais do mundo — gredas e feldspatos, granitos e dolomitas — podia-se ver que magnésio, alumínio, cálcio, sódio e potássio sem dúvida compunham nove décimos ou mais da crosta terrestre. O ferro também era comum: parecia haver áreas inteiras da Austrália vermelhas como Marte por causa do ferro. E eu podia acrescentar pequeninos fragmentos de todos esses elementos, na forma de minerais, à minha coleção.

O século XVIII, disse meu tio, fora uma época grandiosa na qual se descobriram e isolaram novos metais (não só o tungstênio, mas uma dúzia de outros também), e o grande desafio para os químicos setecentistas foi como separar esses novos metais de seus minérios. Foi assim que a química, a verdadeira química, se estruturou: investigando inúmeros minerais diferentes, analisando-os, decompondo-os para ver o que continham. A verdadeira análise química — ver o que reagia com os minerais ou como eles se comportavam quando eram aquecidos ou dissolvidos — evidentemente requeria um laboratório, mas havia observações elementares que podiam ser feitas em quase qualquer lugar. Podia-se pesar um mineral na mão, estimar sua densidade, observar seu brilho, a cor de seu veio em um prato de porcelana. A dureza variava imensamente, e com facilidade se podia obter uma aproximação — o talco e a gipsita podiam ser riscados com a unha; a calcita, com uma moeda; a fluorita e a apatita, com uma faca de aço; e o ortoclásio, com uma lima de aço. O quartzo arranhava vidro, e o coríndon arranhava tudo, exceto o diamante.

Um modo clássico de determinar a densidade relativa ou a gravidade específica de um espécime era pesar um fragmento de mineral duas vezes, no ar e na água, para obter a razão entre sua densidade e a da água. Outro modo, mais simples, e que me dava especial prazer, era examinar a flutuabilidade de diferentes minerais em líquidos de diferentes gravidades específicas — para isso era preciso usar líquidos "pesados", pois todos os minerais, com exceção do gelo, eram mais densos que a água. Consegui arranjar uma série de líquidos pesados: primeiro, o bromofórmio, que era quase três vezes mais denso que a água, depois, o iodeto de metileno, ainda mais denso, e então uma solução saturada de dois sais de tálio, chamada solução de Clerici. Essa solução tinha uma gravidade específica bem superior a quatro, e apesar de parecer água comum, muitos minerais e até alguns metais flutuavam nela facilmente. Eu gostava de levar meu frasquinho de solução de Clerici para a escola, pedir às pessoas que o segurassem e ver a cara de surpresa que elas faziam ao sentir seu peso, quase cinco vezes maior do que esperavam.

Eu era tímido na escola (um relatório escolar me descreveu como "acanhado"), e Braefield acrescentara um especial retraimento; mas quando eu tinha uma maravilha natural — fosse um estilhaço de bomba, um pedaço de bismuto com seus terraços de prismas lembrando uma aldeia asteca em miniatura, ou minha garrafinha de solução de Clerici, tão densa e espantosa aos sentidos, ou ainda o gálio, que derretia na mão (depois consegui um molde e fiz uma colher de gálio, que diminuía e se derretia quando alguém mexia o chá com ela) — perdia toda a timidez e me aproximava dos outros sem hesitação, esquecendo totalmente o medo.

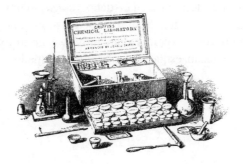

RECREAÇÕES QUÍMICAS

Mesmo antes da guerra, meus pais e irmãos me haviam mostrado um pouco de química de cozinha: despejar vinagre num pedaço de giz em um copo e ouvir o chiado, e em seguida derramar o pesado gás que essa mistura produzia, como uma catarata invisível, sobre a chama de uma vela, apagando-a de imediato. Ou pegar um repolho vermelho em conserva no vinagre e acrescentar amônia caseira para neutralizá-lo. Isso causava uma transformação espantosa, com o caldo passando por todos os tipos de cores, de vermelho a vários tons de roxo, de turquesa a azul e finalmente a verde.

Depois da guerra, com meu novo interesse por minerais e cores, meu irmão David, que havia cultivado cristais quando estudava química na escola, mostrou-me a técnica. Ele me ensinou a preparar uma solução supersaturada dissolvendo um sal como alume ou sulfato de cobre em água muito quente e deixando esfriar. Era preciso pendurar alguma coisa — um fio ou um pedaço de metal — para iniciar o processo. Comecei com um fio de lã em uma solução de sulfato de cobre, e em poucas horas obtive uma bela cadeia de cristais azul-escuros que subiram pelo fio.

Mas descobri que, se usasse uma solução de alume e uma boa semente de cristal para desencadear o processo, o cristal crescia uniformemente, em todas as faces, e eu obtinha um único cristal de alume, grande e perfeitamente octaédrico.

Depois requisitei a mesa da cozinha para criar um "jardim químico", semeando uma viscosa solução de silicato de sódio, ou vidro solúvel, com sais de ferro e cobre, cromo e manganês de diferentes cores. Isso produziu, em vez de cristais, estruturas retorcidas semelhantes a plantas no vidro solúvel, que se estendiam, brotavam e continuamente mudavam de forma diante de meus olhos.[1] David me explicou que esse tipo de crescimento se devia à osmose: a sílica gelatinosa do vidro solúvel atuava como uma "membrana semipermeável", que permitia a atração da água para a solução mineral concentrada em seu interior. Esses processos, ele acrescentou, eram cruciais nos organismos vivos, mas também ocorriam na crosta terrestre, e isso me fez lembrar das gigantescas massas nodulares de hematita, semelhantes a um rim, que eu vira no museu — a legenda dizia "minério reniforme" (Marcus um dia me dissera que eram rins fossilizados de dinossauro).

Eu me entretinha com aqueles experimentos e tentava imaginar os processos que estavam ocorrendo, mas só fui sentir uma verdadeira paixão química — um desejo de compor, isolar, decompor, ver substâncias mudando, as conhecidas desaparecen-

---

[1] Thomas Mann faz uma esplêndida descrição de jardins de sílica em *Doutor Fausto*:

Nunca esquecerei aquela visão. Três quartos do recipiente [...] continham água meio turva — que era o vidro solúvel diluído — e do fundo arenoso esforçava-se para subir uma grotesca paisagenzinha de estruturas de cores variadas: uma confusa vegetação de brotos azuis, verdes e marrons que faziam pensar em algas, cogumelos, pólipos grudados, e também em musgo, depois em mexilhões, vagens, arbustos ou ramos de árvores, e, em alguns trechos, galhos. Aquela era a cena mais notável que eu já vira, notável não só por sua aparência, por mais estranha e espantosa que fosse, mas pela expressão de sua natureza profundamente melancólica. Pois, quando o padre Leverkühn nos perguntou o que achávamos que fosse aquilo e nós timidamente respondemos que talvez fossem plantas, ele respondeu: "Não, não são plantas, apenas agem como tal. Mas não as desprezem. Justamente porque o fazem, porque tentam com todas as suas forças, são dignas do máximo respeito".

do e surgindo desconhecidas em seu lugar — quando vi o laboratório do tio Dave e sua paixão pelos experimentos de todos os tipos. Agora eu ansiava por ter meu próprio laboratório — não a bancada do tio Dave nem a cozinha de casa, mas um lugar onde pudesse fazer experimentos químicos sozinho, sem ser perturbado. Para começar, eu queria obter cobaltita e niquelita, e compostos de minerais de manganês e molibdênio, de urânio e cromo — todos aqueles elementos fascinantes que foram descobertos no século XVIII. Queria pulverizá-los, tratá-los com ácido, calciná-los, reduzi-los — o que fosse necessário —, para poder extrair eu mesmo seus metais. Eu sabia, pois folheara um catálogo químico na fábrica, que era possível comprar esses metais já purificados, mas achava que fazê-los eu mesmo seria muito mais divertido, muito mais empolgante. Dessa maneira eu entraria na química, começaria a descobrir por conta própria, como haviam feito os primeiros práticos da área — viveria pessoalmente a história da química.

Assim, montei em casa um pequeno laboratório. Tomei posse de um cômodo nos fundos, que fora originalmente uma lavanderia, e tinha água corrente, tanque, ralo e vários armários e prateleiras. Convenientemente, esse aposento tinha saída para o quintal, de modo que, se eu inventasse alguma mistura que pegasse fogo, fervesse e transbordasse, ou emitisse vapores venenosos, podia correr para fora e jogá-la no gramado. A grama não demorou a ganhar trechos chamuscados e descorados, mas meus pais ponderaram que esse era um preço pequeno a pagar pela minha segurança — e talvez também pela deles. Porém, vendo os glóbulos flamejantes que às vezes cortavam os ares, e a turbulência e a despreocupação generalizada com que eu fazia as coisas, eles se alarmaram e insistiram para que eu planejasse meus experimentos e estivesse preparado para lidar com incêndios e explosões.

Tio Dave deu-me instruções minuciosas sobre a escolha da aparelhagem — tubos de ensaio, frascos, cilindros graduados, funis, pipetas, bico de Bunsen, cadinhos, óculos de segurança, gancho de platina, dessecador, maçarico, retorta, um conjunto de espátulas, uma balança. Instruiu-me também sobre reagentes básicos — ácidos e álcalis, alguns dos quais ele me forneceu de seu próprio laboratório, junto com um estoque de garrafas arrolhadas de todos os tamanhos, frascos de formas e cores diversas (verde-escuros ou marrons para substâncias químicas sensíveis à luz), com tampas de vidro esmerilhado que os vedavam totalmente.

Mais ou menos a cada mês eu abastecia meu laboratório em visitas a uma distante loja de suprimentos químicos em Finchley, montada em um grande galpão bem longe dos vizinhos (eu imaginava que eles a viam com certo receio, como um lugar que poderia explodir ou exalar vapores venenosos a qualquer momento). Economizava a mesada durante semanas — vez ou outra, um de meus tios, aprovando minha paixão secreta, furtivamente me dava alguns trocados —, e então tomava uma série de trens e ônibus até a loja.

Era para mim um prazer fuçar nas prateleiras da Griffin & Tatlock, como tanta gente adora vasculhar livrarias. As substâncias químicas mais baratas eram guardadas em enormes urnas vedadas de vidro; as mais raras e caras eram mantidas em frascos menores atrás do balcão. O ácido fluorídrico — material perigoso, usado para causticar vidro — não podia ser guardado em vidros, por isso era vendido em frasquinhos especiais feitos de guta-percha marrom e viscosa. Embaixo das prateleiras lotadas de urnas e frascos havia grandes garrafões com ácidos — sulfúrico, nítrico, água-régia; frascos esféricos de porcelana com mercúrio (três quilos dessa substância cabiam num frasco do tamanho de um punho fechado), e lâminas e lingotes dos metais mais comuns. Logo fiquei conhecido dos balconistas — um garoto compenetrado e muito miúdo, agarrando os trocados de sua mesada, passando horas entre os potes e frascos — e, embora me alertassem de vez em quando, "Cuidado com isso aí", sempre me deixavam comprar o que eu quisesse.

Tomei gosto primeiro pelo espetacular — pelo que espumava, incandescia, fedia e explodia, as coisas que quase definem uma iniciação na química. Um de meus guias foi um livro de J. J.

Griffin escrito por volta de 1850, *Chemical recreations*, que achei num sebo. Griffin tinha um estilo fluente, prático e principalmente divertido; estava claro que a química, para ele, era um deleite, e ele a tornava um deleite para seus leitores, muitos dos quais, deduzi, deviam ter sido garotos como eu, pois o livro continha seções como "Química para as férias" — que incluía "Pudim de Ameixa Volátil" ("quando a cobertura é removida [...] ele sai do prato e sobe ao teto"), "Fonte de Fogo" (com uso de fósforo — "o operador precisa tomar cuidado para não se queimar") e "Deflagração Resplandecente" (também nesta éramos alertados para "retirar a mão instantaneamente"). Achei graça na menção de uma fórmula especial (tungstato de sódio) para tornar vestidos e cortinas incombustíveis — será que os incêndios eram tão comuns na era vitoriana? —, e com ela fabriquei para mim um lenço à prova de fogo.

O livro começava com "Experimentos Elementares", usando tintas vegetais para vermos como mudavam de cor na presença de ácidos e álcalis. A tinta vegetal mais comum era o tornassol, retirado de um líquen, ensinava Griffin. Usei papéis de tornassol que meu pai tinha em sua farmácia, e vi que se tornavam vermelhos com diferentes ácidos e azuis com amônia alcalina.

Griffin sugeria experimentos com descolorantes — para esses, usei o pó de branquear de minha mãe em vez da água clorada sugerida, e com ele descorei papel de tornassol, suco de couve e um lenço vermelho de meu pai. Griffin também propunha segurar uma rosa sobre enxofre superaquecido para que o dióxido de enxofre produzido descorasse a flor. Quando mergulhada na água, a rosa milagrosamente recuperava a cor.

Dessa introdução, Griffin passava (e eu com ele) às "tintas invisíveis", que só eram reveladas quando aquecidas ou submetidas a tratamento especial. Brinquei com várias delas — sais de chumbo, que enegreciam na presença de sulfeto de hidrogênio; sais de prata, que enegreciam quando expostos à luz; sais de cobalto, que se tornavam visíveis quando secos ou aquecidos. Tudo isso era divertido, mas também era química.

Havia outros velhos livros de química pela casa, alguns que meus pais tinham usado quando estudaram medicina, e outros, mais recentes, que pertenciam a meus irmãos Marcus e David. Um deles era *Practical chemistry*, de Valentin, um livro que não se preocupava em divertir — era direto, insípido, monótono, feito para ser usado como um manual prático, mas, ainda assim, para mim era fascinante. Dentro da capa, em letras corroídas, descoradas e manchadas (pois o livro já fora muito usado no laboratório), estava escrito "Parabéns e muitas felicidades, 21/1/13 — Mick": o livro fora presenteado a minha mãe em seu décimo oitavo aniversário por seu irmão Mick, de 25 anos, que já era químico e pesquisador. Tio Mick, irmão mais novo do tio Dave, fora para a África do Sul com seus irmãos e, ao retornar, trabalhara em uma mina de estanho. Disseram-me que ele tinha pelo estanho uma paixão equivalente à de tio Dave pelo tungstênio, e às vezes, na família, chamavam-no de Tio Estanho. Não cheguei a conhecer esse tio, que morreu de um tumor maligno no ano em que nasci; ele estava com 45 anos, e na opinião da família fora vítima dos altos níveis de radioatividade nas minas de urânio africanas. Minha mãe fora muito chegada a ele, e guardava bem vívidas na mente a memória e a imagem de tio Mick. Saber que aquele era o livro de química de minha mãe e que fora o jovem tio químico que eu não conhecera quem o presenteara tornava aquele volume especialmente precioso para mim.

Na era vitoriana, foi grande o interesse popular pela química; muitas casas tinham seu próprio laboratório, bem como estufas de samambaias e estereoscópios. Griffin publicara *Chemical recreations* originalmente por volta de 1830, e o livro foi tão bem-aceito que ganhou contínuas revisões e novas edições; a minha era a décima.[2]

---

[2] Griffin foi não só um educador em muitos níveis — escreveu *The radical theory in chemistry* e *A system of crystallography*, ambos mais técnicos que *Recreations* —, mas também fabricante e fornecedor de instrumentos químicos. Sua "aparelhagem química e filosófica" foi usada em toda a Europa. Sua firma, que mais tarde se tornaria a Griffin & Tatlock, ainda se destacava como uma importante fornecedora um século depois, quando eu era menino.

Um livro que complementava o de Griffin, publicado mais ou menos na mesma época e com a mesma encadernação verde e dourada, era *The science of home life*, de A. J. Bernays, que versava sobre carvão, gás de carvão, velas, sabão, vidro, porcelana, cerâmica, desinfetantes, enfim, tudo o que poderia ser encontrado em uma casa vitoriana (boa parte ainda seria encontrada nas casas um século depois).

Outro livro também aproximadamente dessa época, *The chemistry of common life*, de J. F. W. Johnston, tinha o estilo e o conteúdo bem diferentes, mas também se destinava a despertar o interesse e a curiosidade ("O cotidiano do homem é repleto de maravilhas, químicas e fisiológicas. A maioria de nós passa pela vida sem as ver ou perceber [...]"). Havia capítulos fascinantes sobre "Os odores que apreciamos", "Os cheiros que nos desagradam", "As cores que admiramos", "O corpo que nutrimos", "As plantas que cultivamos" e nada menos que oito capítulos sobre "Os narcóticos a que nos entregamos". Isso descortinou para mim não só a química, mas também um panorama de comportamentos e culturas humanas exóticas.

Um livro bem mais antigo, do qual consegui comprar por seis *pence* uma cópia bastante maltratada — não tinha capa e faltavam páginas —, chamava-se *The chemical pocket-book or memoranda chemica*, e fora escrito em 1803. O autor era James Parkinson, de Hoxton, e eu o reencontraria em meus tempos de biologia como o fundador da paleontologia, e novamente, quando estudante de medicina, como autor do célebre *Essay on the shaking palsy* ["Ensaio sobre a paralisia agitante"], que passaria a ser conhecida como mal de Parkinson. Mas, para mim, um menino de onze anos, Parkinson era apenas o autor daquele adorável livrinho de bolso de química. Seu livro me deu uma boa noção de como a química se expandiu, quase explosivamente, no início do século XIX; Parkinson discorreu sobre dez novos metais — urânio, telúrio, cromo, colômbio (nióbio), tântalo, cério, paládio, ródio, ósmio, irídio —, todos descobertos poucos anos antes.

Foi com Griffin que tive pela primeira vez uma idéia clara do que se queria dizer com "ácidos" e "álcalis" e como se combinavam para produzir "sais". Tio Dave demonstrou a oposição de ácidos e bases medindo quantidades exatas de ácido clorídrico e soda cáustica e misturando-os em um béquer. A mistura se tornou extremamente quente, mas assim que ela esfriou, ele me disse: "Agora prove, experimente". Experimentar? Ele estava maluco? Mas provei, e só tinha gosto de sal. "Está vendo? Um ácido e uma base, quando reunidos, neutralizam um ao outro; eles se combinam e formam um sal", ele explicou.

Perguntei se esse milagre poderia acontecer ao contrário. Seria possível fazer água salgada tornar a produzir o ácido e a base? "Não", meu tio respondeu. "Isso exigiria energia demais. Você viu como ficou quente quando o ácido e a base reagiram — seria preciso a mesma quantidade de calor para inverter a reação. E o sal é muito estável. O sódio e o cloro se unem um ao outro com grande força, e nenhum processo químico comum os separa. Para separá-los seria preciso usar uma corrente elétrica."

Certo dia, ele ilustrou dramaticamente essa explicação colocando um pedaço de sódio em um recipiente cheio de cloro. Houve uma violenta conflagração, o sódio pegou fogo e se queimou, de um modo estranho, no cloro verde-amarelado, mas, quando aquilo terminou, o resultado não passava de sal comum. Meu respeito pelo sal aumentou depois disso, creio, por ter visto os violentos opostos que se uniram para formá-lo e a intensidade das energias, das forças elementares, que agora estavam encerradas no composto.

Também nesse caso, tio Dave me mostrou, as proporções tinham de ser exatas: 23 partes de sódio, por peso, para 35,5 de cloro. Fiquei surpreso com esses números, pois já me eram familiares: eu os vira em listas nos meus livros, eram os "pesos atômicos" daqueles elementos. Aprendera-os de cor, sem refletir muito, como aprendemos a tabuada. Mas quando tio Dave enunciou esses mesmos números referindo-se à combinação química de dois elementos, perguntas começaram lentamente a formar-se nos subterrâneos de minha mente.

* * *

    Além de minha coleção de amostras de minerais, eu tinha uma coleção de moedas guardada em um pequeno armário de mogno muito polido, com portas que se abriam como as de um teatrinho de brinquedo, revelando uma série de bandejas rasas com círculos forrados de veludo para as moedas — alguns pequeninos, com pouco mais de meio centímetro de diâmetro (para os *groats*, moedas de quatro *pence*, para as moedas de prata de três *pence* e para as moedinhas que eram dadas em esmolas na Páscoa), outros com quase cinco centímetros de diâmetro (para as coroas, que eu adorava, e para as ainda maiores moedas de dois *pence*, enormes, cunhadas no fim do século XVIII).

    Havia também álbuns de selos, e meus selos favoritos eram os de ilhas remotas, com imagens de cenas e plantas locais, que em si já proporcionavam uma viagem. Eu me fascinava com selos que retratavam diversos minerais e com os selos de formatos estranhos — triangulares, perfurados, com marcas-d'água invertidas, letras faltando ou anúncios impressos no verso. Um de meus favoritos era um selo servo-croata de 1914 que, diziam, quando olhado de certo ângulo, deixava entrever a figura do arquiduque Ferdinando, que fora assassinado.

    Mas uma singular coleção de passagens de ônibus era a que mais me falava ao coração. Naquela época, quando alguém tomava um ônibus em Londres, recebia um cartão oblongo colorido, com letras e números gravados. Foi depois de ganhar um O16 e um S32 (minhas iniciais e os símbolos do oxigênio e do enxofre — e, ainda por cima, o peso atômico desses elementos, por um feliz acaso) que decidi colecionar passagens de ônibus "químicas", para ver quantos dos 92 elementos eu conseguiria juntar. Tive uma sorte tremenda, pareceu-me (embora nada além do acaso estivesse presente), pois as passagens se acumularam rapidamente, e logo eu tinha uma coleção completa (o W184, tungstênio, deu-me um prazer especial, em parte porque forneceu a inicial de meu nome que me faltava). Havia algumas difíceis, é claro: o cloro, para minha irritação, tinha peso atômico 35,5, que não era um número inteiro; mas, sem desanimar, consegui um CL355 e pintei uma minúscula vírgula decimal. As letras desacompanhadas eram mais fáceis de obter — logo eu tinha um H1, um B11, um C12, um N14 e um F19, além da original O16. Quando percebi que os números atômicos eram ainda mais importantes que os pesos atômicos, comecei a colecioná-los também. Por fim, consegui todos os elementos conhecidos, do H1 ao U92. Cada elemento se tornou indissoluvelmente associado a um número para mim, e cada número a um elemento. Eu gostava de levar comigo minha coleção de passagens de ônibus químicas; dava-me a sensação de que, no espaço de três centímetros quadrados, eu tinha no bolso todo o universo, todos os seus elementos construtores.

8

FEDORES E EXPLOSÕES

Atraídos pelos sons, lampejos e odores vindos de meu laboratório, David e Marcus, agora estudantes de medicina, às vezes vinham acompanhar-me nos experimentos — os nove e dez anos de diferença em nossas idades não importavam nessas ocasiões. Certa vez, enquanto eu fazia experimentos com hidrogênio e oxigênio, houve uma explosão alta, e uma chama quase invisível queimou completamente as sobrancelhas de Marcus. Mas ele levou na esportiva e, junto com David, sugeriu-me vários outros experimentos.

Misturamos perclorato de potássio com açúcar, pusemos num degrau da escada e demos uma martelada. Foi uma explosão de primeira. Era mais complicado com o triiodeto de nitrogênio, facilmente obtido adicionando amônia concentrada a iodo, absorvendo o triiodeto em papel-filtro e secando-o com éter. O triiodeto de nitrogênio era incrivelmente sensível ao toque; bastava encostar nele com uma vara — uma vara *bem longa* (ou até mesmo com uma pena) — e ele explodia com surpreendente violência.

Fizemos juntos um vulcão com dicromato de amônia, ateando fogo em uma pirâmide de cristais alaranjados que se inflamou furiosamente, avermelhou-se e cuspiu uma chuva de centelhas para todo lado, inflando-se prodigiosamente, como um minivulcão em erupção. Por fim, quando se extinguiu, no lugar da bem alinhada pirâmide de cristal jazia uma enorme pilha penugenta de óxido crômico verde-escuro.

Outro experimento, sugerido por David, consistia em despejar ácido sulfúrico, oleoso e concentrado, em um pouco de açúcar, que instantaneamente enegrecia, aquecia-se, soltava vapores e se expandia, formando um monstruoso pilar de carbono que subia e ultrapassava a borda do béquer. "Cuidado", avisou David quando eu fitava a transformação. "*Você* será transformado num monte de carbono se derramar o ácido em você." E então me contou histórias medonhas, provavelmente inventadas, de gente que jogava vitríolo na área leste de Londres e de pacientes que ele vira chegar ao hospital com o rosto inteiro queimado. (Não sabia muito bem se devia acreditar nele, pois quando eu era mais novo ele me dissera que, se eu olhasse para os Kohanim enquanto eles nos abençoavam na sinagoga — suas cabeças ficavam cobertas por um grande xale, o talete, enquanto oravam, pois naquele momento eram irradiados pela cegante luz de Deus —, meus olhos derreteriam nas órbitas e escorreriam pela face como ovos fritos.)[1]

Eu passava boa parte do meu tempo no laboratório, examinando cores de substâncias químicas e brincando com elas. Certas cores tinham para mim um poder especial, misterioso — especialmente os azuis muito fortes e puros. Quando pequeno, ficava fascinado com o vívido azul-carregado da solução de Fehling na farmácia de meu pai, e como me encantava com o cone de puro azul no centro da chama de uma vela. Descobri que podia produzir azuis muito intensos com certos compostos de cobalto, com

---

[1]Alguns anos depois, fiquei abismado ao ler a seguinte passagem em *Hiroshima*, de John Hersey:

> Ao penetrar no matagal, ele viu que havia cerca de vinte homens, e todos exatamente no mesmo estado horripilante: rosto todo queimado, órbitas vazias, o fluido de seus olhos derretidos escorrendo-lhes pelas faces. (Provavelmente estavam com o rosto virado para cima quando a bomba explodiu. [...])

compostos de cupramônio e com compostos complexos de ferro como o azul-da-prússia.

Mas, para mim, o mais misterioso e belo de todos os azuis era o produzido quando se dissolviam metais alcalinos em amônia líquida. O fato de metais *poderem* ser dissolvidos espantou-me a princípio, mas os metais alcalinos eram todos solúveis em amônia líquida (alguns em um grau espantoso — o césio se dissolvia completamente em um terço de seu peso em amônia). Quando as soluções se tornavam mais concentradas, subitamente mudavam suas características, transformando-se em líquidos brilhantes cor de bronze que flutuavam no azul, e, nesse estado, conduziam eletricidade tão bem quanto um metal líquido como o mercúrio. Os metais alcalinos terrosos funcionavam igualmente bem, e não importava se o soluto fosse sódio ou potássio, cálcio ou bário — as soluções amoniacais, em todos os casos, eram de um idêntico azul-escuro, o que sugeria a presença de alguma substância, alguma estrutura, algo comum a todas elas. Era como a cor da azurita no Geological Museum, a própria cor do céu.

Muitos dos chamados elementos de transição infundiam cores características em seus compostos — muitos dos sais de cobalto e manganês eram rosados; muitos dos sais de cobre, azuil-intensos ou azul-esverdeados; a maioria dos sais de ferro, verde-pálidos; dos sais de níquel, verdes mais fortes. Analogamente, elementos de transição em minúsculas quantidades davam a muitas gemas suas cores específicas. As safiras, de um ponto de vista químico, basicamente nada mais eram que coríndon, um óxido de alumínio incolor, mas elas podiam assumir todas as cores do espectro — com um tantinho de cromo substituindo parte do alumínio, elas se tornavam vermelho-rubi; com um pouco de titânio, azul-escuras; com ferro ferroso, verdes, e com ferro férrico, amarelas. E com um pouco de vanádio, o coríndon começava a se parecer com a alexandrita, alternando-se, como por mágica, entre vermelho e verde — vermelho à luz incandescente, verde à luz do dia. Com certos elementos, pelo menos, um punhado de átomos já podia produzir uma cor característica. Nenhum químico poderia ter "condimentado" o coríndon com tanta sutileza, alguns átomos disto, alguns íons daquilo, para produzir todo um espectro de cores.

Existiam poucos desses elementos "colorantes"; os principais, pelo que eu soubesse, eram titânio, vanádio, cromo, manganês, ferro, cobalto, níquel e cobre. E eu não poderia deixar de notar que eles eram todos agrupados segundo seu peso atômico, embora na época não soubesse se isso significava alguma coisa ou se era apenas coincidência. Aprendi que todos tinham a característica de possuir vários estados de valência, diferentemente da maioria dos outros elementos, que possuíam apenas um. O sódio, por exemplo, combinava-se com o cloro de uma só maneira: um átomo de sódio para um de cloro. Mas havia duas combinações de ferro e cloro: um átomo de ferro combinava-se com dois de cloro formando cloreto ferroso ($FeCl_2$), ou com três átomos de cloro, formando cloreto férrico ($FeCl_3$). Esses dois cloretos eram bem diferentes em muitos aspectos, incluindo a cor.

O vanádio era ideal para experimentos por ter quatro valências, ou estados de oxidação, notavelmente diferentes, e era fácil transformá-los uns nos outros. O modo mais simples de reduzir o vanádio era começar com um tubo de ensaio cheio de vanadato de amônia (pentavalente) em solução e acrescentar pedacinhos de amálgama de zinco. O amálgama reagia imediatamente, e a solução passava de amarela para azulão (a cor do vanádio tetravalente). Nessa etapa, podíamos retirar o amálgama ou deixar que ele continuasse a reagir até a solução se tornar verde, a cor do vanádio trivalente. Se esperássemos mais, o verde desapareceria, dando lugar a um belo lilás, a cor do vanádio bivalente. O experimento inverso era ainda mais bonito, especialmente se adicionássemos permanganato de potássio, uma camada de um roxo-forte, sobre o delicado lilás; dentro de algumas horas ocorria a oxidação e se formavam camadas separadas, uma por cima da outra, de vanádio bivalente lilás no fundo, vanádio trivalente verde em seguida, depois vanádio tetravalente azul, e então vanádio pentavalente amarelo (e em cima de todas elas uma camada marrom-escura do permanganato original, que assumiu essa cor porque foi misturado a dióxido de manganês).

Essas experiências com cores convenceram-me de que havia uma relação muito íntima (ainda que ininteligível) entre as características atômicas de muitos elementos e a cor de seus compostos ou minerais. A mesma cor aparecia independentemente do composto que estivéssemos observando. Podíamos ter, por exemplo, carbonato, nitrato, sulfato manganoso ou qualquer outro composto com manganês bivalente — todos apresentavam um idêntico tom rosado dado pelo íon manganoso bivalente (os permanganatos, em contraste, nos quais o íon manganoso era heptavalente, eram todos roxo-escuros). E isso me deu uma vaga noção — certamente eu não poderia formulá-la com precisão na época — de que a cor desses íons de metais, sua cor química, relacionava-se ao estado específico de seus átomos conforme eles passavam de um estado de oxidação a outro. O que haveria nos elementos de transição, em especial, que lhes dava suas cores características? Seriam essas substâncias, seus átomos, "sintonizadas" de algum modo?[2]

Boa parte da química parecia ter relação com o calor — às vezes uma demanda por aquecimento, às vezes a produção de

---

[2] Essas idéias sobre "sintonização", eu leria mais tarde, foram levantadas pela primeira vez no século XVIII pelo matemático Euler, que atribuíra a cor dos objetos ao fato de eles possuírem "pequenas partículas" em sua superfície — átomos — sintonizadas para responder à luz de diferentes freqüências. Assim, um objeto pareceria vermelho porque suas "partículas" eram sintonizadas para vibrar, ressoar na presença dos raios vermelhos da luz que incidisse sobre ele:

> A natureza da radiação pela qual vemos um objeto opaco não depende da fonte de luz, mas do movimento vibratório das partículas minúsculas [átomos] da superfície do objeto. Essas pequeninas partículas são como cordas esticadas, sintonizadas com uma certa freqüência, que vibram em resposta a uma vibração semelhante do ar mesmo se não as tocarmos. Assim como a corda esticada é excitada pelo mesmo som que ela emite, as partículas da superfície começam a vibrar em sintonia com a radiação incidente e a emitir suas próprias ondas em todas as direções.

David Park, em *The fire within the eye: a historical essay on the nature and meaning of light*, escreveu sobre a teoria de Euler:

calor. Com freqüência precisávamos de calor para iniciar uma reação, que então prosseguia por conta própria, às vezes com ímpeto redobrado. Se simplesmente misturássemos limalha de ferro com enxofre, nada acontecia — ainda poderíamos separar a limalha de ferro da mistura usando um ímã. Mas se começássemos a aquecer a mistura, de repente ela ficaria esbraseada, depois incandescente, e seria criado algo totalmente novo: sulfeto de ferro. Essa parecia ser uma reação básica, quase primordial, e eu imaginava que ela ocorria em grande escala na Terra, onde ferro derretido e enxofre entravam em contato.

Uma de minhas primeiras recordações (eu tinha apenas dois anos) foi ver o incêndio do Crystal Palace.* Meus irmãos levaram-me para vê-lo de Parliament Hill, o ponto mais alto de Hampstead Heath; em toda a volta do palácio em chamas o céu noturno estava magnificamente iluminado. E todo dia 5 de novembro, em memória de Guy Fawkes [conspirador católico que foi julgado e executado], soltávamos fogos de artifício no jardim — estrelinhas feitas com ferro pulverizado, fogos-de-bengala vermelhos e verdes, e bombinhas que me faziam gemer de medo e querer rastejar, como os cachorros, para dentro do abrigo mais próximo. Não sei se a causa eram minhas experiências ou se isso é algo que atrai todo menino, mas o fato é que as chamas e o fogo, as explosões e as cores eram o que exercia sobre mim uma atração especial (e às vezes medonha).

Eu gostava de misturar iodo e zinco, ou iodo e antimônio — não era preciso acrescentar calor —, e ver como eles se aqueciam espontaneamente, desprendendo uma nuvem roxa de vapor de iodo. A reação era mais violenta quando se usava alumínio em vez de zinco ou antimônio. Se eu adicionasse duas ou três gotas de

---

A meu ver, essa foi a primeira vez que alguém que acreditava em átomos aventou que eles têm uma estrutura interna vibratória. Os átomos de Newton e Boyle eram aglomerados de minúsculas bolas rígidas; os átomos de Euler são como instrumentos musicais. Sua percepção clarividente foi redescoberta muito tempo depois, e quando isso aconteceu, ninguém se lembrava de quem havia pensado naquilo primeiro.

* Um enorme salão de exposições, feito de ferro e vidro, que se incendiou em 1936. (N. T.)

água à mistura, ela pegava fogo, queimava-se com uma chama violeta, espalhando um pó marrom de iodeto por toda parte. O magnésio, como o alumínio, era um metal cujos paradoxos me intrigavam: suficientemente forte e estável em sua forma não cristalina para ser usado na construção de aviões e pontes, mas quase pavorosamente ativo quando iniciada a oxidação, a combustão. Podíamos pôr magnésio em água fria, e nada acontecia. Mas, posto em água quente, ele começava a soltar bolhas de hidrogênio; se acendêssemos uma cinta de magnésio, ela continuava a queimar-se emitindo um brilho esplêndido *debaixo d'água*, ou até mesmo imersa em dióxido de carbono, que normalmente sufoca as chamas. Isso me fazia lembrar as bombas incendiárias usadas durante a guerra, pois suas chamas não podiam ser apagadas com dióxido de carbono ou água e nem mesmo com areia. Na verdade, se aquecêssemos magnésio com areia, dióxido de silício — e o que poderia haver de mais inerte que a areia? —, o magnésio se queimava, brilhante, retirando o oxigênio da areia, produzindo silício elementar ou uma mistura de silício e siliceto de magnésio. (Apesar disso, usava-se areia para sufocar incêndios comuns que haviam sido iniciados por bombas incendiárias, mesmo ele sendo inútil contra o magnésio em combustão; em Londres, viam-se baldes com areia por toda parte, e cada casa tinha o seu.) Se despejássemos siliceto em ácido clorídrico diluído, ele reagia formando um gás espontaneamente inflamável, o siliceto de hidrogênio ou silano, cujas bolhas subiam pela solução formando anéis de fumaça e se acendendo com pequenas explosões ao atingir a superfície.

Para as combustões, usava-se uma colher "deflagradora" de cabo muito longo contendo sua pequena dose de combustível, que era baixada com todo o cuidado por um cilindro de ar, oxigênio, cloro ou o que fosse. As chamas eram muito melhores e mais brilhantes quando se usava oxigênio. Se derretêssemos enxofre e o puséssemos no oxigênio, ele se incendiava com uma chama azul forte, produzindo dióxido de enxofre, cujo cheiro pungente fazia cócegas no nariz embora fosse sufocante. A lã de aço, furtada da cozinha, era surpreendentemente inflamável — também ela se queimava com chama vívida no oxigênio, produzindo uma chuva de fagulhas como as estrelinhas da noite de Guy Fawkes e um pó marrom e turvo de óxido de ferro.

Com esse tipo de química estávamos brincando com fogo, tanto no sentido literal como no metafórico. Energias imensas, forças plutônicas estavam sendo desencadeadas, e eu tinha uma sensação emocionante, mas precária, de estar no controle — às vezes por um fio. Isso acontecia em especial com as reações intensamente exotérmicas do alumínio e magnésio — elas podiam ser usadas para reduzir minérios metálicos, ou mesmo para produzir silício elementar com areia, mas um pequeno descuido, um erro de cálculo, e tínhamos uma bomba nas mãos.

A exploração química, a descoberta química era ainda mais emocionante por seus perigos. Eu sentia certo prazer pueril em brincar com aquelas substâncias perigosas, e me espantei, em minhas leituras, com a série de acidentes que haviam sofrido os pioneiros. Poucos naturalistas tinham sido devorados por animais selvagens ou morrido envenenados por plantas ou animais peçonhentos; poucos físicos haviam ficado cegos por olharem para o céu ou quebrado a perna num plano inclinado; mas muitos químicos haviam perdido olhos, membros e até mesmo a vida, geralmente ao produzirem inadvertidamente explosões ou toxinas. Os primeiros a estudar o fósforo sofreram, todos, graves queimaduras. Bunsen, estudando o cianeto de cacodilo, perdeu o olho direito numa explosão, e quase também a vida. Vários experimentadores de épocas posteriores, como Moissan, na tentativa de produzir diamante com grafite usando "bombas" de alta pressão intensamente aquecidas, correram o risco de passar desta para a melhor explodindo a si mesmos e a seus colegas de trabalho. Humphry Davy, um de meus heróis pessoais, quase fora asfixiado por óxido nitroso e envenenado por peróxido de nitrogênio, além de sofrer grave inflamação dos pulmões com ácido fluorídrico. Davy também fez experimentos com o primeiro "alto" explosivo, tricloreto de nitrogênio, que levara dedos e olhos de muitas pessoas. Ele descobriu várias novas maneiras de fazer a combinação de nitrogênio e cloro, e certa vez causou uma violenta explosão quando visitava um amigo. O próprio Davy ficou parcialmente cego, só se recuperando totalmente depois de quatro meses. (Não somos informados sobre os danos à casa desse amigo.) Em *The discovery of the elements* havia toda uma seção dedicada aos "Mártires do Flúor". Embora o cloro elementar houvesse sido isolado do ácido clorídrico na década de 1770, seu primo bem mais ativo, o flúor, não era obtido com tanta facilidade. Todos os primeiros experimentadores, aprendi em minhas leituras, "sofreram a pavorosa tortura do envenenamento por ácido fluorídrico", e pelo menos dois morreram no processo. O flúor só foi isolado em 1886, após quase um século de tentativas perigosas.

Fascinei-me ao ler essa história, e no mesmo instante, irresponsavelmente, quis obter flúor por conta própria. Ácido fluorídrico era fácil conseguir: Tio Tungstênio usava grandes quantidades para "perolizar" suas lâmpadas, e eu vira os garrafões onde ele guardava o ácido em sua fábrica em Hoxton. Mas quando contei a meus pais a história dos mártires do flúor, eles me proibiram de fazer experimentos com aquilo em casa. (Cheguei a um acordo com eles mantendo um frasquinho de guta-percha com ácido fluorídrico em meu laboratório, mas meu medo era tanto que nunca cheguei a abrir o frasco.)

Foi só mais tarde, refletindo, que me assombrei com a displicência com que Griffin (e meus outros livros) propunha o uso de substâncias extremamente venenosas. Eu não tinha a menor dificuldade para obter cianeto de potássio na farmácia da esquina — era usado, em geral, para atrair moscas para uma garrafa mata-insetos —, mas eu podia facilmente ter me matado com aquela coisa. Em dois anos reuni uma variedade de substâncias químicas que poderiam ter envenenado ou explodido a rua inteira, mas fui cuidadoso — ou tive sorte.[3]

---

[3] Hoje em dia, obviamente, nenhuma dessas substâncias pode ser comprada, e mesmo os laboratórios de escolas e museus restringem-se cada vez mais a reagentes que são inofensivos — e maçantes.

Linus Pauling, num esboço autobiográfico, descreveu como também ele obtinha cianeto de potássio (para uma garrafa mata-insetos) em um boticário próximo:

* * *

    Se meu olfato era estimulado no laboratório por certos odores — o cheiro pungente e irritante de amônia ou dióxido de enxofre, o asqueroso cheiro de sulfeto de hidrogênio —, era muito mais agradavelmente estimulado pelo jardim lá fora e pela cozinha, com seus aromas de comidas, essências e temperos. O que dava aroma ao café? Quais eram as substâncias essenciais do cravo-da-índia, das maçãs e das rosas? O que produzia o cheiro pungente da cebola, do alho e do rabanete? E, a propósito, o que causava o cheiro peculiar da borracha? Eu gostava especialmente do cheiro de borracha quente, que me lembrava um cheiro humano (tanto a borracha como as pessoas, aprendi mais tarde, contêm isopreno odorífero). Por que a manteiga e o leite cheiravam a azedo quando "estragavam", como geralmente acontecia no calor? O que dava um agradável cheiro de pinho à terebintina? Além de todos esses odores "naturais", havia os odores do álcool e da acetona que meu pai usava nas cirurgias, e do clorofórmio e do éter na bolsa de obstetra de minha mãe. Havia o aroma suave e medicinal do iodofórmio, usado para desinfetar cortes, e o cheiro irritante do ácido carbólico, que servia como desinfetante de banheiros (o rótulo mostrava uma caveira com ossos cruzados).

    Eu tinha a impressão de que era possível destilar odores de todas as partes de uma planta — folhas, pétalas, raízes, casca. Tentei extrair algumas fragrâncias por destilação a vapor; juntei pétalas de rosa, botões de magnólia e grama cortada do jardim e

---

    Vejam só as diferenças hoje em dia. Um jovem se interessa por química e ganha um conjunto de substâncias químicas. Mas o conjunto não contém cianeto de potássio. Não contém sequer sulfato de cobre nem alguma outra coisa interessante, pois todas as substâncias interessantes são consideradas perigosas. Assim, esses jovens aspirantes a químico não têm a chance de fazer algo absorvente com seu conjunto de química. Refletindo hoje, acho notável que o sr. Ziegler, amigo da família, tão facilmente entregasse mais de dez gramas de cianeto de potássio a mim, um menino de onze anos.

    Não muito tempo atrás, quando fui fazer uma visita ao velho prédio que meio século antes havia sido a sede da Griffin & Tatlock em Finchley, a loja não estava mais lá. Esse tipo de loja de comércio, que fornecera substâncias químicas, aparelhos simples e grande deleite a várias gerações, hoje praticamente desapareceu.

as fervi em água. Seus óleos essenciais volatilizavam no vapor e se depositavam por cima no destilado quando ele esfriava (os pesados óleos essenciais marrons da cebola ou do alho, porém, afundavam no destilado). Alternativamente, podíamos usar gordura — manteiga, gordura de galinha — para produzir um extrato graxo, uma pomada, ou usar solventes como acetona e éter. De modo geral, minhas extrações não foram assim tão bem-sucedidas, mas consegui produzir uma razoável água de lavanda e extrair óleo de cravo-da-índia e óleo de canela usando acetona. As extrações mais produtivas deviam-se a minhas visitas a Hampstead Heath, onde eu colhia agulhas de pinheiros em grandes sacos e fabricava um bom e revigorante óleo verde rico em terpeno, cujo aroma lembrava-me um pouco o Friar's Balsam que me mandavam inalar no vapor sempre que eu ficava resfriado.

Eu adorava o aroma de frutas e vegetais, que saboreava com o olfato antes de comer. Tínhamos uma pereira no quintal, e minha mãe fazia um néctar de pêra bem consistente, no qual o aroma da fruta parecia mais intenso. Mas li que o aroma de pêra também podia ser produzido artificialmente (como nas balas de pêra), sem usar as frutas. Bastava começar com um dos alcoóis — etílico, metílico, amílico ou outro — e destilá-lo com ácido acético para formar o éster correspondente. Surpreendi-me quando soube que algo tão simples como o acetato de etila podia ser responsável pelo complexo e delicioso aroma das peras e que ínfimas mudanças químicas podiam transformá-lo em outros aromas de frutas — mudando-se de etila para isoamila obtínhamos o aroma de peras amadurecendo; outras pequenas modificações produziam ésteres com aroma de banana, damasco, abacaxi ou uva. Esse foi meu primeiro contato com o poder da síntese química.

Além dos agradáveis aromas de frutas, havia diversos cheiros animalescos repulsivos, fáceis de fabricar com ingredientes simples ou extratos de plantas. Tia Len, com seus conhecimentos de botânica, às vezes conspirava comigo; mostrou-me uma planta, uma espécie de quenopódio, que quando destilada em meio alcalino — usei soda — emitia um material volátil com um cheiro horrível, parecido com o fedor de marisco ou peixe estragado.

A substância volátil, trimetilamina, era surpreendentemente simples — eu imaginava que o cheiro de peixe estragado teria uma base mais complexa. Nos Estados Unidos, tia Len me contou, havia uma planta, *skunk cabbage*, que continha compostos com cheiro de cadáver ou carne putrefata; perguntei se ela podia me arranjar uma planta assim, mas felizmente ela não pôde.

Alguns daqueles cheiros ruins me inspiravam travessuras. Trazíamos peixe fresco para casa toda sexta-feira, carpa e lúcio, que minha mãe moía para preparar o *gefilte* de peixe para o sabá. Um dia adicionei um pouco de trimetilamina ao peixe; quando minha mãe sentiu o cheiro, fez uma careta e jogou tudo no lixo.

Meu interesse pelos aromas levou-me a querer saber como reconhecíamos e categorizávamos os odores, como o nariz podia instantaneamente distinguir ésteres de aldeídos ou reconhecer uma categoria como a dos terpenos quase de imediato. Por mais fraco que fosse o nosso olfato em comparação com o dos cães — nossa cachorra, Greta, conseguia detectar suas comidas favoritas se abríssemos uma lata no outro extremo da casa —, ainda assim os humanos pareciam possuir um analisador químico no mínimo tão refinado quanto os olhos ou os ouvidos. Não parecia existir alguma ordem simples, como a escala dos tons musicais ou as cores do espectro, mas mesmo assim nosso nariz era admirável porque fazia categorizações que correspondiam, de algum modo, à estrutura básica das moléculas químicas. Todos os halogênios, embora diferentes, tinham odores característicos de halogênio. O clorofórmio cheirava exatamente como o bromofórmio, e tinha um cheiro bem parecido (mas não idêntico) ao do tetracloreto de carbono (que era vendido como o líquido para lavagem a seco chamado Thawpit). A maioria dos ésteres tinha cheiro de fruta; os alcoóis — pelo menos os mais simples — tinham cheiros "alcoólicos" semelhantes, e o mesmo valia para os aldeídos e as cetonas.

(Erros e surpresas certamente podiam ocorrer: tio Dave contou-me que o fosgênio, cloreto de carbonila, o terrível gás venenoso usado na Primeira Guerra Mundial, em vez de anunciar-se perigoso emitindo um cheiro característico dos halogênios, tinha um enganoso odor de feno recém-cortado. Esse aroma adocicado e rústico, recendendo aos campos de feno da infância, foi a última sensação que tiveram os soldados envenenados por fosfeno antes de morrer.)

Os maus odores, os cheiros nauseabundos, sempre pareciam provir de compostos contendo enxofre (os cheiros de alho e cebola eram sulfetos orgânicos simples, tão próximos química como botanicamente), e atingiam seu auge nos alcoóis sulfurados, os mercaptanos. Li que o cheiro dos gambás provinha do mercaptano de butila, o qual, se muito diluído, era um aroma agradável e refrescante, mas bem de perto era abominável e sufocante. Alguns anos mais tarde, lendo *Antic Hay*, encantei-me ao ver que Aldous Huxley batizara de Mercaptano um de seus menos simpáticos personagens.

Refletindo sobre todos os fétidos compostos de enxofre e o cheiro horroroso dos compostos de selênio e telúrio, concluí que esses três elementos compunham uma categoria olfativa e química, e desde então passei a referir-me a eles como os "malcheirogênios".

Eu sentira o cheiro de sulfeto de hidrogênio no laboratório do tio Dave — fedor de ovo podre, de peido, e (me disseram) de vulcão. Um modo simples de obtê-lo era despejar ácido clorídrico diluído em sulfeto ferroso. (O sulfeto ferroso, um bom tanto dele, eu mesmo fiz aquecendo ferro e enxofre juntos até ficarem incandescentes e se combinarem.) O sulfeto ferroso borbulhou quando despejei nele o ácido clorídrico, e instantaneamente emitiu uma enorme quantidade de sulfeto de hidrogênio fétido e sufocante. Escancarei as portas e saí para o quintal cambaleando, atordoado, passando mal, e me lembrei de quanto aquele gás era venenoso. Enquanto isso, o sulfeto infernal (eu havia preparado uma quantidade enorme) continuava a emitir nuvens de gás tóxico, que logo invadiram a casa. Meus pais, em geral, eram espantosamente tolerantes com meus experimentos, mas depois disso fizeram questão de instalar um conduto de ventilação e mandaram que nesse tipo de experimento eu usasse quantidades menos generosas de reagentes.

Quando a atmosfera clareou de novo, física e moralmente, e o conduto de ventilação foi instalado, decidi produzir outros gases, compostos simples de hidrogênio com outros elementos além do enxofre. Sabendo que o selênio e o telúrio eram parentes próximos do enxofre, do mesmo grupo químico, empreguei a mesma fórmula básica: fazer um composto de selênio ou telúrio com ferro, e então tratar o seleneto ou telureto ferroso com ácido.

Se o cheiro do sulfeto de hidrogênio era ruim, o do seleneto de hidrogênio era cem vezes pior — um fedor indescritivelmente horrendo, nauseante, que me sufocou e me fez lacrimejar, lembrando-me de rabanete e couve podre (naquela época eu tinha um ódio feroz a couve e couve-de-bruxelas, que em Braefield serviam todo santo dia, cozida e requentada).

O seleneto de hidrogênio, concluí, era talvez o pior cheiro do mundo. Mas o telureto de hidrogênio vinha logo atrás, e também era um fedor dos infernos. Um inferno moderno, pensei, teria não só causticantes rios de enxofre, mas também lagos de selênio e telúrio ferventes.

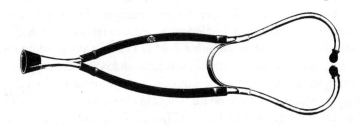

CONSULTAS DOMICILIARES

Meu pai não era dado a emoções nem à intimidade, ao menos no contexto, nos limites da família. Mas havia algumas ocasiões, preciosas ocasiões, em que eu realmente me sentia próximo dele. Tenho a lembrança de, ainda muito pequeno, vê-lo em nossa biblioteca, lendo; tamanha era sua concentração que nada o perturbava, pois tudo o que estava fora do círculo de sua lâmpada ficava totalmente apagado em sua mente. Quase sempre ele lia a Bíblia ou o Talmude, embora também possuísse uma vasta coleção de livros sobre o hebraico, língua que falava fluentemente, e judaísmo — a biblioteca de um gramático e erudito. Ver sua intensa concentração na leitura e as expressões que lhe surgiam no rosto enquanto lia (um sorriso involuntário, um esgar, uma expressão de perplexidade ou prazer) talvez tenha despertado em mim a atração pela leitura bem precocemente, e assim, mesmo antes da guerra, eu às vezes me juntava a ele na biblioteca, lendo meu livro ao lado dele, em um companheirismo íntimo porém silencioso.

Quando não era chamado para atender pacientes em casa à noite, meu pai sentava-se após o jantar com um charuto em forma de torpedo. Corria os dedos delicadamente sobre ele, levava-o ao nariz para sentir seu aroma e pureza e, se estivesse do seu gosto, fazia uma incisão em V na ponta com seu cortador. Acendia-o cuidadosamente com um fósforo comprido, girando-o para que se acendesse por igual. A ponta se esbraseava quando ele tragava, e sua primeira exalação era um suspiro de satisfação. Soltava suas baforadas suavemente enquanto lia, e o ar azul e opalescente da fumaça nos envolvia em uma nuvem fragrante. Eu adorava o aroma dos belos havanas que ele fumava, adorava ver o cilindro de cinzas crescer, e me perguntava de que tamanho ele ficaria antes de cair no livro de meu pai.

Eu me sentia mais próximo dele, verdadeiramente seu filho, quando nadávamos juntos. A paixão de meu pai, desde muito pequeno, foi a natação (assim como seu pai fora nadador também), e quando mais jovem ele fora um campeão, ganhando a corrida de 24 quilômetros na costa da ilha de Wight por três anos seguidos. Ele familiarizou cada um de nós com a água quando éramos bebês, levando-nos para nadar nos lagos artificiais de Hampstead Heath, os Highgate Ponds.

Suas braçadas lentas e medidas para cobrir quilômetros não eram muito apropriadas para um garotinho. Mas eu percebia como meu velho pai, grandalhão e desajeitado em terra, se transformava na água, tornando-se gracioso como um boto; e eu, inseguro, nervoso e também extremamente desajeitado, descobria em mim aquela mesma deliciosa transformação, encontrando na água um novo ser, um novo modo de existir. Tenho uma vívida lembrança de um verão em que passamos férias no litoral, no mês seguinte ao meu quinto aniversário, quando entrei correndo no quarto de meus pais e puxei com força o corpanzil de baleia de meu pai. "Venha, papai! Vamos nadar!", pedi. Ele se virou devagar e abriu um olho: "Que história é essa, acordar um velho de quarenta e três anos deste jeito, às seis da manhã?". Agora que meu pai está morto e eu na casa dos sessenta, a recordação desses meus puxões matinais de tanto tempo atrás me fazem querer rir e chorar.

Tempos depois, íamos nadar juntos na grande piscina ao ar livre em Hendon, ou no Welsh Harp em Edgware Road, um pequeno lago (eu nunca soube se era natural ou artificial) onde meu pai já tivera um barco. Depois da guerra, aos doze anos, pude começar a acompanhar suas braçadas e manter o mesmo ritmo, nadando em sincronia com ele.

Às vezes eu acompanhava meu pai nas manhãs de domingo em suas visitas médicas. As consultas domiciliares eram o que ele mais gostava de fazer, pois além de visitas médicas elas eram sociais e sociáveis, davam-lhe acesso a uma família e a um lar, permitiam-lhe conhecer as pessoas e suas condições, ver toda a natureza e o contexto de uma doença. O exercício da medicina, para ele, não consistia apenas em diagnosticar uma doença; tinha de ser visto no contexto da vida do paciente, das particularidades de sua personalidade, de seus sentimentos, de suas reações.

Ele levava uma lista datilografada de doze pacientes e seus endereços, e eu me sentava ao seu lado, no banco do passageiro, enquanto ele me explicava, em palavras muito humanas, o que cada um tinha. Quando chegávamos, saíamos juntos do carro, e geralmente ele me deixava carregar sua valise médica. Às vezes eu o acampanhava ao quarto do doente e me sentava quieto enquanto ele fazia perguntas e examinava o paciente — questionário e exame que pareciam rápidos e superficiais, mas que chegavam ao fundo e expunham, para ele, as origens de cada enfermidade. Eu gostava de vê-lo percutir o tórax, dando pancadinhas delicadas mas decididas com seus dedos fortes e grossos, apalpando, sentindo os órgãos e o estado em que se encontravam no interior do corpo. Mais tarde, quando fui estudar medicina, percebi que mestre da percussão ele era, capaz de discernir mais coisas apalpando, percutindo e auscultando um tórax do que a maioria dos médicos perceberia olhando uma radiografia.

Outras vezes, se o paciente estivesse muito doente ou se o mal fosse contagioso, eu me sentava com a família na cozinha ou na sala de jantar. Depois que meu pai via o paciente no andar de cima, ele descia, lavava as mãos meticulosamente e ia para a cozinha. Gostava de comer, e conhecia o conteúdo da geladeira das casas de todos os seus pacientes — e as famílias pareciam ter prazer em dar comida àquele bom doutor. Atender pacientes, encontrar seus familiares, passar um tempo agradável e comer eram, todas elas, atividades inseparáveis na medicina que ele exercia.

Atravessar de carro a City, o centro financeiro, deserto aos domingos, era uma experiência opressiva em 1946, pois a devastação dos bombardeios ainda era recente, e a reconstrução mal começara. Isso ficava mais evidente no East End, onde talvez um quinto das construções havia sido arrasado. Mas ainda existia ali uma sólida comunidade judaica, e restaurantes e delicatéssens como não havia outros no mundo. Meu pai fizera residência no London Hospital em Whitechapel Road, e quando moço fora por dez anos o médico da comunidade que falava o iídiche na região. Relembrava essa época com uma ternura sem igual. Às vezes visitava seu velho consultório em New Road — fora ali que todos os meus irmãos haviam nascido, e agora era o consultório de um sobrinho seu, Neville.

Percorríamos "The Lane", o trecho de Petticoat Lane entre Middlesex Street e Commercial Street, onde todos os comerciantes apregoavam as mercadorias de suas bancas. Meus pais haviam mudado do East End em 1930, mas meu pai ainda conhecia muitos dos vendedores pelo nome. Tagarelando com eles, voltando ao iídiche de sua juventude, meu velho pai (como assim, "velho"? Eu agora tenho quinze anos a mais do que os cinqüenta que ele tinha naquela época) rejuvenescia, parecia um garoto, revelava a pessoa que fora antigamente, mais animada, que eu normalmente não via.

Sempre íamos a Marks of the Lane, onde se comprava *latke* [panqueca de batata] por seis *pence*, e os melhores salmões e arenques defumados de Londres, um salmão de uma maciez inacreditável, de derreter na boca, uma das experiências genuinamente paradisíacas deste mundo.

Meu pai sempre tivera um apetite de leão, e o strudel e o arenque que comia nas casas dos pacientes, seguidos pelo *latke* no mercado, eram, em sua concepção, apenas o aperitivo da refeição de verdade. Havia uma dúzia de excelentes restaurantes kosher num perímetro de poucos quarteirões, cada qual com suas incomparáveis especialidades. O que seria hoje: o Bloom's, em Aldgate, ou o Ostwind's, onde podíamos nos deliciar com os inebriantes aromas que subiam da padaria instalada no porão? Ou o Strongwater's, onde serviam um tipo especial de *kreplach*, chamado *varenikas*, do qual meu pai era fã inveterado? Mas em geral acabávamos mesmo era no Silberstein's, onde, além do restaurante de carnes no térreo, havia um restaurante de laticínios no andar de cima, com esplêndidas sopas feitas no leite e peixes. Meu pai adorava as carpas, cuja cabeça ele sugava com chupões barulhentos, com imenso gosto.

Papai era um motorista calmo, impassível quando saía para suas consultas domiciliares — naquela época possuía um Wolseley sóbrio e muito vagaroso, apropriado ao racionamento de petróleo ainda em vigor —, mas antes da guerra ele mostrara uma faceta muito diferente. Seu carro era então um Chrysler, americano, potente e veloz como não se via nos anos 1930. Também tinha uma motocicleta, uma Scott Flying Squirrel, com motor de dois tempos de 600cc refrigerado a água e um escapamento estridente como um grito. Atingia quase trinta cavalos-vapor, e meu pai gostava de dizer que ela mais parecia um cavalo voador. Ele adorava decolar naquela motocicleta quando tinha uma manhã de domingo livre, ávido por livrar-se da cidade e se entregar ao vento e à estrada, esquecendo por momentos seus pacientes e preocupações. Às vezes eu sonhava que era eu quem estava andando, ou voando, de motocicleta, e decidi que quando crescesse compraria uma.

Quando foi publicado *The mint*, de T. E. Lawrence, em 1955, li para meu pai um ensaio, "The road", que Lawrence escrevera sobre sua motocicleta (nessa época eu tinha uma moto, uma Norton):

> Uma arisca motocicleta trazendo em si um toque de sangue é melhor do que todos os animais de montaria da terra, por ser uma extensão lógica de nossas faculdades, e por sugerir, provocar o excesso [...]

Meu pai sorriu e assentiu, lembrando seus dias de motoqueiro.

Meu pai originalmente pensou em seguir carreira acadêmica na área de neurologia, e fizera residência (junto com o pai de Jonathan Miller) sob a orientação de Sir Henry Head, o eminente neurologista do London Hospital. Na época, o próprio Head, ainda no auge de suas capacidades, começara a sofrer do mal de Parkinson, e isso, meu pai contou, às vezes o fazia atravessar em passos acelerados toda a velha ala da neurologia, involuntariamente, em movimentos de festinação, sendo necessário que um de seus pacientes o parasse. Como tive dificuldade para imaginar a cena, meu pai, excelente mímico, imitou a festinação de Head, desembestando por Exeter Road em passos cada vez mais velozes e fazendo com que eu corresse para pegá-lo. Os problemas de Head, na opinião de meu pai, o tornaram especialmente sensível aos problemas de seus pacientes, e acho que as imitações de meu pai — ele imitava asma, convulsões, paralisias, qualquer coisa —, saídas de sua vívida imaginação de como seriam aqueles males em outras pessoas, serviam ao mesmo propósito.

Quando chegou o momento de abrir o próprio consultório, meu pai concluiu, apesar de sua especialização em neurologia, que a clínica geral seria algo mais real, mais "vivo". Talvez tenha recebido mais do que pedira, pois quando inaugurou seu consultório no East End, em setembro de 1918, a grande epidemia de influenza estava começando. Ele atendera soldados feridos quando residente no London Hospital, mas aquilo não era nada em comparação com o horror de ver pessoas em paroxismos de tosse, arquejantes, sufocando com líquido nos pulmões, ficando roxas e morrendo no meio da rua. Dizia-se que um homem ou mulher jovem e saudável podia morrer três horas depois de pegar aquela gripe. Naqueles três desesperados meses do final de 1918, a gripe matou mais gente que a própria Grande Guerra, e meu pai, como todo médico na época, se viu sobrecarregado, às vezes trabalhando 48 horas ininterruptas.

Nessas circunstâncias, ele contratou sua irmã Alida — jovem viúva com dois filhos que voltara da África do Sul para Londres três anos antes — para trabalhar como sua assistente no dispensário. Mais ou menos na mesma época contratou outro jovem médico, Yitzchak Eban, para ajudá-lo nas rondas. Yitzchak era natural de Yaniski, a mesma aldeiazinha lituana onde vivera a família Sacks. Alida e Yitzchak haviam sido amigos de infância, mas em 1895 a família dele fora para a Escócia, poucos anos antes de os Sacks chegarem a Londres. Reunidos vinte anos depois, trabalhando juntos na atmosfera febril e frenética da epidemia, Alida e Yitzchak se apaixonaram — casaram-se em 1920.

Na infância tivemos relativamente pouco contato com tia Alida (embora eu a julgasse a mais espirituosa e esperta de todas as minhas tias — tinha súbitas intuições, súbitos arroubos de pensamento e sentimento que passei a considerar característicos da "mente Sacks", em contraste com os processos mentais mais metódicos, mais analíticos dos Laudau). Mas tia Lina, a irmã mais velha de meu pai, era uma presença constante. Era dez anos mais velha que papai, muito miúda — 1,45 metro, de salto alto —, mas tinha uma vontade férrea, uma determinação implacável. Trazia os cabelos tingidos de dourado, ásperos como os das bonecas, e exalava um odor misto de alho, suor e patchuli. Foi Lina quem mobiliou nossa casa, e era Lina quem muitas vezes nos fornecia, na casa de número 37, certas iguarias especiais que ela própria preparava — bolos de peixe (Marcus e David a chamavam de Bolo de Peixe por causa disso), substanciosos e esfarelentos *cheesecakes* e, na Páscoa judaica, pãezinhos *matzoh* de uma densidade incrivelmente telúrica, que afundavam na sopa como pequeninos planetesimais. Indiferente às sutilezas sociais, ela em casa se debruçava na mesa para assoar o nariz na toalha. Mas, apesar disso, era uma companhia adorável, cativando e flertando, mas também ouvindo com toda a atenção, julgando o caráter e as motivações de todos à sua volta. Ela arrancava confidências dos incautos e, com sua memória diabólica, gravava tudo o que ouvia.[1]

---

[1] Muitos anos mais tarde, quando li a esplêndida descrição de Lloyd George feita por Keynes (em *The economic consequences of the peace*), curiosamente me lembrei de tia Lina. Keynes fala sobre a "sensibilidade certeira, quase de médium", do primeiro-ministro britânico a todas as pessoas próximas:

Mas ela era impiedosa e sem escrúpulos por uma causa nobre: levantar dinheiro para a Universidade Hebraica em Jerusalém. Ela parecia ter dossiês de todo mundo na Inglaterra, ou às vezes imaginava tê-los, e assim que se certificava de suas informações e fontes, pegava o telefone: "Lorde G.? É Lina Halper quem fala". Pausa. Respiração suspensa. Lorde G. sabia o que estava por vir. "Sim", ela prosseguia, simpática. "Sim, o senhor me conhece. Foi aquele caso — não, não entremos em detalhes —, aquele caso em Bognor, em março de 23. [...] Não, é claro que não o mencionarei, será nosso segredinho — quanto posso marcar aqui para o senhor? Cinqüenta mil, talvez? Nem posso lhe dizer quanto isso significaria para a Universidade Hebraica." Com esse tipo de chantagem, Lina angariava milhões de libras para a universidade, a mais eficiente arrecadadora de fundos, provavelmente, que a instituição já teve.

Lina, consideravelmente mais velha, fora a "mãezinha" de seus irmãos muito mais novos quando chegaram à Inglaterra em 1899, vindos da Lituânia; após a morte precoce de seu marido, ela se apoderou de meu pai, em certo sentido, e competia com minha mãe pela companhia e afeto dele. Eu estava sempre cônscio da tensão, da velada rivalidade entre elas, e tinha a sensação de que meu pai — brando, passivo, indeciso — era puxado de um lado para o outro entre as duas.

Embora Lina fosse considerada por muitos da família uma espécie de monstro, ela tinha um fraco por mim, tanto quanto eu por ela. Foi especialmente importante para mim, talvez para todos nós, no início da guerra, pois estávamos em Bournemouth passando as férias de verão quando foi declarada a guerra, e nossos pais, sendo médicos, tiveram de partir imediatamente para Londres, deixando nós quatro com a babá. Voltaram duas semanas depois e meu alívio, nosso alívio, foi imenso. Recordo-me de sair

---

Vê-lo atento aos presentes com seis ou sete sentidos não disponíveis aos homens comuns, julgando caráter, motivo e impulso subconsciente, percebendo o que cada um estava pensando e até o que cada um diria em seguida, compondo com instinto telepático o argumento ou apelo mais adequado à vaidade, fraqueza ou interesse pessoal de seu ouvinte imediato, era perceber que o pobre presidente [Wilson] estava brincando de cabra-cega naquele grupo.

correndo pela trilha do jardim quando ouvi a buzina do carro e me jogar com todo o peso do corpo nos braços de minha mãe, quase a derrubando. "Fiquei com saudade", chorei, "fiquei com muita saudade." Ela me abraçou, um longo abraço, apertando-me em seus braços, e o sentimento de perda, de medo, subitamente se dissipou.

Nossos pais prometeram voltar novamente muito em breve. Tentariam dar um jeito de vir no fim de semana seguinte, disseram, mas tinham muito que fazer em Londres — minha mãe estava atarefada em cirurgias de emergência, meu pai estava organizando os clínicos gerais da região para atender feridos em bombardeios aéreos. Mas no fim de semana eles não vieram. Passou-se mais uma semana, e outra, e outra, e acho que alguma coisa se rompeu dentro de mim nesse período, pois quando eles finalmente apareceram, seis semanas depois da primeira visita, não corri para abraçar minha mãe como da primeira vez, e a tratei com frieza, distanciamento, quase como uma estranha. Creio que ela ficou chocada e perturbada com isso, mas não soube como transpor o abismo que se abrira entre nós.

Nessa altura, quando não havia mais como se enganar quanto aos efeitos da ausência de nossos pais, tia Lina chegou, assumiu a direção da casa, passou a cozinhar, organizou nossas vidas e se tornou uma mãezinha para nós todos, preenchendo a lacuna deixada pela ausência de nossa mãe.

Esse pequeno interlúdio não durou muito — Marcus e David partiram para a faculdade de medicina, Michael e eu fomos mandados para Braefield. Mas nunca esquecerei o carinho da tia Lina para comigo nessa época, e depois da guerra adquiri o hábito de visitá-la em Londres, em sua sala de pé-direito alto e brocados na Elgin Avenue. Ela me servia *cheesecake*, às vezes bolo de peixe e um cálice de vinho doce, e eu ouvia suas recordações da terra natal. Meu pai tinha apenas três ou quatro anos quando emigrou, e não se lembrava de lá; Lina, então com catorze anos, tinha recordações vívidas e fascinantes de Yaniski, o povoado próximo a Vilna onde todos nasceram, e de seus pais, meus avós, como eram quando relativamente jovens. Talvez ela tivesse um sentimento especial por mim porque eu era o mais novo, ou porque eu tinha o nome de seu pai, Elivelva, Oliver Wolf. Eu também tinha a impressão de que ela se sentia solitária e gostava das visitas do seu jovem sobrinho.

E havia o irmão mais novo de meu pai, Bennie. Ele fora excomungado, saíra do rebanho familiar aos dezenove anos, quando fora para Portugal e desposara uma moça não judia. Isso era um crime tão escandaloso, tão hediondo aos olhos da família que o nome desse meu tio nunca mais foi mencionado. Mas eu sabia que havia alguma coisa escondida, algum tipo de segredo de família; flagrava certos silêncios, certos constrangimentos às vezes, quando meus pais cochichavam um com o outro, e certa vez vi uma foto de Bennie em uma das estantes entalhadas de tia Lina (ela disse que era outra pessoa, mas detectei a hesitação em sua voz).

Meu pai, que sempre fora robusto, começou a ganhar peso depois da guerra, e decidiu freqüentar em intervalos regulares um spa em Gales. Essas visitas nunca pareciam fazer muito efeito do ponto de vista da perda de peso, mas ele voltava delas parecendo feliz e bem-disposto, a palidez londrina substituída por um saudável bronzeado. Foi só depois de sua morte, muitos anos mais tarde, que, olhando seus papéis, encontrei um maço de passagens de avião que contava a verdadeira história: ele nunca tinha ido a nenhum spa — lealmente, em segredo, ele visitara Bennie em Portugal durante todos aqueles anos.

10

UMA LINGUAGEM QUÍMICA

Tio Dave via toda a ciência como um empreendimento inteiramente humano, além de intelectual e tecnológico, e me pareceu natural que eu, por minha vez, também adotasse esse ponto de vista. Quando montei meu laboratório e comecei meus próprios experimentos químicos, queria aprender sobre a história da química de um modo mais geral, descobrir o que os químicos fizeram, como pensaram, o ambiente dos séculos passados. Nossa família e nossa genealogia fascinavam-me havia muito tempo — as histórias dos tios que tinham partido para a África do Sul e do homem que fora o pai de todos eles, do primeiro ancestral de minha mãe de quem tínhamos conhecimento, um rabino com uma queda para a alquimia, um certo Lazar Weiskopf, que vivera em Lübeck no século XVII. Isso pode ter sido um incentivo a um amor mais geral pela história e a uma tendência, talvez, a vê-la sob a ótica familiar. Assim, os cientistas, os primeiros químicos sobre quem eu li se tornaram, em certo sentido, meus ancestrais honorários, pessoas com quem, em fantasia, eu tinha uma espécie de parentesco. Eu precisava entender como aqueles primeiros químicos pensavam, imaginar-me no mundo deles.

Li que a química como verdadeira ciência emergiu com o trabalho de Robert Boyle, em meados do século XVII. Vinte anos mais velho que Newton, Boyle nasceu numa época em que a prática da alquimia ainda predominava, e ele ainda conservava uma série de crenças e práticas da alquimia lado a lado com as da ciência. Acreditava que era possível criar ouro e que conseguira criá-lo (Newton, também alquimista, aconselhou-o a manter silêncio sobre isso). Era um homem de imensa curiosidade (de "santa curiosidade", nas palavras de Einstein), pois todos os prodígios da natureza, julgava Boyle, proclamavam a glória de Deus, e isso o levou a investigar uma gama imensa de fenômenos.

Ele examinou cristais e sua estrutura, e foi o primeiro a descobrir seus planos de clivagem. Estudou as cores e escreveu sobre o tema um livro que influenciou Newton. Inventou o primeiro indicador químico, um papel embebido em xarope de violetas que se tornava vermelho na presença de fluidos ácidos e verde em contato com fluidos alcalinos. Escreveu o primeiro livro em inglês sobre eletricidade. Inadvertidamente, preparou hidrogênio colocando pregos de ferro em ácido sulfúrico. Descobriu que, embora a maioria dos fluidos se contraísse quando congelados, a água expandia-se. Demonstrou que um gás (posteriormente identificado como dióxido de carbono) desprendia-se quando se despejava vinagre sobre coral pulverizado, e que as moscas morriam quando mantidas nesse "ar artificial". Ele investigou as propriedades do sangue e se interessou pela possibilidade da transfusão sangüínea. Fez experimentos sobre a percepção de odores e gostos. Foi o primeiro a descrever membranas semipermeáveis. Registrou o primeiro caso na história de acromatopsia adquirida, a perda total da visão das cores decorrente de uma infecção cerebral.

Todas essas investigações, e muitas outras, ele descreveu em uma linguagem de extrema simplicidade e clareza, totalmente diferente da linguagem obscura e enigmática dos alquimistas. Qualquer pessoa podia ler seus textos e repetir seus experimentos; ele propunha uma ciência aberta, em oposição ao sigilo fechado, hermético da alquimia.

Embora seus interesses fossem universais, a química parecia exercer sobre ele uma atração muito especial (mesmo quando jovem, ele chamava seu laboratório químico de "uma espécie de Eliseu"). Seu maior desejo era compreender a natureza da matéria, e seu livro mais célebre, *O químico cético*, foi escrito para refutar a doutrina mística dos Quatro Elementos e para unir o imenso conhecimento empírico de muitos séculos sobre alquimia e farmácia à nova e esclarecida racionalidade de sua época.

Para os antigos, havia quatro princípios ou elementos básicos: Terra, Ar, Fogo e Água. Acho que aos cinco anos essas também eram, em boa medida, minhas próprias categorias (embora os metais tenham se tornado para mim uma quinta categoria, especial), mas eu achava mais difícil imaginar os Três Princípios dos alquimistas, nos quais "Enxofre", "Mercúrio" e "Sal" não significavam o enxofre, o mercúrio e o sal comuns, mas o Enxofre, o Mercúrio e o Sal "filosóficos": o Mercúrio dava brilho e dureza a uma substância, o Enxofre, cor e combustibilidade, e o Sal, solidez e resistência ao fogo.

Boyle esperava substituir essas concepções antigas e místicas dos Elementos e Princípios por uma concepção racional e empírica; ele apresentou a primeira definição moderna de elemento:

> O que agora chamo de elementos são [...] certos corpos primitivos e simples, ou perfeitamente sem mistura, que, não sendo feitos de outros corpos, ou uns dos outros, são os ingredientes dos quais todos os chamados corpos perfeitamente mistos são imediatamente compostos, e nos quais eles essencialmente se decompõem.

Porém, como ele não deu exemplos desses "elementos" ou de como se poderia demonstrar que eram "perfeitamente sem mistura", sua definição pareceu demasiado abstrata para ter utilidade.

Embora *O químico cético* fosse ilegível para mim, fiquei fascinado com outro livro que Boyle escreveu em 1660, *New experiments*, em que ele expôs, em um estilo encantadoramente vívido e com grande riqueza de detalhes pessoais, mais de quarenta experimentos usando sua "Máquina Pneumática" (uma bomba de ar inventada por seu assistente, Robert Hooke), com a qual se podia retirar boa parte do ar de um recipiente fechado.[1] Nesses experimentos, Boyle efetivamente demoliu a antiga crença de que o ar era um meio etéreo que penetrava em tudo, demonstrando que se tratava de uma substância material com propriedades físicas e químicas próprias, que podia ser comprimido, rarefeito e até mesmo pesado.

Retirando o ar de um recipiente fechado contendo uma vela ou um carvão em brasa, Boyle descobriu que a combustão cessava assim que o ar se rarefazia, embora o carvão tornasse a esbrasear se o ar fosse reintroduzido — e com isso demonstrou que o ar era necessário para a combustão. Mostrou também que várias criaturas — insetos, aves, camundongos — ficavam aflitas ou morriam quando a pressão do ar era reduzida, mas podiam

---

[1] O próprio Hooke se tornaria um prodígio em energia e engenhosidade científica, impulsionado por sua genialidade mecânica e habilidade matemática. Ele deixou volumosos cadernos de anotações e diários pormenorizados que nos fornecem um quadro incomparável não só de sua incessante atividade mental, mas de todo o clima intelectual da ciência seiscentista. Em seu livro *Micrographia*, Hooke fornece a ilustração de seu microscópio composto, bem como desenhos das intrincadas estruturas nunca vistas anteriormente de insetos e outras criaturas (incluindo uma célebre figura de um piolho que parecia saído de Brobdingnag, o País dos Gigantes das *Viagens de Gulliver*, grudado em um fio de cabelo humano grosso como um cabo de vassoura). Ele avaliou a freqüência das batidas de asas das moscas com base na altura do som que produziam. Interpretou os fósseis, pela primeira vez, como as relíquias e impressões de animais extintos. Ilustrou suas idéias para um anemômetro, um termômetro, um higrômetro e um barômetro. E revelou uma audácia intelectual às vezes até maior que a de Boyle, como no caso de sua compreensão da combustão que, disse ele, "é feita por uma substância inerente, e misturada com o ar". Identificou isso com "a propriedade do ar que é perdida nos pulmões". Essa noção de que uma substância presente em quantidades limitadas no ar é necessária para a combustão e a respiração e que é consumida nesses processos está bem mais próxima da concepção de gás quimicamente ativo do que a teoria das partículas ígneas de Boyle.

Muitas das idéias de Hooke foram quase totalmente desconsideradas e esquecidas, e um estudioso observou em 1803: "Não conheço nada mais inexplicável na história da ciência que o total esquecimento dessa teoria do dr. Hooke, tão claramente expressa e com tanta chance de chamar a atenção". Uma razão desse esquecimento foi a implacável inimizade de Newton, que adquiriu tamanho ódio de Hooke que se recusou a assumir a presidência da Royal Society enquanto Hooke estivesse vivo, e fez tudo o que pôde para arrasar a reputação dele. Mas uma razão mais profunda talvez tenha sido o que Gunther Stent chama de "prematuridade" na ciência: muitas das idéias de Hooke (especialmente as referentes à combustão) eram radicais a ponto de serem inadmissíveis, e mesmo ininteligíveis, para o pensamento aceito em sua época.

reviver se o ar fosse reintroduzido no recipiente. Ele se admirou com a semelhança entre a combustão e a respiração.

Boyle investigou se era possível ouvir um sino no vácuo (não era), se um ímã podia exercer sua força no vácuo (podia), se os insetos podiam voar no vácuo (isto ele não conseguiu descobrir, pois os insetos "desfaleciam" com a redução da pressão do ar) e examinou os efeitos da pressão do ar reduzida sobre o fulgor dos vaga-lumes (o brilho diminuía).

Encantei-me com a leitura desses experimentos e tentei reproduzir alguns deles — nosso aspirador de pó foi um bom substituto para a bomba de ar de Boyle. Adorei o estilo divertido do livro todo, tão diferente dos diálogos filosóficos de *O químico cético*. (De fato, o próprio Boyle tinha consciência disso: "Não desprezo dar atenção mesmo a experimentos risíveis, e acredito que as brincadeiras de meninos às vezes podem merecer o estudo dos filósofos".)

A personalidade de Boyle exercia sobre mim grande atração, assim como sua curiosidade onívora, seu apreço pela narrativa e seus ocasionais trocadilhos (por exemplo, quando escreveu que preferia trabalhar com coisas "lucíferas" e não "lucríferas"). Podia imaginá-lo como uma pessoa, e uma pessoa de quem eu gostava, apesar do abismo de três séculos entre nós.

Antoine Lavoisier, nascido quase um século depois de Boyle, se tornaria conhecido como o verdadeiro fundador, o pai da química moderna. Já existia, antes de sua época, um vasto conhecimento sobre química, um refinamento no assunto, em parte legado pelos alquimistas (pois foram eles que criaram a aparelhagem e as técnicas de destilação e cristalização, bem como uma série de procedimentos químicos), em parte pelos boticários, e, sobretudo, naturalmente, pelos metalúrgicos e mineiros do passado.

Embora uma infinidade de reações químicas houvesse sido estudada, não havia uma avaliação ou mensuração sistemática dessas reações. Desconhecia-se a composição da água, como também da maioria das outras substâncias. Os minerais e os sais eram classificados segundo sua forma cristalina ou outras propriedades físicas, e não por seus componentes. Não havia uma noção clara de elementos ou compostos.

Além disso, não existia uma estrutura teórica na qual inserir os fenômenos químicos; havia apenas a teoria um tanto mística do flogisto, que se supunha explicar todas as transformações químicas. O flogisto era o princípio do Fogo. Os metais eram combustíveis, supunha-se, porque continham algum flogisto, e quando se queimavam, o flogisto era liberado. Quando seus óxidos eram fundidos com carvão, inversamente, o carvão doava *seu* flogisto e reconstituía o metal. Assim, um metal era uma espécie de composição ou "composto" de seus óxidos e de flogisto. Todo processo químico — não só a fundição e a calcinação, mas as ações de ácidos e álcalis, bem como a formação de sais — podia ser atribuído à adição ou à remoção de flogisto.

O flogisto não tinha propriedades visíveis, era bem verdade: não podia ser envasado, demonstrado nem pesado; mas, afinal de contas, isso também não acontecia com a eletricidade (outra grande fonte de mistério e deslumbramento no século XVIII)? O flogisto tinha um encanto instintivo, poético, mítico — com ele o fogo era ao mesmo tempo um material e um espírito. Porém, apesar de todas as suas raízes metafísicas, a teoria do flogisto foi a primeira especificamente química (em contraste com a teoria mecânica, corpuscular, que Boyle elaborara na década de 1660): procurou explicar propriedades e reações químicas com base na presença ou ausência, ou na transferência, de um princípio químico específico.

Foi nesse clima ao mesmo tempo metafísico e poético que Lavoisier — um homem prático, acentuadamente analítico e lógico, um filho do Iluminismo e admirador dos enciclopedistas — entrou na maioridade, na década de 1770. Aos 25 anos Lavoisier já realizara um trabalho geológico pioneiro, e mostrara grande habilidade química e polêmica (escrevera um ensaio premiado sobre o melhor modo de iluminar uma cidade à noite, além de um estudo sobre a colocação e a fixação de gesso), e fora eleito para a Academia.[2] Mas foi na teoria do flogisto que seu intelecto e sua ambição se concentraram com intensidade. A idéia do flogisto pareceu-lhe metafísica, insubstancial, e o modo de atacá-la, ele percebeu imediatamente, seria realizando meticulosos experimentos quantitativos com a combustão. As substâncias de fato diminuíam de peso quando queimadas, como se esperaria caso perdessem flogisto? A experiência comum fazia pensar que isso de fato acontecia, que as substâncias "se consumiam" no fogo — uma vela diminuía de tamanho conforme se queimava, substâncias orgânicas carbonizavam-se e mirravam, o enxofre e o carvão

---

[2] Em sua biografia de Lavoisier, Douglas McKie inclui uma lista minuciosa das atividades científicas que mostra um quadro vívido de sua época e da extraordinária vastidão de seus interesses. Lavoisier participou, escreveu McKie,

da preparação de relatórios sobre abastecimento de água em Paris, prisões, mesmerismo, adulteração de sidra, local dos abatedouros públicos, as recém-inventadas "máquinas aerostáticas de Montgolfier" (balões), branqueamento, tabelas de gravidade específica, hidrômetros, teoria das cores, lâmpadas, meteoritos, lareiras sem fumaça, tapeçaria, gravação de brasões, papel, fósseis, uma cadeira para inválidos, um fole movido a água, tártaro, fontes sulfurosas, cultivo de couve e sementes de colza e os óleos delas extraídos, um raspador de tabaco, o funcionamento das minas de carvão, sabão branco, decomposição do nitro, produção de goma [...] armazenamento de água pura em navios, ar fixo, uma mencionada ocorrência de óleo em água de nascente [...] remoção de óleo e gordura de sedas e lãs, preparação de éter nitroso por destilação, éteres, uma lareira reverberatória, uma nova tinta e tinteiro aos quais basta adicionar água para manter o suprimento de tinta [...], estimativa de álcalis em águas minerais, um pente de cartuchos para o Arsenal de Paris, a mineralogia dos Pireneus, trigo e farinha, esgotos e o ar que eles exalam, a pretensa ocorrência de ouro nas cinzas de vegetais, ácido arsênico, a separação de ouro e prata, a base do sal de Epsom, bobinagem de seda, a solução de tinta usada em tinturas, vulcões, putrefação, líquidos extintores de incêndio, ligas metálicas, formação de ferrugem no ferro, uma proposta para usar "ar inflamável" em uma queima de fogos de artifício (a pedido da polícia), medidores de carvão, ácido marinho desflogisticado, pavios de lampiões, a história natural da Córsega, mefitismo dos poços de Paris, a apregoada solução de ouro em ácido nítrico, as propriedades higrométricas da soda, as minas de ferro e sal nos Pireneus, minas de chumbo argentífero, um novo tipo de barril, a fabricação de placas de vidro, combustíveis, conversão de turfa em carvão, construção de moendas de milho, fabricação de açúcar, os extraordinários efeitos de um raio, maceração de linho, os depósitos minerais da França, recipientes revestidos para cozinhar, a formação da água, cunhagem, barômetros, respiração dos insetos, nutrição dos vegetais, a proporção dos componentes em compostos químicos, vegetação e muitos outros assuntos, demasiado numerosos para serem aqui descritos, ainda que muito resumidamente.

desapareciam completamente, mas isso não parecia ocorrer no caso da queima de metais.

Em 1772, Lavoisier leu sobre os estudos de Guyton de Morveau, que confirmara, em experimentos marcados por precisão e cuidado extraordinários, que os metais *aumentavam* de peso quando submetidos a ustulação [aquecimento com adução de ar].[3] Como conciliar isso com a suposição de que alguma coisa — o flogisto — se perdia na queima? Para Lavoisier, era absurda a explicação de Guyton, para quem o flogisto possuía "leveza" e boiava nos metais que o continham. Apesar disso, os resultados impecáveis obtidos por Guyton incitaram Lavoisier mais do que nunca. Aquele era um fenômeno que, como a maçã de Newton, requeria uma nova teoria do mundo.

Lavoisier escreveu que o trabalho que tinha diante de si parecia-lhe "destinado a causar uma revolução na física e na química. Eu me vi forçado a ver tudo o que fora feito antes de mim como meramente sugestivo [...] como elos separados de uma grande cadeia". Restava que alguém, que *ele*, pensou Lavoisier, unisse todos os elos dessa cadeia com "uma série imensa de experimentos [...] para conduzir a um todo contínuo" e formar uma teoria.

Enquanto confidenciava esse pensamento grandioso aos seus apontamentos de laboratório, Lavoisier deu início a experimentos sistemáticos, repetindo boa parte do trabalho de seus predecessores, só que, dessa vez, usando uma aparelhagem vedada e pesando tudo meticulosamente antes e depois da reação, um procedimento que Boyle e até mesmo os químicos mais meticulosos da época de Lavoisier haviam negligenciado. Aquecendo chum-

---

[3] Boyle fizera experimentos com a queima de metais cem anos antes, e tinha plena ciência de que os metais apresentavam aumento de peso quando queimados, formando uma cal ou cinza mais pesadas que o original. Mas as explicações que deu para esse aumento de peso foram mecânicas, e não químicas: para ele, ocorria uma absorção de "partículas de fogo". Nessa mesma linha, ele concebia o ar não sob o aspecto químico, e sim como um fluido elástico de um tipo singular, usado em uma espécie de ventilação mecânica para remover as impurezas dos pulmões. As descobertas foram discordantes no século decorrido desde então, em parte porque os gigantescos "espelhos ustórios" usados eram tão potentes que levavam alguns óxidos metálicos a vaporizar-se ou sublimar-se parcialmente, causando perdas ao invés de ganhos de peso. Porém, ainda com maior freqüência, não se fazia pesagem nenhuma, pois na época a química analítica era, em grande medida, qualitativa.

bo e estanho em retortas fechadas até serem convertidos em cinzas, Lavoisier pôde mostrar que o peso total de seus reagentes não aumentava nem diminuía durante uma reação. Somente quando ele abriu as retortas e permitiu a entrada do ar o peso das cinzas aumentou — e exatamente na mesma quantidade em que os próprios metais haviam aumentado quando foram calcinados. Esse aumento, supôs Lavoisier, devia ser causado pela "fixação" do ar, ou de alguma parte dele.

No verão de 1774, Joseph Priestley, na Inglaterra, descobriu que quando se aquecia cal de mercúrio (óxido de mercúrio) ao rubro, ela desprendia um "ar" que, surpreendentemente, parecia ainda mais forte ou mais puro do que o ar comum.

> Uma vela se queimou naquele ar [ele escreveu] com uma chama espantosamente intensa; e um pedaço de madeira incandescente rachou-se e queimou com prodigiosa rapidez, exibindo uma aparência um tanto semelhante à do ferro branco-incandescente e lançando fagulhas em todas as direções.

Fascinado, Priestley investigara mais a fundo, descobrindo que camundongos podiam viver naquele ar por um tempo quatro ou cinco vezes maior do que no ar comum. E assim, convencido de que aquele "novo" ar era benigno, ele próprio o experimentou:

> A sensação que ele produz em meus pulmões não é perceptivelmente diferente da do ar comum; mas tive a impressão de que meu peito pareceu singularmente leve e relaxado durante algum tempo depois disso. Quem sabe daqui a algum tempo esse ar puro possa tornar-se um artigo de luxo em voga. Até o momento, apenas dois camundongos e eu tivemos o privilégio de respirá-lo.

Em outubro de 1774, Priestley foi a Paris e falou a Lavoisier sobre seu novo ar "desflogisticado". E Lavoisier viu ali o que Priestley não vira: a pista crucial para aquilo que o confundira e que lhe escapara, a verdadeira natureza do que estava ocorrendo na combustão e calcinação.[4] Ele repetiu os experimentos de

---

[4] Nesse mesmo mês, Lavoisier recebeu uma carta de Scheele descrevendo a preparação do que chamou de Ar de Fogo (oxigênio) misturado a Ar Fixo (dióxido de carbono) a partir do aquecimento de carbonato de prata; Scheele obtivera Ar de Fogo puro a partir de óxido de mercúrio mesmo antes de Priestley tê-lo obtido. Porém, no final, Lavoisier proclamou-se o autor da descoberta do oxigênio e pouco reconhecimento deu às descobertas de seus predecessores, julgando que eles não perceberam o que haviam observado.

Priestley, ampliou-os, quantificou-os, refinou-os. A combustão, agora estava claro para ele, era um processo que envolvia não a perda de uma substância (flogisto), mas a combinação do material combustível com uma parte do ar atmosférico, um gás, para o qual ele cunhou o termo *oxigênio*.[5]

A demonstração, por Lavoisier, de que a combustão era um processo químico — oxidação, como agora podia chamar-se — implicava muito mais, e para ele era apenas um fragmento de uma visão muito mais abrangente, a revolução na química que ele intuíra. A ustulação de metais em retortas fechadas, mostrando que não havia um ganho de peso fantasmagórico advindo de "partículas de fogo", nem uma perda de peso em razão da perda de flogisto, demonstrara para Lavoisier que não ocorria criação nem perda de matéria nesses processos. Além disso, esse princípio da conservação aplicava-se não só à massa total de produtos e reagentes, mas a cada um dos elementos individuais envolvidos. Quando se fermentava açúcar com levedo e água em um recipiente fechado para produzir álcool, como em um de seus experimentos, as quantidades totais de carbono, hidrogênio e oxigênio sempre permaneciam as mesmas. Podiam estar reagregadas quimicamente, mas suas quantidades ficavam inalteradas.

A conservação da massa implicava a constância da composição e decomposição. Assim, Lavoisier foi levado a definir um elemento como um material que não podia ser decomposto pelos meios existentes, e isso lhe permitiu (com De Morveau e outros) elaborar uma lista de elementos genuínos — 33 substâncias ele-

---

Tudo isso, e também a questão do que constitui uma "descoberta", é examinado na peça *Oxygen*, de Roald Hoffmann e Carl Djerassi.

[5] A substituição do conceito de flogisto pelo de oxidação teve efeitos práticos imediatos. Ficou claro, por exemplo, que um combustível, ao ser queimado, precisava da maior quantidade possível de ar para a completa combustão. François-Pierre Argand, contemporâneo de Lavoisier, tratou logo de explorar a nova teoria da combustão, inventando uma lâmpada com um pavio achatado e dobrado para caber no interior de um cilindro, de modo que o ar pudesse alcançá-lo por dentro e por fora, e uma chaminé que produzia uma corrente ascendente. A lâmpada Argand já era amplamente usada em 1783; nunca houvera uma lâmpada tão eficiente nem tão brilhante.

mentares distintas, indecomponíveis, substituindo os quatro Elementos dos antigos.[6] Isso, por sua vez, permitiu a Lavoisier elaborar o que ele chamou de "balancete": uma contabilidade precisa de cada elemento em uma reação.

A linguagem da química agora precisaria ser transformada para adequar-se a essa nova teoria, julgou Lavoisier; ele efetuou então uma revolução também na nomenclatura, substituindo os termos antigos, pitorescos mas pouco informativos — como manteiga de antimônio, bezoar jovial, vitríolo azul, açúcar de chumbo, líquor fumegante de Libavius, flores de zinco — por termos precisos, analíticos e auto-explicativos. Se um elemento fosse composto com nitrogênio, fósforo ou enxofre, tornava-se um nitreto, um fosfeto, um sulfeto. Se fossem formados ácidos com a adição de oxigênio, podia-se falar em ácido nítrico, ácido fosfórico, ácido sulfúrico; e, para os sais desses elementos, diziam-se nitratos, fosfatos e sulfatos. Se estivessem presentes quantidades menores de oxigênio, podia-se falar em nitritos e fosfitos em vez de nitratos e fosfatos, e assim por diante. Cada substância, elementar ou composta, teria seu verdadeiro nome, que denotava sua composição e caráter químico, e esses nomes, manipulados como em álgebra, indicariam instantaneamente como as substâncias poderiam reagir ou comportar-se em diferentes circunstâncias. (Embora eu soubesse muito bem das vantagens dos novos nomes, também sentia saudade dos nomes antigos, pois tinham poesia, transmitiam intensamente suas qualidades sensoriais ou antecedentes alquímicos, e isso estava totalmente ausente nos novos nomes químicos, sistemáticos e insípidos.)

Lavoisier não criou símbolos para os elementos nem usou equações químicas, mas forneceu a base essencial para essas duas

---

[6] A lista de elementos de Lavoisier incluía os três gases que ele batizara (oxigênio, azoto [nitrogênio] e hidrogênio, três elementos não-metálicos (enxofre, fósforo e carbono) e dezessete metais. Também incluía "radicais", muriático, fluórico e bórico, e cinco "óxidos": gesso, magnésia, barita, alumina e sílica. Esses radicais e óxidos, ele conjecturou, eram compostos que continham novos elementos, que a seu ver logo seriam obtidos (de fato, todos já haviam sido obtidos em 1825, com exceção do flúor, que só foi possível isolar sessenta anos mais tarde). Seus dois últimos "elementos" eram Luz e Calor — como se ele não tivesse conseguido livrar-se totalmente do espectro do flogisto.

coisas, e eu fiquei maravilhado com sua idéia do balancete, dessa álgebra da realidade para as reações químicas. Era como ver uma linguagem, ou a música, ser escrita pela primeira vez. Dada aquela linguagem algébrica, talvez não fosse preciso uma tarde no laboratório — podia-se fazer química num quadro-negro ou na cabeça. Todos os empreendimentos de Lavoisier — a linguagem algébrica, a nomenclatura, a conservação da massa, a definição de elemento, a formação de uma verdadeira teoria da combustão — estavam organicamente interligados, formavam uma única estrutura fascinante, uma recriação revolucionária da química tal como ele sonhara, com tanta ambição, em 1773. O caminho dessa revolução não foi fácil nem direto, embora Lavoisier o apresente como óbvio em *Elementos de química*; exigiu quinze anos do tempo de um gênio, que tateou por labirintos de pressuposições e lutou contra sua própria cegueira do mesmo modo que contra a de todos os demais.

Ocorreram violentos conflitos e disputas durante os anos em que Lavoisier juntou lentamente sua munição, mas quando *Elementos de química* finalmente foi publicado — em 1789, apenas três meses antes da Revolução Francesa —, a obra conquistou o mundo científico. Sua arquitetura de pensamento era de um tipo inteiramente novo, comparável apenas a *Principia*, de Newton. Houve alguns recalcitrantes — Cavendish e Priestley foram os mais eminentes —, mas em 1791 Lavoisier pôde afirmar que "todos os jovens químicos adotam a teoria, e assim concluo que a revolução na química se consumou".

Três anos depois, Lavoisier, no auge de suas capacidades, teve sua vida encerrada na guilhotina. O grande matemático Lagrange, lamentando a morte de seu colega e amigo, afirmou: "Foi preciso apenas um momento para decepar-lhe a cabeça, e cem anos, talvez, não bastarão para produzir outra igual".

Ler sobre Lavoisier e os químicos "pneumáticos" que o precederam estimulou-me a também fazer mais experimentos com aquecimento de metais e produção de oxigênio. Eu queria produzi-lo aquecendo óxido de mercúrio — do modo como Priestley fizera em 1774 —, mas antes da instalação do conduto de ventilação eu receava as emanações tóxicas do mercúrio. No entanto, era fácil prepará-lo, simplesmente aquecendo uma substância rica em oxigênio, como peróxido de hidrogênio ou permanganato de potássio. Recordo-me de inserir uma lasca de madeira em brasa em um tubo de ensaio cheio de oxigênio e vê-la inflamar-se bruscamente, com um brilho intenso.

Também preparei outros gases. Decompus água por eletrólise e a recompus inflamando hidrogênio e oxigênio juntos. Havia muitos outros modos de obter hidrogênio com ácidos ou álcalis — com zinco e ácido sulfúrico ou tampinhas de garrafa de alumínio e soda cáustica. Era uma pena deixar aquele hidrogênio simplesmente se esvair borbulhando; por isso, para tampar meus frascos, arranjei tampões de borracha e rolhas bem ajustados, alguns com orifício no meio para a passagem de tubos de ensaio. Uma das coisas que eu aprendera no laboratório do tio Dave era como amolecer um tubo de vidro numa chama de gás e delicadamente dobrá-lo em ângulo (e, mais emocionante, como moldar o vidro derretido soprando-o com leveza para produzir todo tipo de globos e frascos de paredes finas). Agora, usando tubos de ensaio, eu podia acender o hidrogênio quando ele emergisse do frasco arrolhado. Ele produzia uma chama incolor — não amarelada e fumacenta como as chamas dos jatos de gás do fogão da cozinha. Ou eu podia inserir o hidrogênio, usando um tubo de vidro graciosamente curvo, em uma solução de sabão para produzir bolhas de sabão preenchidas com hidrogênio; as bolhas, muito mais leves que o ar, subiam velozmente para o teto e explodiam.

Às vezes eu coletava hidrogênio sobre água em uma cuba invertida. Segurando a cuba, ainda invertida, eu podia levá-la ao nariz e inspirar — não tinha cheiro, nem gosto, não produzia nenhuma sensação, mas minha voz ficava alta e esganiçada por alguns segundos, uma voz de Mickey Mouse que eu não reconhecia como a minha.

Eu despejava ácido clorídrico no gesso (embora até mesmo um ácido mais brando, como o vinagre, servisse), produzindo uma efervescência de um gás diferente, bem mais pesado, o dióxido de carbono. Podia coletar o pesado e invisível dióxido de carbono em um béquer e ver que um pequenino balão de ar, muito menos denso, flutuava nele. Nossos extintores de incêndio em casa continham dióxido de carbono, e também os usei ocasionalmente para obter o gás.

Quando eu enchia um balão com dióxido de carbono, ele caía pesadamente no chão e ali permanecia — eu ficava pensando como seria encher um balão com um gás muito denso, o xenônio (cinco vezes mais denso que o ar). Quando mencionei isso a Tio Tungstênio, ele me falou sobre um composto de tungstênio, o hexafluoreto de tungstênio, que era quase doze vezes mais denso que o ar — o vapor mais pesado que conhecemos, disse meu tio. Eu fantasiava alguém descobrindo ou produzindo um gás mais pesado que a água e se banhando nele, flutuando no gás como flutuamos em água. Flutuar e afundar eram coisas que continuamente me exercitavam e me davam energia.[7]

Fascinavam-me os gigantescos balões de barragem que flutuavam no céu de Londres no tempo da guerra; pareciam enormes peixes-lua aéreos, com seu corpo rechonchudo recheado de hidrogênio e sua cauda bilobada. Eram feitos de um tecido aluminizado, por isso cintilavam quando atingidos pelos raios de sol. Ficavam presos ao solo por longos cabos, que (julgava-se) podiam enredar os aviões inimigos, impedindo-os de voar baixo demais. Os balões também eram nossos protetores gigantes.

Um desses balões ficava amarrado em nosso campo de críquete, em Lymington Road, e se tornou objeto de minha especial e arrebatada atenção. Eu me esgueirava do campo de arremesso quando ninguém estava olhando e ia afagar aquele material brilhante e meio inflado; no solo, os balões pareciam pouco inflados,

---

[7] Mais de cinqüenta anos depois (quando fiz 65 anos), pude realizar minha fantasia de menino, possuindo, além de balões de hélio comuns, alguns balões de xenônio de espantosa densidade — a coisa mais parecida com "balões de chumbo" que pode existir (seria muito perigoso usar hexafluoreto de tungstênio, apesar de ele ser mais denso, pois é hidrolisado por ar úmido, produzindo ácido fluorídrico). Se girássemos um balão de xenônio na mão e então parássemos, o pesado gás, com ímpeto próprio, continuaria a rotação por um minuto, quase como se fosse um líquido.

mas quando atingiam uma altitude adequada no ar, o hidrogênio em seu interior se expandia e os enchia inteiramente. Eu gostava de tocar os balões gigantes, uma sensação que era, sem dúvida, de fundo erótico, embora eu não tivesse noção disso na época. Muitas vezes eu sonhava com os balões de barragem à noite, imaginava-me aninhado, em paz, em seus gigantescos corpos macios, suspenso, flutuando muito acima do mundo apinhado, num êxtase empíreo eterno. Todo mundo, acredito, gostava daqueles balões — seu esforço para subir representava o otimismo, fazia o coração bater mais rápido — mas, para mim, o balão de Lymington Road era especial: eu imaginava que ele reconhecia meu toque e respondia, estremecendo (como eu), numa espécie de êxtase. Não era humano, não era animal, mas, em certo sentido, era animado; foi meu primeiro objeto de amor, o precursor, quando eu tinha dez anos.

11

HUMPHRY DAVY: UM QUÍMICO-POETA

A primeira vez que ouvi falar de Humphry Davy foi, eu acho, um pouco antes da guerra, quando minha mãe me levou ao Science Museum, no andar superior, onde havia um modelo de mina de carvão com galerias empoeiradas fracamente iluminadas por lâmpadas. Ali minha mãe me mostrou a lâmpada de segurança de Davy, em vários modelos, e me explicou como a lâmpada funcionava e como salvara inúmeras vidas. Depois ela me mostrou, ao lado da lâmpada de Davy, a de Landau, inventada na década de 1870 por meu avô, seu pai — basicamente uma modificação engenhosa da lâmpada de Davy. Assim, Davy ficou identificado em minha mente como uma espécie de ancestral, quase parte da família.

Davy nasceu em 1778 e cresceu no período em que começava a revolução de Lavoisier. Foi uma era de descobertas, quando a química atingiu a maturidade — uma época, também, em que grandes elucidações teóricas estavam emergindo. Davy, filho de um artífice, foi aprendiz de um cirurgião-farmacêutico em Penzance, mas logo aspirou a algo maior. A química, acima de tudo, começou a atraí-lo. Ele leu e dominou *Elementos de química*, de

Lavoisier — uma façanha e tanto para um rapaz de dezoito anos com pouca educação formal. Visões grandiosas (e talvez ambiciosas) passaram então a revolver-lhe na mente: será que *ele* poderia ser um novo Lavoisier, talvez um novo Newton? (Um de seus cadernos de apontamentos dessa época intitulava-se "Newton e Davy".)

Lavoisier deixara um fantasma do flogisto em sua hipótese de que o calor ou "calórico" era um elemento; Davy, em seu embrionário primeiro experimento, derreteu gelo por fricção, mostrando, assim, que calor era movimento, uma forma de energia, e não uma substância material, como pensara Lavoisier. "A inexistência do calórico, ou fluido do calor, foi provada", exultou Davy. Ele expôs os resultados de seus experimentos em um longo ensaio, "Essay on heat and light", uma crítica a Lavoisier e uma visão de uma nova química que ele esperava fundar, finalmente expurgada de todos os vestígios da alquimia e da metafísica.

Quando as notícias sobre aquele jovem, seu intelecto e talvez seus novos pensamentos revolucionários sobre matéria e energia chegaram ao químico Thomas Beddoes, ele publicou o ensaio de Davy e o convidou a ir ao seu laboratório, o Pneumatic Institute, em Bristol. Ali Davy analisou os óxidos de nitrogênio (que haviam sido isolados pela primeira vez por Priestley) — óxido nitroso (N_2O), óxido nítrico (NO) e o venenoso, pardacento "peróxido" de nitrogênio (NO_2) —, fez uma comparação pormenorizada de suas propriedades e escreveu uma fascinante narrativa sobre os efeitos da inalação dos vapores de óxido nitroso, o "gás hilariante". A descrição feita por Davy da inalação de óxido nitroso lembra, em sua perspicácia psicológica, o relato de William James sobre a mesma experiência um século mais tarde, e é talvez a primeira descrição de uma experiência psicodélica na literatura ocidental:

> Um frêmito que perpassou do tronco às extremidades se produziu quase imediatamente [...] minhas impressões visíveis foram deslumbrantes e aparentemente magnificadas, eu ouvia distintamente todos os sons da sala [...] Conforme foram aumentando as sensações prazerosas, perdi todo o contato com as coisas externas; imagens visíveis vívidas percorreram em série minha mente e se conectaram a palavras de tal modo que produziam

percepções perfeitamente inusitadas. Eu existia em um mundo de idéias recém-conectadas e recém-modificadas. Teorizei; imaginei que fazia descobertas.

Davy também descobriu que o óxido nitroso era anestésico, e sugeriu seu emprego em operações cirúrgicas. (Ele não deu continuidade a essa idéia, e a anestesia geral só foi introduzida na década de 1840, após sua morte.)

Em 1800, Davy leu o texto de Alessandro Volta descrevendo a primeira bateria, sua "pilha" — um sanduíche de dois metais diferentes com papelão embebido em salmoura —, que gerava uma corrente elétrica ininterrupta. Embora a eletricidade estática, como os relâmpagos ou as faíscas, houvesse sido estudada no século anterior, nenhuma corrente elétrica ininterrupta fora obtida até então. O artigo de Volta, Davy escreveria posteriormente, atuou como um alarme entre os experimentadores da Europa e, para Davy, subitamente deu forma ao que então ele viu como o trabalho de sua vida.

Davy persuadiu Beddoes a construir uma enorme bateria elétrica — que consistia em placas duplas de cobre e zinco de mais de 650 centímetros quadrados e ocupava uma sala inteira — e iniciou seus primeiros experimentos com ela poucos meses depois de ler o texto de Volta. Quase imediatamente, suspeitou que a corrente elétrica era gerada por mudanças químicas nas placas de metal, e se perguntou se o inverso também aconteceria — se poderíamos induzir mudanças químicas com a passagem de uma corrente elétrica.

Podia-se criar água (como demonstrara Cavendish) inflamando hidrogênio e oxigênio juntos.[1] Poderia alguém agora, com

---

[1] Embora Cavendish tenha sido o primeiro a observar que hidrogênio e oxigênio formavam água quando explodiam juntos, interpretou essa reação com base na teoria do flogisto. Lavoisier, ao saber do trabalho de Cavendish, repetiu o experimento, reinterpretando os resultados corretamente, e reivindicou a autoria da descoberta, sem dar o crédito a Cavendish. Este não se perturbou com o fato, pois era absolutamente indiferente às questões de prioridade e, com efeito, a todas as questões meramente humanas ou emocionais.

Enquanto Boyle, Priestley e Davy eram, todos, eminentemente humanos e cativantes além de cientificamente brilhantes, Cavendish era uma figura bem diferente. A abrangência de suas realizações foi espantosa, da descoberta do hidrogênio e dos primorosos estudos sobre calor e eletricidade à sua célebre (e notavelmente precisa) estimativa do o novo poder da corrente elétrica, fazer o contrário? Em seu primeiro experimento eletroquímico, passando uma corrente elétrica por água (ele precisou adicionar um pouco de ácido para torná-la condutora), Davy mostrou que ela podia ser decomposta em seus elementos constituintes, com o hidrogênio aparecendo em um pólo ou eletrodo da bateria e o oxigênio no outro — embora só muitos anos depois ele tenha conseguido mostrar que esses dois elementos apareciam em proporções fixas e exatas.

Com sua bateria, Davy descobriu que podia não só eletrolisar água, mas também aquecer fios metálicos: um fio de platina, por exemplo, podia ser aquecido até ficar incandescente; e se a corrente fosse passada por bastões de carbono e estes fossem então separados por uma curta distância, um deslumbrante "arco" elétrico saltava de um bastão ao outro ("um arco tão vívido que até a luz do sol comparada a ele parecia débil", ele escreveu).

peso da Terra. Não menos assombroso, e lendário mesmo enquanto ele ainda era vivo, foi seu isolamento praticamente total (ele raramente falava com alguém e exigia que seus criados se comunicassem com ele por escrito), sua indiferença à fama e à fortuna (embora fosse neto de um duque e durante um bom tempo tenha sido o homem mais rico da Inglaterra) e sua ingenuidade e falta de compreensão no que dizia respeito a todas as relações humanas. Fiquei profundamente comovido, ou, na verdade, perplexo, quando li mais sobre ele.

Ele não amava, não odiava, não esperava, não temia, não cultuava como fazem os outros [escreveu seu biógrafo, George Wilson, em 1851]. Ele se separou de seus semelhantes, e aparentemente de Deus. Não havia nenhum fervor, entusiasmo, heroísmo ou fidalguia em sua natureza, e tampouco havia nela qualquer coisa de mesquinho, abjeto ou ignóbil. Ele era quase impassível. Tudo o que, para ser compreendido, exigisse mais do que o puro intelecto, ou demandasse o uso de fantasia, imaginação, afeição ou fé, era repugnante para Cavendish. Uma cabeça intelectual pensando, um par de olhos prodigiosamente aguçados observando e um par de mãos muito hábeis experimentando ou registrando é tudo o que percebo ao ler suas memórias. Seu cérebro parece não ter sido outra coisa além de uma máquina de calcular; seus olhos, entradas da visão, e não fontes de lágrimas; suas mãos, instrumentos de manipulação que nunca tremiam de emoção nem se juntavam em adoração, graças ou desespero; seu coração, apenas um órgão anatômico, necessário à circulação do sangue [...]

E, no entanto, prosseguiu Wilson,

Cavendish não se mantinha afastado dos outros homens por orgulho ou desdém, recusando-se a considerá-los seus semelhantes. Sentia-se separado deles por um grande abismo, que nem ele nem as outras pessoas poderiam transpor, e através do

Assim, quase por acaso, Davy topou com as que viriam a ser as duas principais formas de iluminação elétrica, a lâmpada de incandescência e a lâmpada de arco — embora não as desenvolvesse, passando a se dedicar a outros projetos.[2]

Lavoisier, ao elaborar sua primeira lista de elementos em 1789, incluíra as "terras alcalinas" (magnésia, cal e barita) por julgar que continham novos elementos; a elas, Davy acrescentou os álcalis (soda e potassa), pois suspeitava que também continham novos elementos. Mas até então não havia um meio químico suficiente para isolá-los. Davy se perguntou se o radicalmente novo poder da eletricidade poderia ter sucesso onde a química comum

---

qual era inútil estender as mãos ou trocar saudações. Um senso de isolamento de seus irmãos fazia com que se esquivasse da sociedade deles e evitasse sua presença, mas ele o fazia como alguém cônscio de uma enfermidade, e não alardeando excelência. Era como um surdo-mudo sentado fora de um círculo no qual as fisionomias e os gestos mostram que as pessoas estão se expressando, ouvindo música e eloqüência, produzindo e saudando, sem que ele possa participar. Sabiamente, portanto, ele se manteve à parte; dando adeus ao mundo, fez os auto-impostos votos de anacoreta científico e, como os monges de outrora, fechou-se em sua cela. Era um reino suficiente para ele, e de sua janela estreita via tanto do universo quanto desejasse. E esse reino também tinha um trono, do qual ele concedia presentes régios aos seus irmãos. Foi um dos benfeitores não reconhecidos de sua raça, que pacientemente ensinava e servia à humanidade enquanto se afastavam de sua frieza ou zombavam de suas esquisitices. [...] Ele não foi um poeta, um padre ou um profeta, apenas uma inteligência impassível, clara, irradiando uma pura luz branca que iluminava tudo aquilo que atingia, mas nada aquecia — uma estrela no mínimo de segunda grandeza, quando não de primeira, do firmamento intelectual.

Muitos anos mais tarde, releio a espantosa biografia escrita por Wilson e me pergunto o que (clinicamente) Cavendish "tinha". As singularidades emocionais de Newton — sua inveja e desconfiança, suas intensas inimizades e rivalidades — sugeriam uma profunda neurose; mas o alheamento e a engenhosidade de Cavendish são muito mais indicativos de autismo ou síndrome de Asperger. Hoje suponho que a biografia de Wilson possa ser o mais completo relato que provavelmente teremos sobre a vida e a mente de um gênio autista inigualável.

[2] A facilidade de obter hidrogênio e oxigênio por eletrólise, em proporções idealmente inflamáveis, levou imediatamente à invenção do maçarico oxídrico, que produzia temperaturas mais elevadas que as obtidas até então. Isso permitiu, por exemplo, derreter platina e aumentar a temperatura da cal até um ponto em que ela emitia a luz contínua mais brilhante já vista.

fracassara. Primeiro ele trabalhou com os álcalis; no início de 1807, realizou os célebres experimentos que isolaram potássio e sódio metálicos por meio de uma corrente elétrica. Quando teve sucesso, Davy, de tão exultante, dançou de alegria pelo laboratório, anotou seu assistente.[3]

Um de meus maiores prazeres era repetir os experimentos originais de Davy em meu laboratório; identificava-me tanto com ele que quase sentia estar descobrindo aqueles elementos eu mesmo. Depois de ler como ele descobrira o potássio e o modo como esse elemento reagia com a água, cortei uma pelota de potássio em cubinhos (tinha consistência de manteiga, e a superfície cortada brilhava com cintilações prateadas — mas só por um instante, pois logo embaçava). Depositei delicadamente os pedacinhos em uma cuba com água e me afastei depressa — bem a tempo, pois o potássio pegou fogo imediatamente, derreteu e se transformou numa bolha que girava freneticamente pela cuba, encimada por uma chama violenta, cuspindo e crepitando com estridência enquanto lançava fragmentos incandescentes em todas as direções. Em poucos segundos o glóbulo se apagou e voltou a repousar tranqüilo na cuba. Só que agora a água estava morna e ensaboada: tinha virado uma solução de potassa cáustica e, por ser alcalina, tornara azul um pedaço de papel de tornassol.

O sódio era muito mais barato e não tão violento quanto o potássio; por isso, decidi observar sua ação ao ar livre. Consegui um bom pedaço — cerca de um quilo e meio — e fiz um passeio até os Highgate Ponds, em Hampstead Heath, com meus dois melhores amigos, Eric e Jonathan. Quando chegamos, subimos numa pequena ponte, peguei o sódio com uma pinça no óleo onde ele estava imerso e o joguei na água lá embaixo. Ele pegou fogo imediatamente e ficou girando na superfície como um meteoro

---

[3] Mendeleiev, sessenta anos depois, descreveria o isolamento do sódio e potássio por Davy como "uma das maiores descobertas da ciência" — grandiosa porque trouxe uma nova e poderosa abordagem para a química, definiu as qualidades essenciais de um metal e, demonstrando a semelhança e a analogia dos elementos, indicou a existência de um grupo químico fundamental.

demente, com uma enorme camada de chamas amarelas pairando em cima. Todos exultamos — aquilo era química das boas!

Havia outros membros da família dos metais alcalinos ainda mais reativos que o sódio e o potássio, metais como o rubídio e o césio (havia também o mais leve e menos reativo, o lítio). Era fascinante comparar as reações dos cinco, pondo pedacinhos de cada um na água. Era preciso todo o cuidado, usar pinças e equipar-se, bem como aos convidados, com óculos de segurança: o lítio movia-se calmamente pela superfície da água, reagindo com ela, emitindo hidrogênio até gastá-lo todo; um naco de sódio movia-se pela superfície com um chiado ameaçador, mas não pegava fogo se fosse usado um pedaço pequeno; o potássio, em contraste, incendiava-se imediatamente ao atingir a água, queimando com uma chama cor de malva pálida e atirando glóbulos de si mesmo por toda parte; o rubídio era ainda mais reativo, cuspia violentamente com uma chama violeta-avermelhada; e o césio, como descobri, explodia ao contato com a água, despedaçando seu recipiente de vidro. Ninguém esquecia as propriedades dos metais alcalinos depois de ter visto isso.

Antes de Humphry Davy descobrir o sódio e o potássio, julgava-se que os metais eram duros, densos e infusíveis, e no entanto ali estavam metais moles como manteiga, mais leves do que a água, que se derretiam facilmente e com violência química, mais ávidos para combinar-se do que qualquer outra coisa já vista. (Davy espantou-se tanto com a inflamabilidade do sódio e do potássio e com sua capacidade de flutuar na água que se perguntou se não haveria depósitos desses elementos sob a crosta terrestre que, explodindo ao ter impacto com a água, fossem responsáveis por erupções vulcânicas.) Os metais alcalinos poderiam realmente ser considerados metais verdadeiros? Davy abordou essa questão apenas dois meses mais tarde:

> A maioria das pessoas que cultivam a filosofia a quem essa questão foi apresentada respondeu afirmativamente. [Essas substâncias] condizem com os metais em opacidade, brilho, maleabilidade, capacidade de condução de calor e eletricidade e em suas qualidades de combinação química.

Após conseguir isolar os primeiros metais alcalinos, Davy passou a estudar as terras alcalinas; eletrolisou-as e, em poucas semanas, já havia isolado outros quatro elementos metálicos — cálcio, magnésio, estrôncio e bário —, todos altamente reativos e todos capazes de queimar-se com chamas de cores vivas, como os metais alcalinos. Estava evidente que formavam outro grupo natural.

Não existem metais alcalinos puros na natureza, nem metais alcalinos terrosos puros — são reativos demais e se combinam instantaneamente com outros elementos.[4] O que encontramos são sais simples ou complexos desses elementos. Embora os sais tendam a ser não conducentes quando cristalinos, podem conduzir bem uma corrente elétrica quando dissolvidos em água ou derretidos; e são, de fato, decompostos por uma corrente elétrica, deixando o componente metálico do sal (por exemplo, sódio) em um pólo e o elemento não metálico (por exemplo, cloro) do outro. Isso indicou a Davy que os elementos estavam contidos no sal em forma de partículas carregadas — caso contrário, por que seriam atraídos pelos eletrodos? Por que o sódio sempre se dirigia para um eletrodo e o cloro para o outro? Seu pupilo, Faraday, mais tarde daria a essas partículas carregadas de um elemento o nome de "íon", e distinguiria os íons positivos dos negativos denominando-os "cátions" e "ânions". O sódio, em seu estado carregado, era um cátion forte, e o cloro, em seu estado carregado, um dos ânions mais fortes.

Para Davy, a eletrólise era uma revelação de que a própria matéria não era algo inerte que mantinha sua coesão graças à "gravidade", como pensara Newton; a matéria era carregada e mantida coesa por forças elétricas. Afinidade química e força elétrica eram a mesma coisa, ele então começou a refletir. Para Newton e Boyle havia existido uma única força, a gravitação universal, que mantinha juntos não só as estrelas e os planetas, mas também os próprios átomos dos quais eles eram compostos.

---

[4] A enorme reatividade química do potássio fazia dele um novo instrumento poderoso para isolar outros elementos. Davy usou-o, apenas um ano após descobri-lo, para obter o elemento boro do ácido bórico, e tentou obter silício pelo mesmo método (foi Berzelius quem conseguiu isso, em 1824). O alumínio e o berílio também foram isolados, alguns anos mais tarde, com o uso do potássio.

Agora, para Davy, havia uma segunda força cósmica, não menos potente que a gravidade, mas que atuava nas minúsculas distâncias entre átomos, no mundo invisível, quase inimaginável, dos átomos químicos. A gravidade podia ser o segredo da massa, pensou Davy, mas a eletricidade era o segredo da matéria.

Davy gostava de fazer experimentos em público, e suas célebres conferências, ou demonstrações-conferências, eram empolgantes, eloqüentes e com freqüência literalmente explosivas. Em suas conferências ele abordava desde os detalhes mais íntimos de seus experimentos até especulações sobre o universo e a vida, que proferia em um estilo e com uma riqueza de linguagem que ninguém conseguia igualar.[5] Logo se tornou o mais famoso e influente conferencista da Inglaterra, atraindo multidões que apinhavam as ruas toda vez que havia uma conferência sua. Até Coleridge, o maior conferencista de sua época, comparecia às palestras de Davy, não só para abastecer seus cadernos de anotações químicas, mas "para renovar meu estoque de metáforas".

No início do século XIX ainda existia uma união entre as culturas literária e científica — não havia a dissociação de sensibilidades que em breve se instalaria —, e durante o período que Davy passou em Bristol teve início uma amizade íntima com Coleridge e os poetas românticos. O próprio Davy estava escrevendo (e às vezes publicando) muitas poesias naquela época; seus apontamentos misturavam detalhes de experimentos químicos, poemas e reflexões filosóficas, e essas coisas não pareciam existir em compartimentos separados de sua mente.[6]

---

[5] Mary Shelley, quando criança, fascinou-se com uma aula inaugural de Davy na Royal Institution e, anos mais tarde, em *Frankestein*, ela basearia a conferência do professor Waldman sobre química em palavras bem parecidas com as usadas por Davy, quando, falando sobre eletricidade galvânica, ele disse: "Foi descoberta uma nova influência, que permitirá ao homem produzir, a partir de combinações de matéria morta, efeitos que antes só eram gerados por órgãos animais".

[6] David Knight, em sua brilhante biografia de Davy, discorre sobre o arrebatado paralelismo, o quase místico senso de afinidade e harmonia que existia entre Coleridge e Davy, e conta que, certa ocasião, os dois planejaram montar juntos um laboratório químico. Em seu livro *The friend*, Coleridge escreveu:

Havia um extraordinário apetite pela ciência, especialmente pela química, naqueles primeiros e florescentes dias da Revolução Industrial; a ciência parecia um meio novo e poderoso (e não irreverente), não só de entender o mundo mas de passar a um estado melhor. O próprio Davy pareceu encarnar esse novo otimismo, estar na crista de uma nova e grande onda de poder científico e tecnológico, um poder que prometia, ou ameaçava, transformar o mundo. Ele descobrira meia dúzia de elementos, para começar, sugerira novas formas de iluminação, fizera importantes inovações na agricultura e desenvolvera uma teoria elétrica da combinação química, da matéria, do próprio universo — tudo isso antes dos trinta anos de idade.

Em 1812, Davy, filho de um entalhador de madeira, foi sagrado cavaleiro por seus serviços ao império — o primeiro cientista a receber essa honra desde Isaac Newton. No mesmo ano ele se casou, mas isso ao que parece não o distraiu minimamente de suas pesquisas químicas. Quando ele partiu para uma prolongada lua-de-mel no continente, decidido a fazer experimentos e conhecer outros químicos aonde quer que fosse, levou consigo uma considerável aparelhagem química e vários materiais ("uma bomba de ar, uma máquina elétrica, uma bateria voltaica [...] um maçarico, fole e forja, aparelhagem para gás de mercú-

---

Água e chama, o diamante, o carvão [...] são convocados e irmanados pela teoria do químico. [...] É o senso de um princípio de conexão dado pela mente e sancionado pela correspondência da natureza. [...] Se em um *Shakespeare* encontramos a natureza idealizada em poesia graças ao poder criativo de uma meditação profunda mas observadora, também pela observação meditativa de um *Davy* [...] encontramos a poesia, por assim dizer, ganhando forma e se realizando na natureza: sim, a própria natureza a nós revelada [...] como ao mesmo tempo o poeta e o poema!

Coleridge não foi o único escritor a "renovar seu estoque de metáforas" com imagens da química. O termo químico *afinidades eletivas* recebeu de Goethe uma conotação erótica; Keats, que estudou medicina, deleitava-se com metáforas químicas. Eliot, em "Tradition and the individual talent", emprega metáforas químicas do princípio ao fim, culminando com uma grandiosa metáfora davyana para a mente do poeta: "A analogia é a do catalisador [...] a mente do poeta é o fragmento de platina".

rio e água, copos e bacias de platina e vidro e os reagentes comuns da química") — além de seu jovem assistente de pesquisa, Michael Faraday. (Este, na época com pouco mais de vinte anos, assistira extasiado às conferências de Davy, e cortejou o mestre presenteando-o com uma versão brilhantemente transcrita e comentada das conferências.)

Em Paris, Davy recebeu a visita de Ampère e Gay-Lussac, que levaram, para ouvir seu parecer, uma amostra de uma substância negra brilhante obtida de algas marinhas que tinha a notável propriedade de não se derreter quando aquecida, transformando-se imediatamente em um vapor cor de violeta escura. Um ano antes, Davy identificara o "ar de ácido muriático" amarelo-esverdeado de Scheele como um novo elemento, o cloro. Agora, com sua tremenda intuição para o concreto[7] e seu gênio para a analogia, Davy pressentiu que aquele sólido negro odorífero, volátil e altamente reativo poderia ser mais um novo elemento, um análogo do cloro, e logo confirmou essa idéia. Ele já havia tentado, sem êxito, isolar o "radical fluórico", percebendo que o elemento que ele continha, o flúor, seria um análogo mais leve e ainda mais ativo do cloro. Mas também julgou que a diferença entre as propriedades físicas e químicas do cloro e do iodo eram tão grandes que sugeriam a existência de um elemento intermediário entre eles, não descoberto até então. (Existia realmente esse elemento, o bromo, mas

---

[7] O grande químico Justus von Liebig escreveu eloqüentemente sobre essa intuição em sua autobiografia:

> [A química] desenvolveu em mim a faculdade, que é mais característica dos químicos do que dos demais filósofos naturais, de pensar do ponto de vista dos fenômenos; não é muito fácil dar uma idéia clara de fenômenos a alguém que não consiga visualizar em um quadro mental o que ele vê e ouve, como o poeta e o artista, por exemplo. [...] Há no químico uma forma de pensamento pela qual todas as idéias se tornam visíveis na mente como os fragmentos de uma composição musical imaginada. [...]
>
> A faculdade de pensar em fenômenos só pode ser cultivada se a mente for constantemente treinada, e isso foi conseguido, em meu caso, graças a meu empenho em realizar, até onde meus meios me permitissem, todos os experimentos cuja descrição li nos livros [...] repeti tais experimentos [...] vezes sem conta, [...] até conhecer pormenorizadamente todos os aspectos do fenômeno que se apresentava [...] uma lembrança da sensação, ou seja, da visão, uma clara percepção da semelhança ou diferenças das coisas ou dos fenômenos, que posteriormente me foi útil.

não coube a Davy descobri-lo, e sim a um jovem químico francês, Balard, em 1826. O próprio Liebig havia preparado o elemento líquido marrom e fumegante antes disso, mas o identificou erroneamente como "cloreto de iodo líquido"; após saber da descoberta de Balard, Liebig pôs o frasco em seu "armário de erros".)

Da França, a turma da lua-de-mel foi se mudando por etapas para a Itália, fazendo experimentos ao longo do caminho: coletando cristais da orla do Vesúvio, analisando gás de chaminés naturais nas montanhas (Davy descobriu que esse gás era idêntico ao gás do pântano, ou metano); e, pela primeira vez, fazendo uma análise química de amostras de tinta de obras-primas antigas ("meros átomos", ele anunciou).

Em Florença fez experimentos, sob condições controladas, queimando um diamante com uma lente de aumento gigantesca. Apesar de Lavoisier ter demonstrado a inflamabilidade do diamante, Davy até então relutara em acreditar que diamante e carvão eram, de fato, o mesmo elemento. Era muito raro elementos terem várias formas físicas bem diferentes (isso foi antes da descoberta do fósforo vermelho ou alótropos do enxofre). Davy supôs que elas poderiam, talvez, representar diferentes formas de "agregação" dos próprios átomos, mas foi só muito mais tarde, com a ascensão da química estrutural, que isso pôde ser definido (a dureza do diamante, demonstrou-se então, devia-se à forma tetraédrica de suas estruturas atômicas, e a maciez e a oleosidade da grafite, ao arranjo de sua estrutura cristalina hexagonal em camadas paralelas).

Davy voltou a Londres depois da lua-de-mel para enfrentar um dos maiores desafios práticos de sua vida. A Revolução Industrial, então esquentando os motores, estava devorando quantidades cada vez mais gigantescas de carvão; mais e mais fundo se escavavam as minas, tanto que estavam sendo encontrados gases inflamáveis e gases venenosos de "grisu" (metano) e "mofeta" (dióxido de carbono). Um canário levado numa gaiola podia servir de alerta para a presença do asfixiante mofeta; mas a primeira indicação de grisu era, com grande freqüência, uma explosão fatal. Era desesperadamente necessário que fosse inventada para os mineiros uma lâmpada capaz de ser levada para as profundezas escuras das minas, sem perigo de inflamar bolsas de grisu. Davy fez uma observação crucial — uma chama não podia atravessar uma rede ou gaze de arame se ela fosse mantida fria.[8] Ele criou muitos tipos de lâmpadas que incorporavam esse princípio, das quais a mais simples e mais segura era uma lâmpada a óleo, em que o ar só podia entrar ou sair passando por telas de rede de arame. As lâmpadas aperfeiçoadas foram testadas em 1816 e se mostraram não apenas seguras mas também, pela aparência da chama, indicadores confiáveis da presença de grisu.

Davy descobriu, ainda, que se um fio de platina fosse colocado em uma mistura explosiva, ficaria incandescente mas não inflamaria a mistura. Havia descoberto o milagre da catálise: certas substâncias, como os metais do grupo da platina, podiam induzir uma reação química contínua em suas superfícies sem ser consumidas. Assim, por exemplo, o gancho de platina que deixávamos sobre o fogão da cozinha fulgurava quando posto no fluxo de gás e, ao ser aquecido ao rubro, acendia o fogo. Esse princípio da catálise se tornaria indispensável em milhares de processos industriais.[9]

Em um grau que só mais tarde eu perceberia, Humphry Davy e suas descobertas eram parte de nossa vida, dos talheres e instru-

---

[8] Davy prosseguiu no estudo da chama e, um ano depois da lâmpada de segurança, publicou *Some philosophical researches on flame*. Passados mais de quarenta anos, Faraday retomaria o assunto em suas célebres conferências na Royal Institution, intituladas *The chemical history of a candle*.

[9] Ampliando as observações de Davy sobre a catálise, Döbereiner descobriu, em 1822, que a platina, se dividida em fragmentos finos, não apenas se tornava branco-incandescente, como também inflamava um fluxo de hidrogênio que a atravessasse. Com base nessa constatação, ele criou uma lâmpada que consistia essencialmente em um frasco vedado contendo um pedaço de zinco, que podia ser mergulhado em ácido sulfúrico e gerar hidrogênio. Quando a tampa do frasco era aberta, o hidrogênio precipitava-se para o interior de um pequeno recipiente contendo um fragmento de esponja de platina, e instantaneamente se inflamava (uma chama um tanto perigosa, pois era praticamente invisível, sendo preciso ter cautela para não se queimar). Dentro de cinco anos já havia 20 mil lâmpadas de Döbereiner em uso na Alemanha e na Inglaterra, e assim Davy teve a satisfação de ver a catálise em ação, indispensável em milhares de casas.

mentos cortantes eletrogalvanizados ao gancho catalítico para acender o fogo, à fotografia (da qual foi um dos pioneiros, fazendo fotografias em couro, trinta anos ou mais antes que outros descobrissem o processo) e à ofuscante lâmpada de arco usada para projetar filmes no cinema do bairro. O alumínio, que já fora mais caro do que o ouro (Napoleão III tinha o célebre hábito de mandar servir seus convidados em pratos de ouro enquanto ele próprio comia em pratos de alumínio), só se tornou barato e acessível graças à extração por eletrólise descoberta por Davy. E o sem-número de sintéticos à nossa volta, dos fertilizantes artificiais aos nossos reluzentes telefones de baquelita, viabilizou-se com a magia da catálise. Mas, sobretudo, foi a personalidade de Davy que me atraiu — não modesto, como Scheele, não sistemático, como Lavoisier, mas cheio da exuberância e do entusiasmo de um menino, com um prodigioso espírito de aventura e às vezes uma perigosa impetuosidade — ele sempre esteve a ponto de ir longe demais. E foi isso, principalmente, que arrebatou a minha imaginação.

12

IMAGENS

A fotografia tornara-se outra de minhas paixões, e meu pequeno laboratório, já tão abarrotado, com freqüência fazia as vezes de câmara escura também. Quando tento lembrar o que me atraiu para a fotografia, penso nas substâncias químicas que ela requeria (minhas mãos viviam manchadas de pirogalol e pareciam cheirar a hipossulfito de sódio o tempo todo), nas luzes especiais (a luz vermelho-viva da lâmpada de câmara escura, as grandes lâmpadas de flash recheadas de folhas metálicas brilhantes, onduladas e inflamáveis (geralmente de magnésio ou alumínio, às vezes de zircônio). Penso na óptica — as minúsculas imagens planas do mundo em uma tela de vidro fosco, as maravilhas das diferentes aberturas, dos focos, das diversas lentes, de todas as intrigantes emulsões que podiam ser usadas — mais do que tudo, eram os processos da fotografia que me fascinavam.

Mas também havia, é claro, a sensação de ser capaz de tornar objetiva e permanente uma percepção muito pessoal e talvez fugaz, especialmente porque me faltava a habilidade para o desenho e a pintura. Isso foi estimulado, mesmo antes da guerra, pelos álbuns de fotografia da família, principalmente os que remontavam aos tempos anteriores ao meu nascimento, às cenas de praia, com as cabines de banho empurradas sobre rodas nos anos 1920, às cenas de rua de Londres na virada do século, aos avós e tios-avós posando empertigados na década de 1870. Havia também, e eram os mais preciosos, dois daguerreótipos, em molduras especiais, da década de 1850; eles tinham um detalhe, um acabamento muito mais refinado, mais brilhante do que o das fotos em papel posteriores. Minha mãe tinha afeição especial por um deles, uma foto da mãe de sua mãe, Judith Weiskopf, tirada em Leipzig no ano de 1853.

E havia ainda todo o vasto mundo fora da família, as fotos impressas em livros e jornais, das quais algumas me impressionaram profundamente, como as dramáticas fotos do Crystal Palace incendiando-se (elas confirmavam — ou será que influenciaram? — minhas próprias lembranças do desastre, que aconteceu quando eu era muito pequeno), e fotos de aviões flutuando majestosamente (e uma foto da queda de um zepelim em chamas). Eu adorava fotos de pessoas e lugares distantes, em especial as da revista *National Geographic*, que chegava todo mês com sua capa de moldura amarela. Além disso, a *National Geographic* tinha fotos em cores, que me empolgavam ainda mais. Já havia visto fotos pintadas à mão — tia Birdie era hábil nessas pinturas —, mas nunca vira fotos em cores de verdade. Um conto de H. G. Wells, "The queer story of Brownlow's newspaper", que li mais ou menos nessa época, conta que Brownlow recebe certo dia, em vez de seu jornal de 1931 normal, um jornal com data de 1971. O que primeiro chama a atenção do sr. Brownlow, levando-o a perceber que está diante de algo inacreditável, é o fato de aquele jornal ter fotografias em cores — algo inconcebível para ele, que vivia na década de 1930:

> Nunca em toda a sua vida ele vira uma impressão em cores como aquela — e as construções, o cenário e os trajes nas fotografias eram estranhos. Estranhos, mas críveis. Eram, de fato, fotografias em cores de quarenta anos adiante.

Eu às vezes tinha essa mesma sensação com respeito às fotos em cores da *National Geographic*; também elas aludiam a um mundo brilhante e multicolorido no futuro, distante da monocromia do passado. Mas eu me sentia mais intensamente atraído pelas fotos do passado, com seus foscos e delicados tons sépia — abundantes nos álbuns de família mais antigos e nas revistas velhas que certa vez encontrei empilhadas no quarto de despejo. Eu já tinha, em 1945, um forte senso de mudança, sabia que a vida do pré-guerra se fora irremediavelmente, para sempre. Mas ainda havia fotos, fotos que muitas vezes haviam sido tiradas casualmente, e que agora possuíam um valor especial, fotos de férias de verão anteriores à guerra, fotos de amigos, vizinhos e parentes, captados à luz do sol de 1935 ou 1938, sem sombra ou premonição do que estava por vir. Fascinava-me que as fotografias pudessem registrar momentos reais, nítidos cortes no tempo, por assim dizer, fixados para sempre em prata.

Ansiava por fazer fotos eu mesmo, documentar e situar no tempo cenas, objetos, pessoas, lugares, momentos, antes que mudassem ou desaparecessem, engolidos pelas transformações da memória e do tempo. Com esse espírito, tirei uma foto de Mapesbury Road, captada à luz do sol matinal de 9 de julho de 1945, meu décimo segundo aniversário. Desejava documentar, gravar para sempre, exatamente o que se apresentou aos meus olhos quando abri a cortina naquela manhã. (Ainda tenho essa foto, duas fotos, na verdade, tiradas para formar um par estéreo, como um anáglifo vermelho e verde. Hoje, mais de meio século depois, ela quase substituiu a lembrança real; quando fecho os olhos e tento visualizar a Mapesbury Road de minha infância, tudo o que vejo é a fotografia que tirei.)

Em parte, o que me forçava a essa documentação era a guerra, o modo como objetos que pareciam permanentes eram destruídos ou removidos por atacado. Nosso jardim, antes da guerra, era cercado por grades de ferro batido, belas e sólidas; mas, quando voltei em 1943, elas não estavam mais lá. Fiquei muito perturbado com o fato, cheguei a duvidar de minha memória. Teria mesmo havido as tais grades antes da guerra, ou será que eu as inventara, por fantasia, poeticamente? Ver fotos minhas quando mais novo fazendo pose à frente daquelas grades foi um grande alívio, uma prova de que elas haviam estado lá. E havia o gigantesco relógio de Cricklewood, o relógio de que eu me lembrava, ou pelo menos parecia me lembrar, com seis metros de altura, mostrador dourado, em Chichele Road — também ele havia sumido em 1943. Existia um relógio parecido em Willesden Green, e supus que, de algum modo, eu o duplicara na mente, dotando meu bairro, Cricklewood, com um gêmeo. Novamente, foi um grande alívio ver, anos depois, uma foto daquele relógio, constatar que eu não o inventara (as grades de ferro e o relógio haviam sido removidos como parte do esforço de guerra, quando o país precisava desesperadamente de todo o ferro que pudesse obter).

E o mesmo se dera com o extinto hipódromo de Willesden, se é que ele existira. Eu imaginava que, se eu perguntasse, as pessoas diriam: "Mas que hipódromo de Willesden? O que esse garoto está pensando? Até parece que já houve um *hipódromo* em Willesden!". Somente quando vi uma velha foto minhas dúvidas se dissiparam, e tive certeza de que realmente existira o tal hipódromo, que foi totalmente destruído por bombardeios durante a guerra.

Li *1984* quando o livro foi lançado, em 1949, e para mim a descrição do "buraco de memória" foi particularmente evocativa e apavorante, pois condizia com as dúvidas que eu tinha a respeito da minha memória. Acho que essa leitura me levou a escrever mais em meu diário, a tirar mais fotos, a ter mais necessidade de ver testemunhos do passado. Esta última necessidade assumiu várias formas: interesse por livros e objetos antigos de todo tipo, por genealogia, arqueologia e especialmente paleontologia. Tia Len mostrara-me fósseis pela primeira vez quando eu era pequeno, e agora eu passava a vê-los como garantias da realidade.

Assim, eu adorava as fotos antigas de nosso bairro e de Londres. Pareciam-me uma extensão de minha memória e identidade, ajudavam-me a atracar e a ancorar-me no espaço e no tempo, como um menino inglês nascido na década de 1930, em uma Londres semelhante àquela onde meus pais, meus tios e tias haviam crescido, uma Londres que teria sido reconhecida por Wells, Chesterton,

Dickens ou Conan Doyle. Ficava absorto nas fotos antigas, nas locais e nas históricas tanto quanto nas velhas fotos de família, para ver de onde eu vinha, para ver quem eu era.

Se a fotografia era uma metáfora para a percepção, memória e identidade, era igualmente um modelo, um microcosmo da ciência em funcionamento — e uma ciência particularmente cativante, pois juntava química, óptica e percepção em uma unidade indivisível. Bater uma foto, levá-la para ser revelada e impressa era empolgante, obviamente, mas de um modo limitado. Eu queria entender, dominar eu mesmo todos os processos envolvidos, e manipulá-los a meu modo.

Ficava especialmente fascinado com a história dos primeiros tempos da fotografia e as descobertas químicas que conduziram a ela: como se percebeu, já em 1725, que os sais de prata escureciam na presença da luz, e como Humphry Davy (com seu amigo Thomas Wedgwood) fizera imagens por contato de folhas e asas de inseto sobre papel ou couro branco embebido em nitrato de prata, e fotos com uma câmara. Mas eles não conseguiam fixar as imagens que produziam, só podendo vê-las sob luz vermelha ou à luz de velas, pois de outro modo elas escureciam por completo. Eu me perguntava por que Davy, um químico tão hábil e tão familiarizado com o trabalho de Scheele, não observara, como Scheele, que a amônia podia "fixar" as imagens (removendo o excesso de sal de prata) — se tivesse feito isso, poderia ter sido considerado o pai da fotografia, antecipando a descoberta definitiva, na década de 1830, quando Fox Talbot, Daguerre e outros conseguiram produzir imagens permanentes usando substâncias químicas para revelá-las e fixá-las.

Morávamos bem perto de meu primo Walter Alexander (ficamos em seu apartamento quando uma bomba caiu na casa vizinha durante a blitz), e eu me tornei muito apegado a ele apesar da grande diferença de idade entre nós (embora ele fosse meu primo-irmão, tinha trinta anos mais do que eu), pois ele era mágico profissional e fotógrafo, a vida toda um sujeito divertido que adorava todo tipo de truques e ilusões. Foi Walter quem me iniciou na fotografia, mostrando-me a mágica de uma imagem surgindo enquanto ele revelava chapas de filme em sua câmara escura iluminada com luz vermelha. Eu nunca me cansava de ver aquela maravilha, notar os primeiros e débeis vestígios de uma imagem — estavam de fato ali ou eu estaria enganando a mim mesmo? — ficando mais fortes, mais intensos, mais claros, aparecendo em toda a plenitude enquanto ele inclinava o filme de um lado para o outro na bandeja do líquido revelador, até que finalmente, revelada por inteiro, surgia uma minúscula e perfeita cópia da cena.

A mãe de Walter, Rose Landau, fora para a África do Sul com seus irmãos na década de 1870; ali ela fotografou minas e mineiros, tavernas e cidades florescentes nos primeiros tempos das corridas do diamante e do ouro. Uma força física considerável, além de audácia, era necessária para tirar aquelas fotos na época; ela precisava carregar uma câmera pesadíssima além de todas as placas de vidro que viesse a usar. Rose continuava viva em 1940, sendo a única dentre os tios e tias mais velhos que conheci. Walter possuía a câmera original da mãe, bem como uma vasta coleção de câmeras e estereoscópios que ele próprio reunira.

Além de uma câmera Daguerre original, equipada com caixas de iodo e de mercúrio, Walter tinha uma enorme máquina fotográfica de fole, com inclinação e frente de erguer, que usava filme plano de 8 × 10 polegadas (ele ainda a usa, de vez em quando, para tirar retratos em seu estúdio), uma câmera estéreo e uma pequena e graciosa Leica com abertura de 3,5 — a primeira câmera miniatura de 35 milímetros que eu já vira. A Leica era sua câmera favorita quando ele saía em suas caminhadas; para uso geral, ele preferia uma câmera reflex de duas objetivas, a Rolleiflex. Walter também possuía algumas câmeras dissimuladas, do início do século — uma delas, feita para ser usada por detetives, tinha a aparência exata de um relógio de bolso, e fotografava com filme de 16 milímetros.

Todas as fotos que tirei, de início, eram em preto-e-branco — de outro modo, eu não poderia revelar e fazer cópias de meus filmes —, mas eu não sentia que lhes faltava "cor". Minha primeira câmera foi uma *pinhole*, que tirava fotos surpreendentemente boas, com enorme profundidade de foco. Depois tive uma câmera de caixa de lente fixa — custou dois xelins na Woolworth's. Em seguida, uma câmera dobradiça Kodak que usava filme de 620. Fascinavam-me a velocidade e as granulações das diferentes emulsões, das lentas de granulação fina, que permitiam obter um primoroso grau de detalhamento, às mais rápidas, quase cinqüenta vezes mais velozes do que algumas das emulsões lentas, que permitiam tirar fotos até mesmo à noite (embora sua granulação fosse tamanha que mal permitia ampliações). Examinei algumas dessas diferentes emulsões ao microscópio, para ver como eram realmente os grãos de prata, e me perguntei se seria possível ter grãos de prata tão pequenos que permitissem produzir uma emulsão praticamente sem granulação.

 Eu gostava de preparar emulsões fotossensíveis, mesmo elas sendo absurdamente toscas e lentas em comparação com as compradas. Eu adicionava, mexendo sempre, uma solução de nitrato de prata a 10% a uma solução de cloreto de potássio e gelatina. Os cristais suspensos na gelatina eram extremamente finos e não demasiado sensíveis à luz, por isso esse procedimento podia ocorrer com segurança sob luz vermelha. Era possível tornar os cristais maiores e mais sensíveis mantendo a solução morna por várias horas, para que os cristais menores se dissolvessem novamente e tornassem a depositar-se sobre os maiores. Depois desse "amadurecimento", acrescentava-se um pouco mais de gelatina, esperando até que tudo formasse uma geléia muito consistente, e então se espalhava o produto sobre papel.

 Eu também podia impregnar o papel diretamente com cloreto de prata, sem usar nenhuma gelatina, primeiro mergulhando o papel em solução salina e depois em nitrato de prata; o cloreto de prata formado era retido pelas fibras do papel. Com qualquer uma dessas técnicas, podia fazer meu próprio papel fotográfico, como o chamavam, e com ele fazer cópias de contato dos negativos, ou silhuetas de rendas e samambaias, embora fossem necessários vários minutos de exposição à luz solar direta para obter estas últimas.

Fixar as cópias com hipossulfito de sódio logo após a exposição geralmente produzia feias cores pardacentas, por isso passei a experimentar vários tipos de viragem. A mais simples era a de sépia — não (infelizmente) a feita com tinta do molusco siba, como eu esperava, mas convertendo a prata da imagem em sulfeto de prata de cor sépia. Também era possível fazer a viragem com ouro — consistia na imersão em uma solução de cloreto áurico, o que produzia uma imagem roxo-azulada, pois o ouro metálico precipitava-se sobre as partículas de prata. E quando se tentava fazer isso depois de uma viragem com sulfeto, podia-se obter uma esplêndida cor vermelha, uma imagem de sulfeto de ouro.

Dessas formas de viragem logo passei a outras. A viragem com selênio produzia uma viva cor avermelhada, e as cópias banhadas em paládio e platina mostravam-se mais suaves, mais delicadas do que as cópias habituais banhadas em prata, na minha opinião. Evidentemente era preciso começar com uma imagem em prata, pois apenas os sais de prata eram sensíveis à luz, mas em seguida eles podiam ser substituídos por quase qualquer outro metal. Com facilidade se podia substituir a prata por cobre, urânio ou vanádio. Uma combinação particularmente extravagante era a de sal de vanádio com um sal de ferro, como oxalato férrico, pois o amarelo do ferrocianeto de vanádio e o azul do ferrocianeto de ferro combinavam-se e produziam um verde brilhante. Eu adorava deixar meus pais perplexos mostrando-lhes fotos de um pôr-do-sol verde, rostos verdes, carros de bombeiro e ônibus de dois andares verdes. Meu manual de fotografia também descrevia viragens com estanho, cobalto, níquel, chumbo, cádmio, telúrio e molibdênio — mas tive de me deter nesse estágio, pois já estava ficando obcecado, fanático por viragens, pela possibilidade de fazer todos os metais que eu conhecia trabalharem na câmara escura, esquecendo qual era o real objetivo da fotografia. Esse tipo de exagero sem dúvida fora notado na escola, pois foi nessa época mais ou menos que recebi um boletim com o comentário: "Sacks irá longe, se não for longe demais".

* * *

Havia uma câmera singularmente robusta e atarracada na coleção de Walter — era uma câmera que tirava fotos em cores, ele explicou: possuía dois espelhos semiprateados em seu interior, que dividiam a luz entrante em três feixes, os quais eram dirigidos por meio de filtros de cores diferentes a três chapas separadas. A câmera em cores de Walter era descendente direta de um célebre experimento feito na Royal Institution por Clerk Maxwell em 1861: ele fotografou um arco colorido com chapas comuns para fotos em preto-e-branco, através de filtros das três cores primárias — vermelho, verde e violeta —, e projetou os positivos em preto-e-branco dessas imagens usando três projetores com os filtros correspondentes. Quando eram sobrepostas com precisão, as três fotografias em preto-e-branco de súbito apareciam perfeitamente coloridas. Assim, Maxwell demonstrou que toda cor visível ao olho humano podia ser construída a partir dessas três cores "primárias", pois o próprio olho possuía três receptores de cor "sintonizados" de modo equivalente, e não uma infinidade de receptores de cor para cada matiz e comprimento de onda concebíveis.

Embora Walter tivesse feito essa demonstração para mim usando três projetores, eu estava ansioso para ter acesso mais imediato a esse milagre, a essa súbita explosão de cor. O jeito mais emocionante de obter a cor instantânea era com um processo chamado Finlaycolor, no qual, com efeito, três negativos de separação de cores eram tirados simultaneamente, usando-se um retículo com microscópicas linhas vermelhas, verdes e violeta. Fazia-se então um positivo, uma chapa de projeção a partir desse negativo, que era colocada em perfeito alinhamento com o retículo. Esse procedimento era difícil, delicado, mas assim que obtínhamos o registro perfeito, o slide antes preto-e-branco mostrava-se subitamente com todas as suas cores. Como a tela, com suas linhas microscópicas, simplesmente aparecia em verde, assim que ela era justaposta ao slide via-se uma incrível, inesperada criação de cores onde parecia não ter havido nenhuma. (A *National Geographic* originalmente usou o processo Finlaycolor, e olhando através de uma lente de aumento podíamos ver as linhas finas na imagem.)

Para fazer cópias em cores era preciso copiar três imagens positivas nas cores complementares — ciano, magenta e amarelo — e sobrepô-las. Embora existisse um filme, Kodachrome, que fizesse isso automaticamente, eu preferia usar o jeito antigo, prazeroso, criando diapositivos separados em ciano, magenta e amarelo a partir de meus negativos de separação, e então fazê-los flutuar delicadamente um sobre o outro até conseguir sua exata sobreposição. Desse modo, subitamente, eu via, fascinado, irromperem as cores do original que foram, por assim dizer, codificadas nos três monocromos.

Eu brincava interminavelmente com essas separações de cores, vendo o efeito obtido quando eram justapostas duas em vez de três cores ou olhando os slides através dos filtros errados. Esses experimentos eram ao mesmo tempo divertidos e instrutivos; permitiam-me criar uma variedade de estranhas distorções de cores, mas sobretudo me ensinavam a admirar a elegância e a economia com que o olho e o cérebro funcionavam, as quais podíamos simular notavelmente bem com um processo fotográfico de três cores.

Também tínhamos em casa centenas de "vistas" estereoscópicas — muitas em retângulos de papelão, outras em placas de vidro —, fotos em tons sépia, emparelhadas e desbotadas, de cenários alpinos, da Torre Eiffel, de Munique na década de 1870 (a mãe de minha mãe nasceu em Gunzenhausen, um pequeno povoado a alguns quilômetros de Munique), cenas em praias e ruas da era vitoriana e vários tipos de cenas industriais (uma imagem particularmente arrebatadora era a de uma fábrica vitoriana, com longos pedais de tear movidos por motores a vapor, e essa foi a imagem que me veio à mente quando li sobre Coketown em *Hard Times*). Eu gostava de inserir essas fotografias duplas no grande estereoscópio que tínhamos na sala de visitas — um robusto instrumento de madeira colocado em uma mesinha própria, com maçanetas de latão para regularmos o foco e a separação das lentes. Estereoscópios como aquele ainda eram muito comuns, embora não tão generalizados quanto haviam sido no início do século. A visão das fotos planas e baças subitamente adquirindo uma nova dimensão, uma profundidade real e intensamente visível, conferia-lhes uma realidade especial, uma verossimilhança muito singular e íntima. As imagens estereoscópicas tinham algo de romântico, de secreto, pois quem olhava pelo visor contemplava exclusivamente uma espécie de teatro congelado — um teatro inteiramente particular. Eu tinha a sensação de que quase podia entrar ali, o mesmo que sentia ao olhar dioramas no museu.

Havia naquelas imagens uma pequena mas crucial diferença de paralaxe, ou perspectiva, entre as duas imagens, e isso criava a impressão de profundidade. Não se tinha a noção do que cada olho via separadamente, pois as duas imagens se fundiam, magicamente, para formar uma cena coerente.

O fato de a profundidade ser uma construção, uma "ficção" do cérebro, significava que era possível produzir vários tipos de ilusões, enganos, truques. Eu não tinha uma câmera estéreo; o que eu fazia era tirar duas fotos em sucessão, movendo a câmera uns cinco centímetros entre as exposições. Se eu deslocasse a câmera por uma distância maior do que essa, as diferenças da paralaxe eram exageradas, e as duas imagens, depois da fusão, davam uma impressão exagerada de profundidade. Fiz um hiperestereoscópio usando um tubo de papelão com espelhos dispostos obliquamente em seu interior, aumentando a distância interocular em mais de um metro. Esse truque era ótimo para ressaltar as diferentes profundidades de prédios ou colinas distantes, mas em distâncias menores o efeito era bizarro — um efeito-Pinóquio, por exemplo, quando olhávamos o rosto das pessoas, pois o nariz delas parecia projetar-se muitos centímetros à frente.

Também era curioso inverter as imagens. Era fácil com fotografias estereoscópicas, mas também se podia fazer isso criando um pseudoscópio, com um tubo curto de papelão e espelhos, de modo que a posição aparente dos olhos fosse invertida. Dessa maneira, os objetos distantes pareciam mais próximos do que os que estavam perto — um rosto, por exemplo, podia dar a impressão de uma máscara côncava. Mas isso produzia uma interessante rivalidade ou contradição, pois nosso conhecimento, bem como todas as outras indicações visuais, podiam estar dizendo uma coisa enquanto as imagens pseudoscópicas diziam outra, e víamos ora uma coisa, ora outra, conforme o cérebro se alternava entre diferentes hipóteses perceptivas.[1]

O outro lado de tudo isso, eu me dei conta — uma espécie de desconstrução ou decomposição —, podia ocorrer quando eu tinha enxaquecas, nas quais freqüentemente aconteciam estranhas alterações visuais. Minha percepção das cores podia ser perdida ou alterada por algum tempo; os objetos podiam parecer planos, como figuras recortadas de revista ou, em vez de ver o movimento normalmente, eu podia ver uma série de cenas estáticas, trêmulas como no filme que Walter me mostrou com o projetor mais lento que o normal. Eu às vezes perdia metade do campo visual e deixava de perceber objetos de um lado ou via rostos divididos ao meio. De início, ficava apavorado quando tinha esses ataques; eles começaram quando eu estava com uns quatro ou cinco anos, antes da guerra. Mas quando contei a minha mãe sobre eles, ela disse que tinha ataques parecidos, que não faziam mal e só duravam alguns minutos. Depois disso comecei a ansiar por meus ataques ocasionais, imaginando o que poderia acontecer no próximo (nunca eram exatamente iguais), o que o cérebro,

---

[1] Eu também ficava fascinado pela cinefotografia (embora não me dedicasse a ela). Mais uma vez, foi Walter quem me fez perceber que não existia realmente o movimento num filme, apenas uma sucessão de imagens imóveis que o cérebro sintetizava, dando a impressão de movimento. Walter demonstrou-me isso com seu projetor de cinema, desacelerando-o para me mostrar apenas as fotografias de cena e então acelerando-o até ocorrer subitamente a ilusão de movimento. Ele tinha um zoetropo, com imagens pintadas no interior de uma roda, e um taumatrópio, com desenhos de um baralho, que, quando girado ou sacudido rapidamente, produzia a mesma ilusão. Assim adquiri a noção de que também o movimento era construído pelo cérebro, de um modo análogo à construção da cor e da profundidade.

tão engenhoso, poderia estar tramando. Enxaquecas e fotografia, combinadas, podem ter colaborado para me empurrar na direção que, anos depois, eu seguiria.

Meu irmão Michael era fã de H. G. Wells, e me emprestou seu exemplar de *O primeiro homem na Lua* em Braefield. Era um livro pequeno encadernado em couro marroquino azul, e suas ilustrações me impressionaram tanto quanto o texto — os delgados selenitas, andando em fila indiana, e o Grande Lunar, com sua caixa craniana dilatada, em sua brilhante caverna iluminada por fungos na Lua. Fiquei fascinado com o otimismo e a emoção de uma viagem pelo espaço e com a idéia de um material ("cavorita") imune à gravidade. Um dos capítulos intitulava-se "O sr. Bedford no espaço infinito", e achei esplêndida a idéia de o sr. Bedford e o sr. Cavor viajarem em uma pequenina esfera (lembrava a batisfera de Beebe, da qual eu vira fotos), abrindo e fechando rapidamente as comportas de cavorita para deixar do lado de fora a gravidade terrestre. Os selenitas, o povo da Lua, foram os primeiros alienígenas que encontrei em minhas leituras; depois disso, algumas vezes os vi em meus sonhos. Mas havia tristeza também, pois Cavor, no final, é abandonado na Lua em indescritível solidão e isolamento, tendo por companhia somente os insetóides selenitas inumanos.

Depois de Braefield, *A guerra dos mundos* também se tornou um de meus livros favoritos, mais ainda pelo fato de as máquinas de guerra marcianas gerarem um vapor extraordinariamente denso, parecido com tinta ("caía pelo ar e se derramava sobre o solo mais como um líquido do que como um gás"), que continha um elemento desconhecido, combinado com o gás argônio — e eu sabia que o argônio, um gás inerte, não podia ser usado para formar compostos por nenhum meio terreno.[2]

---

[2] A referência de Wells ao elemento marciano desconhecido também me fascinou tempos depois, quando aprendi sobre espectros, pois Wells o descreveu, em um trecho anterior do livro, como "produzindo um grupo de quatro linhas no azul do espectro", embora posteriormente — será que ele releu o que havia escrito? — o tenha descrito como "um grupo vívido de três linhas no verde".

Eu gostava muito de andar de bicicleta, especialmente em estradas do interior, passando pelas cidadezinhas e povoados próximos de Londres; quando li *A guerra dos mundos*, decidi reconstituir o avanço dos marcianos, começando por Horsell Common, onde aterrissou o primeiro cilindro marciano. As descrições de Wells me pareciam tão reais que, chegando a Woking, surpreendi-me ao encontrar o lugar intacto, considerando quanto fora devastado pelo raio térmico dos marcianos em 1898. E me espantei, no povoado de Shepperton, ao encontrar o campanário da igreja ainda em pé, pois eu aceitara, quase como um fato histórico, que ele havia sido derrubado por um cambaleante tripé marciano. E eu nunca ia ao Natural History Museum sem pensar no "magnífico e quase completo espécime [de marciano, preservado] em álcool", que Wells nos garantiu estar ali em exposição. (Eu me pegava procurando o espécime na galeria dos cefalópodes, já que todos os marcianos pareciam ter características dos octópodes.)

Algo parecido acontecia com o próprio Natural History Museum — suas galerias a céu aberto, em ruínas, recobertas de teias de aranha — que o Viajante do Tempo de Wells percorre por volta do ano 800 mil d. C. Depois de ler o livro, nunca mais fui ao museu sem visualizar sua desoladora forma futura sobreposta à presente, como a lembrança de um sonho. De fato, a própria realidade prosaica de Londres foi transformada, para mim, pela arrebatadora e mítica Londres dos contos de Wells, com lugares que só podiam ser vistos em determinados estados de espírito — a porta no muro, a loja de mágicas.

Quando garoto, eu achava pouco interessantes as novelas posteriores de Wells, mais "sociais"; preferia os contos que ele escreveu primeiro, os quais combinavam notáveis extrapolações de ficção científica com um intenso e poético senso da fragilidade e mortalidade humana, como no caso do Homem Invisível, a princípio tão arrogante e depois morrendo de modo deplorável, ou o faustiano dr. Moreau, que finalmente é morto por suas criações.

Mas suas histórias também eram repletas de pessoas comuns que tinham todo tipo de experiências visuais extraordinárias: o pequeno comerciante, a quem são concedidas visões extasiantes de Marte quando ele fita um misterioso ovo de cristal, ou o moço que sofre uma brusca torção nos olhos quando pára entre os pólos de um eletroímã durante uma tempestade e é transportado visualmente para uma rocha desabitada próxima ao pólo sul. Quando menino eu era fanático pelas histórias de Wells, suas fábulas (e muitas delas ainda têm ressonâncias para mim, cinqüenta anos depois). O fato de ele ainda estar vivo em 1946, ainda conosco, após a guerra, dava-me uma ânsia urgente, descabida, de vê-lo. Depois de ficar sabendo que ele morava em Hanover Terrace, um pequeno conjunto de casas geminadas perto de Regent's Park, algumas vezes fui para lá depois da aula, ou nos fins de semana, na esperança de ver de relance o velhinho.

13

⊙	Hidrogénio	1	✣	Estrôncio 46
Ⓘ	Azoto	5	✳	Baritas 68
●	Carbono	54	Ⓘ	Ferro 50
○	Oxigénio	7	Ⓩ	Zinco 56
☸	Fósforo	9	Ⓒ	Cobre 56
⊕	Enxofre	13	Ⓛ	Chumbo 90
◉	Magnésia	20	Ⓢ	Prata 190
⊛	Cal	24	⚙	Ouro 190
Ⓜ	Soda	28	Ⓟ	Platina 190

AS RODELINHAS DE MADEIRA
DO SR. DALTON

Os experimentos em meu laboratório demonstraram-me que as misturas químicas eram totalmente diferentes dos compostos químicos. Podia-se misturar sal com açúcar, por exemplo, em qualquer proporção. Podia-se misturar sal com água — o sal se dissolvia, mas bastava evaporar a mistura para recuperarmos o sal inalterado. Podia-se recuperar o cobre e o zinco inalterados de uma liga de latão. Quando me caiu uma obturação dental, consegui destilar seu mercúrio, inalterado. Tudo isso — soluções, ligas, amálgamas — eram misturas. Basicamente, as misturas tinham as propriedades de seus ingredientes (mais uma ou duas qualidades "especiais", talvez — a dureza relativa do latão, por exemplo, ou o menor ponto de congelamento da água salgada). Mas os compostos apresentavam propriedades totalmente novas.

A maioria dos químicos no século XVIII aceitava tacitamente que os compostos tinham composições fixas e os elementos neles contidos se combinavam em proporções precisas e invariáveis — se não fosse assim, a química prática dificilmente poderia ter avançado. Mas não houve investigações explícitas sobre esse assunto, nem declarações a esse respeito, até que Joseph-Louis Proust, químico francês que trabalhava na Espanha, empreendeu uma série de análises meticulosas comparando vários óxidos e sulfetos do mundo todo. Logo ele se convenceu de que todos os compostos químicos genuínos apresentavam mesmo composições fixas — e que isso ocorria independentemente do modo como o composto era feito ou de onde ele era encontrado. O sulfeto de mercúrio vermelho, por exemplo, sempre continha as mesmas proporções de mercúrio e enxofre, quer fosse feito em laboratório, quer encontrado como mineral.[1]

---

[1] Mas a concepção de Proust foi contestada por Claude-Louis Berthollet. Químico veterano de grande projeção, ardente partidário de Lavoisier (tendo colaborado com ele na Nomenclatura), Berthollet descobrira o branqueamento químico e acompanhara Napoleão como cientista em sua expedição de 1798 ao Egito. Ele havia observado que várias ligas e vidros apresentavam inequivocamente composições muito variadas; assim, afirmou, os compostos podiam ter uma composição continuamente variável. Ele também notou, quando ustulava chumbo em seu laboratório, uma espantosa mudança contínua de cor — isso não implicava uma absorção contínua de oxigênio, com um número infinito de estágios? Proust argumentou que, de fato, o chumbo aquecido absorvia continuamente oxigênio e mudava de cor ao longo do processo, mas isso, a seu ver, devia-se à formação de três óxidos de cores distintas: um monóxido amarelo, depois chumbo vermelho e então um dióxido cor de chocolate — misturados como tintas, em proporções variadas, dependendo do estado da oxidação. Os próprios óxidos podiam ser misturados uns aos outros em qualquer proporção, ele supunha, mas cada um tinha sua composição fixa.

Berthollet também ficou intrigado com compostos como o sulfeto de ferro, que nunca continham exatamente as mesmas proporções de ferro e enxofre. Proust não conseguiu apresentar uma resposta clara para esse caso (de fato, a resposta só ficou clara quando, posteriormente, foram compreendidos os arranjos atômicos dos cristais, seus defeitos e substituições — assim, o enxofre pode substituir o ferro no arranjo atômico do sulfeto

Entre um pólo e outro [Proust escreveu], os compostos são idênticos na composição. Sua aparência pode variar devido a seu modo de agregação, mas suas propriedades, nunca [...] O cinabre do Japão tem a mesma composição do cinabre da Espanha; o cloreto de prata é idêntico, seja ele obtido no Peru ou na Sibéria; em todo o mundo existe só um cloreto de sódio, um salitre, um sulfato de cálcio e um sulfato de bário. Análises confirmam esses fatos em cada etapa.

Em 1799 Proust já havia generalizado sua teoria, formulando uma lei — a lei das proporções fixas. As análises de Proust, bem como sua misteriosa lei, despertaram a atenção dos químicos no mundo todo, notavelmente na Inglaterra, onde inspirariam intuições brilhantes na mente de John Dalton, um modesto mestre-escola quacre de Manchester.

Com talento matemático, e desde pequeno interessado em Newton e sua "filosofia corpuscular", Dalton procurara compreender as propriedades físicas dos gases — as pressões que exercem, sua difusão e solução — na esfera corpuscular ou "atômica". Portanto, ele já estava pensando sobre as "partículas finais" e seus pesos, embora em seu contexto puramente físico, quando tomou conhecimento do trabalho de Proust e, por um súbito salto intuitivo, percebeu como essas partículas finais poderiam explicar a lei de Proust e, de fato, toda a química.

Para Newton e Boyle, embora existissem formas diferentes de matéria, os corpúsculos ou átomos de que elas se compunham eram todos idênticos. Assim, para eles, sempre havia a possibilidade alquímica de transformar um metal não precioso em ouro, pois isso envolvia apenas mudança de forma, uma transformação da mesma matéria básica.[2] Mas agora o conceito de elementos,

---

de ferro em um grau variável, de modo que a fórmula efetiva varia de Fe_7S_8 a Fe_8S_9. Esses compostos não-estequiométricos às vezes são chamados de bertholidos.

Portanto, tanto Proust como Berthollet estavam corretos de certo modo, mas a grande maioria dos compostos era proustiana, com uma composição fixa. (E talvez fosse necessário que a concepção de Proust fosse a favorecida, pois foi a lei de Proust que inspirou depois as perspicazes descobertas de Dalton.)

[2] Embora Newton aludisse, em sua *Quaerie* final, a algo que quase parece prefigurar um conceito daltoniano:

Deus pode criar partículas de matéria de vários tamanhos e figuras, e em várias proporções para o espaço que elas ocupam, e talvez de diferentes densidades e forças.

graças a Lavoisier, estava claro, e para Dalton existiam tantos tipos de átomos quanto de elementos. Cada um possuía um "peso atômico" fixo e característico, e isso era o que determinava as proporções relativas nas quais ele se combinava com outros elementos. Assim, se 23 gramas de sódio invariavelmente se combinavam com 35,5 gramas de cloro, isso ocorria porque os átomos de sódio e de cloro tinham pesos atômicos de 23 e 35,5. (Esses pesos atômicos não eram, obviamente, os verdadeiros pesos dos átomos, mas seus pesos relativamente a um padrão — por exemplo, o do átomo de hidrogênio.)

Ler Dalton, ler sobre os átomos, deixou-me numa espécie de arrebatamento, pensando que as misteriosas proporcionalidades e números que víamos em escala macroscópica no laboratório poderiam refletir um mundo interior invisível e infinitesimal de átomos que dançavam, tocavam-se, atraíam-se e se combinavam. Eu tinha a sensação de que estava conseguindo ver, usando a imaginação como microscópio, um mundo minúsculo, um mundo final, bilhões ou trilhões de vezes menor que o nosso — os verdadeiros constituintes da matéria.

Tio Dave mostrara-me uma folha de ouro, batida até se tornar quase transparente, o que lhe permitia transmitir luz, uma bela luz verde-azulada. Essa folha, com a espessura de um milionésimo de polegada, meu tio explicou, tinha a espessura de apenas algumas dúzias de átomos. Meu pai me mostrara que era possível diluir um milhão de vezes uma substância muito amarga como a estricnina e ainda assim sentir seu gosto. E eu me divertia fazendo experimentos com filmes finos, soprando bolhas de sabão na banheira — um pouquinho de água com sabão podia, se soprada cuidadosamente, transformar-se numa bolha enorme — e observando o óleo, em películas iridescentes, espalhar-se sobre ruas molhadas. Tudo isso me preparou, por assim dizer, para imaginar o muito pequeno — a pequenez das partículas que compunham uma folha de ouro com a espessura de um milionésimo de polegada, uma bolha de sabão ou uma película de óleo.

Mas o que Dalton insinuava era infinitamente mais emocionante: não se tratava apenas dos átomos no sentido newtoniano, mas de átomos que eram tão ricamente individuais quanto os próprios elementos — átomos cuja individualidade *determinava* a individualidade dos elementos.

Dalton posteriormente construiu modelos de átomos em madeira, que vi no Science Museum quando era menino. Embora toscos e diagramáticos, eles instigaram minha imaginação, ajudaram-me a adquirir a noção de que os átomos realmente existiam. Mas nem todo mundo tinha essa opinião, e os modelos de Dalton, para alguns químicos, eram o epítome do absurdo que eles viam nas hipóteses atômicas. O eminente químico H. E. Roscoe escreveria, oitenta anos mais tarde, que "átomos são as rodelinhas de madeira inventadas pelo sr. Dalton".

De fato, na época de Dalton era possível julgar a idéia dos átomos implausível, se não totalmente despropositada, e mais de um século decorreria antes que fatos incontestáveis indicando a existência dos átomos fossem registrados. Wilhelm Ostwald foi um que não se convenceu da realidade dos átomos, e em seu livro *Principles of inorganic chemistry*, de 1902, escreveu:

> Processos químicos ocorrem de maneira a dar a impressão de que as substâncias são compostas de átomos. [...] Na melhor das hipóteses, disso decorre a possibilidade de que seja assim realmente, mas não a certeza. [...] Não nos devemos deixar desencaminhar pela concordância entre imagem e realidade, confundindo as duas. [...] Uma hipótese é apenas uma ajuda para a representação.

Hoje, evidentemente, podemos "ver" e até manipular átomos individuais, usando um microscópio eletrônico. Mas no início do século XIX era preciso enorme visão e coragem para postular a existência de entidades tão absolutamente fora do alcance de qualquer demonstração empírica possível na época.[3]

A teoria dos átomos químicos proposta por Dalton foi esmiuçada em seus apontamentos no dia 6 de setembro de 1803, seu tri-

---

[3] Dalton representou os átomos dos elementos como círculos com traçados internos, às vezes parecidos com os símbolos da alquimia ou com planetas, enquanto os átomos compostos (que hoje denominamos "moléculas") tinham configurações geométricas cada vez mais intrincadas — a primeira premonição de uma química estrutural que não se desenvolveria antes de decorridos cinqüenta anos.

gésimo sétimo aniversário. De início, ele se mostrou demasiado modesto ou acanhado para publicar qualquer coisa sobre sua teoria (entretanto, calculara os pesos atômicos de meia dúzia de elementos — hidrogênio, nitrogênio, carbono, oxigênio, fósforo, enxofre —, os quais registrou em seus apontamentos). Mas logo se espalhou a notícia de que ele havia elaborado algo espantoso, e Thomas Thomson, um químico eminente, foi a Manchester para conhecê-lo. Uma breve conversa com Dalton em 1804 "converteu" Thomson e alterou sua vida. "Fiquei encantado com a nova luz que imediatamente irrompeu em minha mente, e vi num piscar de olhos a imensa importância daquela teoria", Thomson escreveu mais tarde.

Embora Dalton houvesse apresentado algumas de suas idéias à Literary and Philosophical Society de Manchester, elas só chegaram ao conhecimento do público em geral depois que Thomson as divulgou por escrito. A apresentação de Thomson foi brilhante e persuasiva, muito mais que a do próprio Dalton, que a espremeu desajeitadamente nas páginas finais de seu *New system* em 1808.

Mas o próprio Dalton percebeu que havia problemas fundamentais em sua teoria. Pois passar de um peso combinado ou equivalente a um peso atômico requeria o conhecimento da fórmula exata de um composto, uma vez que os mesmos elementos, em alguns casos, podiam combinar-se de mais de uma maneira (como nos três óxidos de nitrogênio). Assim, Dalton supôs que se dois elementos formavam apenas um composto (como aparentemente faziam o hidrogênio e o oxigênio na água, ou o nitrogênio e o hidrogênio na amônia), eles o fariam na razão mais simples possível: um para um. Essa razão, Dalton julgou, com certeza seria a mais estável. Portanto, ele supôs que a fórmula da água (na

---

Embora Dalton falasse em "hipótese" atômica, ele estava convicto de que os átomos realmente existiam — daí sua violenta objeção à terminologia que seria introduzida por Berzelius, na qual um elemento era representado por uma ou duas letras de seu nome em vez de por seu próprio símbolo icônico. A ardente oposição de Dalton ao simbolismo de Berzelius (que em sua opinião ocultava a realidade dos átomos) durou até o fim de sua vida e, de fato, quando ele morreu, em 1844, foi de uma súbita apoplexia que se seguiu a uma discussão em defesa da realidade de seus átomos.

nomenclatura moderna) seria HO, e que o peso atômico do oxigênio seria o mesmo que seu peso equivalente, ou seja, 8. De modo análogo, supôs que a fórmula da amônia fosse NH e, portanto, o peso atômico do nitrogênio fosse 5.

Entretanto, como foi demonstrado pelo químico francês Gay-Lussac no mesmo ano em que Dalton publicou *New system*, se medíssemos os volumes e não os pesos, constataríamos que *dois* volumes de hidrogênio, e não um, combinavam-se a um volume de oxigênio para produzir dois volumes de vapor. Dalton demonstrou ceticismo diante dessas descobertas (embora ele próprio pudesse tê-las demonstrado facilmente), pois achava que elas implicariam o desmembramento de um átomo em dois a fim de permitir a combinação de meio átomo de oxigênio com cada átomo de hidrogênio.

Embora Dalton falasse em átomos "compostos", não havia feito uma distinção clara (não mais clara do que seus predecessores) entre moléculas, a menor quantidade de um elemento ou composto que podia existir livremente, e átomos, as verdadeiras unidades de combinação química. O químico italiano Avogadro, examinando os resultados de Gay-Lussac, elaborou então a hipótese de que volumes iguais de gases continham números iguais de *moléculas*. Para que isso ocorresse, as moléculas de hidrogênio e oxigênio teriam de ter, cada uma, dois átomos. Assim, sua combinação para formar a água poderia ser representada como $2H_2 + 1O_2 2H_2O$.

Mas, extraordinariamente (pelo menos assim parece em retrospectiva), a sugestão de Avogadro das moléculas diatômicas foi desprezada ou contestada por praticamente todos, incluindo Dalton. Permanecia uma grande confusão entre átomos e moléculas e a descrença na possibilidade de átomos do mesmo tipo poderem se unir. Não havia problema em ver a água, um composto, como H_2O, mas existia uma dificuldade aparentemente insuperável em reconhecer que uma molécula de hidrogênio puro pudesse ser H_2. Muitos pesos atômicos do início do século XIX foram, por isso, equivocados devido a simples fatores numéricos

— alguns pareciam ser metade do que deveriam ser, outros o dobro, outros um terço, outros um quarto etc.

O livro de Griffin, meu primeiro guia no laboratório, foi escrito na primeira metade do século XIX, e muitas de suas fórmulas, portanto muitos de seus pesos atômicos, eram tão errados quanto os de Dalton. Não que isso tivesse grande importância na prática — nem, de fato, isso afetava a grande virtude, as muitas virtudes de Griffin. Suas fórmulas e seus pesos atômicos podem realmente ter sido errados, mas os reagentes que ele sugeriu, e suas quantidades, foram perfeitamente corretos. Somente a interpretação, a interpretação formal, foi viesada.

Com tal confusão acerca das moléculas elementares, somada à incerteza quanto às fórmulas de muitos compostos, a própria noção de pesos atômicos começou a cair em descrédito na década de 1830; de fato, a própria noção de átomos e pesos atômicos perdeu prestígio, tanto que Dumas, o grande químico francês, declarou em 1837: "Tivesse eu autoridade, apagaria da ciência a palavra átomo".

Finalmente, em 1858, Stanislao Cannizzaro, conterrâneo de Avogadro, percebeu que a hipótese formulada por Avogadro em 1811 fornecia uma saída elegante para a confusão de longa data em torno dos átomos e moléculas, pesos atômicos e equivalentes. O primeiro ensaio de Cannizzaro foi desprezado, como acontecera com o de Avogadro, mas, no final de 1860, quando os químicos se reuniram pela primeira vez em um encontro internacional de química em Karlsruhe, foi a apresentação de Cannizzaro quem roubou a cena e pôs fim à agonia intelectual de muitos anos.

Essa foi uma parte da história que desvendei quando emergi de meu laboratório e consegui um cartão de usuário da biblioteca do Science Museum em 1945. Estava evidente que a história da ciência em nada se parecia com uma série direta e lógica, que ela dera saltos, se ramificara, convergira, divergira, saíra pela tangente, repetira-se, empacara e sofrera impasses. Houve alguns pensadores que não deram muita atenção à história (e talvez a carreira de muitos profissionais originais seja muito mais bem servida se eles não conhecerem seus precursores ou antecedentes — Dalton, temos a impressão, poderia ter encontrado mais dificuldade para elaborar sua teoria atômica se conhecesse a gigantesca e confusa história do atomismo no decorrer dos 2 mil anos que o precederam). Mas houve aqueles que refletiram continuamente sobre a história do tema que estudavam, e cujas contribuições foram integralmente relacionadas às suas reflexões — e está claro que Cannizzaro foi um exemplo deste último grupo. Cannizzaro pensou profundamente sobre Avogadro, viu as implicações da hipótese de Avogadro como ninguém havia visto, e com essas implicações e sua própria criatividade revolucionou a química.

Cannizzaro tinha a fervorosa convicção de que a história da química precisava estar na mente de seus alunos. Em um belo ensaio sobre o ensino da química, ele descreveu como introduzia o estudo a seus pupilos, "esforçando-me para situá-los [...] no mesmo nível dos contemporâneos de Lavoisier", para que pudessem perceber, como os contemporâneos do grande químico, toda a força revolucionária, o prodígio de seu pensamento; depois os situava alguns anos à frente, a fim de que pudessem ter noção do lampejo revelador de Dalton.

"Ocorre com freqüência que a mente de uma pessoa, ao aprender uma nova ciência, precisa passar por todas as fases que a própria ciência atravessou em sua evolução histórica", concluiu Cannizzaro. Identifiquei-me intensamente com suas palavras, pois eu também, de certo modo, estava vivenciando, recapitulando a história da química, redescobrindo todas as fases que ela atravessara.

14

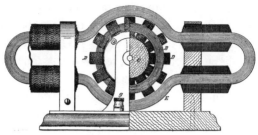

Motor elétrico simples

LINHAS DE FORÇA

Quando eu era bem pequeno, ficava fascinado com a eletricidade "de atrito", como a que fazia o âmbar, quando friccionado, atrair pedacinhos de papel; quando voltei de Braefield, comecei a ler sobre "máquinas elétricas" — discos ou globos de algum material não condutor, girados por uma manivela e esfregados na mão, num pedaço de tecido ou em algum tipo de almofada — que geravam fortes faíscas ou choques de eletricidade estática. Parecia fácil fazer uma máquina assim tão simples; em minha primeira tentativa de fabricar uma, usei um disco velho de gramofone. Na época, aqueles discos eram feitos de vulcanite e se eletrificavam com facilidade; só havia um problema: eles eram finos e frágeis, muito quebradiços. Para minha segunda máquina, mais resistente, usei uma placa de vidro espessa e uma almofada revestida de couro e coberta com amálgama de zinco. Eu conseguia produzir belas faíscas com ela, faíscas de quase três centímetros, quando o tempo estava seco. (Nada funcionava com tempo úmido, quando tudo se tornava condutor.)

A máquina elétrica podia ser conectada a um jarro de Leyden, que era, basicamente, um jarro de vidro revestido com folha de estanho por dentro e por fora, com uma bola de metal no topo ligada à folha do lado interno por uma corrente de metal. Quando vários jarros desse tipo eram conectados uns aos outros, podiam conter uma carga formidável. Li que foi com uma "bateria" de jarros de Leyden desse tipo que, no século XVIII, fez-se um experimento que aplicou um choque quase paralisante em uma linha de oitocentos soldados de mãos dadas.

Também consegui uma pequena máquina de Wimshurst, um belo objeto com discos giratórios de vidro e setores de metal radiante capazes de produzir fortes faíscas de até dez centímetros de comprimento. Quando as placas da máquina de Wimshurst giravam depressa, tudo em volta se tornava altamente carregado: os puxadores de cortinas se eletrificavam, ficando com os fios arrepiados; as borlas se afastavam velozmente, e nossa pele sentia a eletricidade. Se havia algum objeto pontudo por perto, a eletricidade fluía dele em um facho luminoso, que lembrava o fogo-de-santelmo dos mastros de navio em dias de tempestade, e podíamos apagar velas com o "vento elétrico" produzido, ou mesmo usá-lo para fazer girar um pequeno rotor em seu eixo. Usando um simples banquinho isolante — uma prancha de madeira apoiada em quatro copos de vidro —, consegui eletrificar meus irmãos e fazer seus cabelos ficarem em pé. Esses experimentos demonstraram o poder repulsivo das cargas elétricas, pois cada fio do puxador de cortina, cada fio de cabelo adquiriam a mesma carga (ao passo que minha primeira experiência, com âmbar friccionado e pedaços de papel, mostrara o poder de atração de corpos eletricamente carregados). Opostos se atraíam, iguais se repeliam.

Eu quis saber se era possível usar a eletricidade estática da máquina de Wimshurst para acender uma das lâmpadas do tio Dave. Meu tio não respondeu, mas me deu um pedaço de fio muito fino feito de prata e ouro, com uma espessura de apenas três centésimos de polegada. Quando conectei as bolas de latão da máquina de Wimshurst a um pedaço de quase oito centímetros de comprimento do fio de prata posto sobre um papelão, o fio explodiu assim que acionei a manivela, deixando um dese-

Meus avós, Marcus e Chaya Landau, com os treze filhos no jardim de sua casa em Highbury New Park, em 1902. Em pé: Mick, Violet, Isaac, Abe, Dora, Sydney, Annie. Sentados: Dave, Elsie (minha mãe), Len, meu avô e minha avó, Birdie. Na frente: Joe e Doogie.

No colo de minha mãe em fins de 1933, com Marcus, David, papai e Michael.

Com três anos, antes da guerra.

Juntos, em nosso último passeio de barco antes da guerra, em agosto de 1939, próximo a Bournemouth: David, papai, Michael, mamãe, eu e Marcus.

Em casa para uma breve visita, vindo de Braefield, no inverno de 1940: papai, eu, mamãe, Michael e David (Marcus, o mais velho, já fora para a universidade).

Com meus companheiros lobinhos em The Hall, 1943.

Em meu bar mitzvah, na frente de casa, 1946.

Tio Dave (esquerda) e tio Abe, no final dos anos 40.

Tia Birdie.

Tia Len, em Delamere, depois da guerra.

nho estranho no papelão. E quando tentei fazer o mesmo com o fio de ouro, ele se vaporizou instantaneamente, transformando-se em um vapor vermelho, ouro gasoso. Esses experimentos deixaram-me com a impressão de que a eletricidade de atrito podia ser algo tremendo — mas que era violenta demais, intratável demais para ser útil.

Atração eletroquímica, para Davy, era a atração de opostos — por exemplo, a atração de um íon metálico fortemente "positivo", um cátion como o sódio, por um intensamente "negativo", um ânion como o cloro. Mas a maioria dos elementos, Davy julgava, ficava a meio caminho entre esses dois extremos, em uma escala contínua de eletropositividade ou negatividade. O grau de eletropositividade entre os metais condizia com sua reatividade química, o que explicava sua capacidade de reduzir ou substituir elementos menos positivos.

Esse tipo de substituição, sem nenhuma noção clara de seu fundamento lógico, fora explorado pelos alquimistas na produção de revestimentos metálicos ou "árvores". Essas árvores eram feitas inserindo-se um bastão de zinco, por exemplo, em uma solução de outro sal metálico (como um sal de prata). Isso resultava em um deslocamento da prata pelo zinco, e a prata metálica precipitava-se da solução com a aparência de uma estrutura arborescente brilhante, quase fractal. (Os alquimistas haviam dado a essas árvores nomes míticos: a árvore de prata foi chamada de Arbor Dianae, a de chumbo, Arbor Saturni, e a de estanho, Arbor Jovis).[1]

Cheguei a ter esperança de fazer árvores desse tipo com todos os elementos metálicos — árvores de ferro e cobalto, de bismuto e níquel, de ouro, de platina, de todos os metais do grupo da

---

[1] Esses nomes das árvores metálicas originaram-se da concepção alquímica da correspondência do Sol, da Lua e dos cinco planetas (então conhecidos) com os sete metais da Antigüidade. Assim, o ouro representava o Sol, a prata, a Lua (e a deusa da Lua, Diana), o mercúrio, o planeta Mercúrio, o cobre, Vênus, o ferro, Marte, o estanho, Júpiter (Jove) e o chumbo, Saturno.

platina, de cromo e molibdênio e (obviamente!) de tungstênio; mas várias considerações (notavelmente o custo proibitivo dos sais de metais preciosos) limitaram-me a cerca de uma dúzia dos elementos básicos. Mas o puro prazer estético — não havia árvores iguais; elas eram tão diferentes, mesmo as feitas com um mesmo metal, quanto flocos de neve ou cristais de gelo, e diferentes metais, podia-se ver, depositavam-se de maneiras diferentes — logo deu lugar a um estudo mais sistemático. Quando um metal levava outro a depositar-se? E por quê? Usei um bastão de zinco, inserindo-o primeiro em uma solução de sulfato de cobre, e obtive uma esplêndida incrustação, um revestimento de cobre, em toda a volta do bastão. Experimentei a seguir com sais de estanho, sais de chumbo e sais de prata, inserindo um bastão de zinco nessas substâncias e obtendo árvores brilhantes e cristalinas de estanho, chumbo e prata. Mas quando tentei fazer uma árvore de zinco inserindo um bastão de cobre em uma solução de sulfato de zinco, nada aconteceu. O zinco era, claramente, o metal mais ativo, e assim podia substituir o cobre, mas não ser substituído por ele. Para fazer uma árvore de zinco, era preciso usar um metal ainda mais ativo que o zinco — descobri que um bastão de magnésio funcionava bem. Ficou claro que todos esses metais realmente formavam uma espécie de série.

O próprio Davy foi pioneiro no uso do deslocamento eletroquímico para proteger os fundos de cobre dos navios da corrosão da água marinha, fixando neles placas de metais mais eletropositivos (como ferro ou zinco) para que estes fossem corroídos em vez do cobre, a chamada proteção catódica. (Embora isso parecesse funcionar a contento em condições de laboratório, não funcionou bem no mar, pois as novas placas de metal atraíam cracas — por isso, a sugestão de Davy foi ridicularizada. Mesmo assim, o princípio da proteção catódica era brilhante, e por fim se tornou, após a morte de Davy, o modo mais comum de proteger o fundo das embarcações oceânicas.)

Ler sobre Davy e seus experimentos estimulou-me a fazer diversos outros experimentos eletroquímicos: coloquei um prego de ferro na água e fixei nele um pedaço de zinco para protegê-lo da corrosão. Poli as colheres de prata de minha mãe colocando-as em um prato de alumínio com uma solução morna de bicarbonato de sódio. Minha mãe gostou tanto que decidi ir além e tentar uma eletrogalvanização, usando cromo como o ânodo e uma variedade de objetos domésticos como o cátodo. Revesti de cromo tudo o que me caiu nas mãos — pregos de ferro, pedaços de cobre, tesouras e (dessa vez minha mãe não gostou nada) uma das colheres de prata que eu tinha polido.

De início não percebi que havia uma relação entre esses experimentos e as baterias com que eu estava brincando na mesma época, embora achasse uma estranha coincidência o fato de o primeiro par de metais que usei, zinco e cobre, poder produzir uma árvore ou, em uma bateria, uma corrente elétrica. Creio que só quando li que, para obter uma voltagem maior, as baterias usavam metais mais nobres como prata e platina, comecei a me dar conta de que as duas séries — a série de "árvores" e a série de Volta — eram provavelmente a mesma, que a atividade química e o potencial elétrico eram, em certo sentido, o mesmo fenômeno.

Tínhamos na cozinha uma grande bateria antiga, uma pilha hidrelétrica, ligada a uma campainha elétrica. A campainha, a princípio, era complicada demais de entender, e a bateria, a meu ver, era mais imediatamente interessante, pois continha um tubo de cerâmica com um robusto cilindro de cobre brilhante no meio, imerso em um líquido azulado; tudo isso ficava dentro de um estojo de vidro, também cheio de líquido, que continha uma barra de zinco mais fina. Parecia uma espécie de fábrica química em miniatura, e pensei ter visto, algumas vezes, bolhinhas de gás saindo do zinco. Essa pilha de Daniell (como era chamada) tinha uma aparência perfeitamente vitoriana, de uma coisa do século XIX, e o extraordinário objeto estava produzindo eletricidade inteiramente sozinho — não por fricção de atrito, mas apenas graças às suas próprias reações químicas. O fato de aquela ser uma fonte inteiramente diferente de eletricidade, não de atrito e nem estática, mas um *tipo* absolutamente diferente de eletricidade, deve ter parecido espantoso, uma nova força da natureza, quando Volta a descobriu em 1800. Anteriormente havia apenas as descargas fugazes, as faíscas e os lampejos da eletricidade de atrito; e então passou a ser possível ter à disposição uma corrente constante, uniforme, invariável. Bastavam apenas dois metais diferentes — cobre e zinco serviam, ou cobre e prata (Volta registrou toda uma série de metais que diferiam entre si na "voltagem", ou diferença de potencial) — imersos em um meio condutor.

Nas primeiras baterias que eu mesmo fiz utilizei frutas ou hortaliças — com eletrodos de cobre e zinco espetados em uma batata ou limão podia-se obter corrente elétrica suficiente para acender uma minúscula lâmpada de 1 volt. E se ligássemos meia dúzia de limões ou batatas uns aos outros (em uma série, para obter uma voltagem mais elevada, ou paralelamente, para obter mais força), obtínhamos uma "bateria" biológica. Depois das baterias de frutas e hortaliças, passei a usar moedas, alternando entre as de cobre e as de prata (era preciso usar moedas de prata anteriores a 1920, pois as posteriores tinham a liga enfraquecida), com papel mata-borrão umedecido (em geral com saliva). Se usasse moedas pequenas, de um quarto de *penny* e de seis *pence*, eu podia colocar cinco ou seis dessas duplas em uma polegada, ou fazer uma pilha de trinta centímetros de altura com sessenta ou setenta duplas, encerradas em um tubo, o que produzia um considerável choque de 100 volts. Seria possível ir além, pensei: fazer um bastão elétrico cheio de pares de folhas de cobre e zinco delgadas, muito mais finas do que moedas. Um bastão assim, com quinhentos ou mais pares, poderia gerar mil volts, mais ainda que uma enguia elétrica, o suficiente para assustar um agressor — mas nunca cheguei a fabricar um.

Fiquei fascinado com a enorme variedade de baterias inventadas no século XIX, algumas das quais pude ver no Science Museum. Havia baterias de "fluido único", como a bateria original de Volta, ou a Smee, a Grenet, ou a robusta Leclanche, ou ainda a delgada bateria de prata de De la Rue; e havia as baterias de dois fluidos, como a nossa Daniell, a Bunsen e a Grove (que usavam eletrodos de platina). Elas pareciam ser inúmeras, mas todas eram projetadas, de modos diferentes, para fornecer um fluxo mais confiável e constante de corrente, para proteger os eletrodos do depósito de metais ou da aderência de bolhas de gás e para evitar a emissão de gases venenosos ou inflamáveis (que algumas baterias causavam).

Aquelas pilhas hidrelétricas tinham de ser enchidas com água de vez em quando; mas as pequenas pilhas secas de nossas lanternas eram claramente diferentes. Marcus, vendo meu interesse, dissecou uma para mim com seu robusto canivete de escoteiro, mostrando-me o revestimento externo de zinco, o bastão de carbono central e no meio deles a pasta condutora, altamente corrosiva e de cheiro estranho. Ele me mostrou a grande bateria de 120 volts em nosso rádio portátil (que foi uma necessidade na guerra, pois o fornecimento de eletricidade era inconstante) — ela continha oitenta pilhas secas ligadas e pesava vários quilos. E certa vez ele abriu o capô do carro — tínhamos o velho Wolseley na época — e me mostrou o acumulador, com suas placas de chumbo e ácido, explicando que era preciso carregá-lo e que ele podia conduzir uma carga repetidamente, mas não gerá-la. Eu adorava baterias, e não precisavam estar carregadas; quando a família foi informada de meu interesse, choveram baterias usadas de todas as formas e tamanhos, e rapidamente acumulei uma notável (embora inútil) coleção delas, muitas das quais abri e dissequei.

Mas minha favorita continuou sendo a velha pilha de Daniell, e quando nos modernizamos e instalamos uma nova pilha seca para a campainha, eu me apropriei da de Daniell. Tinha apenas uma modesta voltagem de 1 ou 1$^1/_2$ volt, mas a corrente, de vários ampères, era considerável para seu tamanho. Isso a tornava muito conveniente para experimentos que requeriam aquecer e acender, nos quais era preciso uma corrente substancial, mas a voltagem quase não importava.

Com ela eu podia prontamente aquecer fios — tio Dave me deu uma munição completa de fios finos de tungstênio, de todas as diferentes espessuras. O fio mais grosso, com dois milímetros de diâmetro, aquecia-se moderadamente quando eu ligava um pedaço dele aos terminais das baterias; o fio mais fino tornava-se branco-incandescente e se incinerava num instante; havia um conveniente fio de espessura intermediária que eu podia manter por algum tempo aquecido ao rubro, embora mesmo a essa temperatura ele se oxidasse e se desintegrasse logo, transformando-se em uma lanugem de óxido branco-amarelado. (Percebi então por que fora crucial remover o ar das lâmpadas e por que a iluminação incandescente não era possível a menos que os bulbos fossem evacuados ou preenchidos com um gás inerte.)

Eu também podia decompor água, se fosse salgada ou acidulada, usando a pilha de Daniell como fonte de força. Lembro o prazer extraordinário que sentia ao decompor um pouco de água em uma taça para ovos quentes, vendo-a separar-se em seus elementos, o oxigênio em um eletrodo, o hidrogênio no outro. A eletricidade de uma pilha de 1 volt parecia tão fraca, e no entanto podia ser suficiente para desfazer um composto químico, decompor água ou, mais dramaticamente, sal, em seus constituintes violentamente ativos.

A eletrólise não poderia ter sido descoberta antes da pilha de Volta, pois até as mais potentes máquinas elétricas ou jarros de Leyden não podiam de modo algum causar a decomposição química. Faraday calculou posteriormente que teria sido necessária a tremenda carga de 800 mil jarros de Leyden, ou talvez toda a força de um relâmpago para decompor uma única gota de água, algo que podia ser feito por uma minúscula e simples pilha de 1 volt. (Por outro lado, minha pilha de 1 volt, ou mesmo a bateria de oitenta elementos que Marcus me mostrou no rádio portátil, não podia fazer a borla da cortina ou um eletroscópio se moverem.) A eletricidade estática podia gerar grandes faíscas e cargas de alta voltagem (uma máquina de Wimshurst podia gerar 100 mil volts), mas pouca força, ao menos para eletrolisar. E o oposto acontecia com a enorme força, mas baixa voltagem, de uma pilha química.

Se a bateria elétrica foi minha introdução à inseparável relação entre eletricidade e química, a campainha elétrica foi minha introdução à inseparável relação entre eletricidade e magnetismo

— uma relação nem um pouco evidente ou transparente, que só foi descoberta na década de 1820.

Eu já vira que uma modesta corrente elétrica era capaz de aquecer um fio, dar um choque ou decompor uma solução. Mas como ela podia causar o movimento oscilatório, o tinido de nossa campainha elétrica? Os fios da campainha iam até a porta da frente, e um circuito se completava quando se apertava o botão do lado de fora. Certa noite, quando meus pais tinham saído, decidi desviar esse circuito e conectar os fios de modo que eu pudesse acionar a campainha diretamente. Assim que permiti a passagem da corrente, o badalo deu um pulo e bateu na campainha. O que o fazia pular quando a corrente passava? Vi que o badalo da campainha, feito de ferro, era enrolado com um fio de cobre em espiral. A espiral se tornava magnetizada quando uma corrente passava por ela, e isso fazia com que o badalo fosse atraído pela base de ferro da campainha (assim que a atingia, ele rompia o circuito e voltava a seu lugar inicial). Isso me pareceu extraordinário: minhas magnetitas, meus ímãs de ferradura eram uma coisa, mas ali estava um magnetismo que só aparecia quando uma corrente passava pela espiral e desaparecia no momento em que a corrente cessava.

Foi a delicadeza, a sensibilidade das agulhas de bússola que me deu a primeira pista para a relação entre eletricidade e magnetismo. Sabia-se muito bem que uma agulha de bússola podia fazer movimentos abruptos ou até se desmagnetizar durante uma tempestade com raios, e em 1820 observou-se que quando se permitia a passagem de uma corrente por um fio próximo a uma bússola, a agulha se movia subitamente. Se a corrente fosse suficientemente forte, a agulha podia ser desviada em noventa graus. Se a bússola fosse colocada acima do fio ao invés de embaixo, a agulha se virava na direção oposta. Era como se a força magnética estivesse formando círculos ao redor do fio.[2]

---

[2] Uma descoberta que por alguma razão especial me interessou particularmente foi a do diamagnetismo, descoberto por Faraday em 1845. Faraday vinha fazendo experimentos com um novo eletroímã poderoso: colocou várias substâncias transparentes entre seus pólos para verificar se a luz polarizada podia ser afetada pelo ímã. A resposta foi positiva, e Faraday descobriu então que o pesado vidro de chumbo que ele usara em alguns experi-

Esse movimento circular de forças magnéticas podia ser prontamente tornado visível usando-se um ímã vertical fixado a uma tigela com mercúrio, com um fio frouxamente suspenso apenas tocando o mercúrio, e uma segunda tigela na qual o ímã podia mover-se e onde o fio era fixo. Quando passava uma corrente, o fio frouxamente suspenso deslocava-se em círculos roçando a água ao redor do ímã, e o ímã solto girava na direção oposta, ao redor do fio fixo.

Faraday, que em 1821 inventara esse dispositivo — efetivamente, o primeiro motor elétrico do mundo —, imediatamente se perguntou se o inverso poderia acontecer: já que a eletricidade podia produzir magnetismo com tanta facilidade, uma força magnética poderia produzir eletricidade? Notavelmente, ele precisou de muitos anos para responder a essa pergunta, pois a resposta não era simples.[3] Instalar um ímã permanente dentro de um fio em

---

mentos se movia quando o ímã era ligado, alinhando-se em ângulos retos com o campo magnético (essa foi a primeira vez que ele usou o termo *campo*). Antes disso, todas as substâncias magnéticas conhecidas — ferro, níquel, magnetita etc. — haviam se alinhado ao longo do campo magnético e não em ângulos retos com ele. Intrigado, Faraday prosseguiu o experimento, testando a suscetibilidade magnética de tudo o que lhe caía nas mãos — não só metais e minerais, mas também vidro, chamas, carnes e frutas.

Quando mencionei isso a tio Abe, ele me deixou fazer experimentos com o potente eletroímã que tinha no sótão de sua casa; consegui reproduzir várias descobertas de Faraday, e constatar, como ele, que o efeito diamagnético era especialmente poderoso com o bismuto, o qual era fortemente repelido por ambos os pólos do ímã. Era fascinante ver como um delgado fragmento de bismuto (o mais próximo de uma agulha que consegui obter com esse metal quebradiço) se alinhava, quase com violência, perpendicularmente ao campo magnético. Eu me perguntei se, posicionando com suficiente delicadeza, seria possível fazer uma bússola de bismuto apontar para leste-oeste. Experimentei com pedaços de carne e peixe, e pensei em experimentar com seres vivos também. O próprio Faraday escrevera: "Se um homem pudesse estar no campo magnético, como o caixão de Maomé ele poderia girar até atravessar todo o campo magnético". Pensei em pôr uma pequena rã, ou talvez um inseto, no campo do ímã do tio Abe, mas receei que isso pudesse congelar o movimento de seu sangue ou destruir seu sistema nervoso, revelando-se uma forma refinada de assassinato. (Eu não precisaria ter me preocupado: recentemente, rãs ficaram suspensas por vários minutos em campos magnéticos e aparentemente nada sofreram com a experiência. Com os ímãs enormes hoje disponíveis, todo um regimento poderia ser suspenso.)

[3] Sua capacidade de criação também foi absorvida por numerosos interesses e compromissos concorrentes nessa época: o estudo dos aços, a fabricação de vidros ópticos especiais altamente refrativos, a liquefação de gases (que ele foi o primeiro a obter), a descoberta do benzeno, suas muitas conferências sobre química e outros assuntos na Royal Institution e a publicação de *Chemical manipulations*, em 1827.

espiral não gerava eletricidade; era preciso mover a barra para dentro e para fora, e só desse modo era gerada uma corrente. Isso nos parece óbvio hoje, pois temos familiaridade com os dínamos e com o modo como eles funcionam. Mas naquela época não havia razão para esperar que o movimento fosse necessário; afinal, o jarro de Leyden, uma bateria voltaica, ficava parado em cima da mesa. Até um gênio como Faraday precisou de dez anos para fazer o salto mental, para se afastar das pressuposições de sua época, entrar em um novo reino e perceber que o movimento do ímã era necessário para gerar eletricidade, que o movimento era a essência. (O movimento, pensou Faraday, gerava eletricidade cortando as linhas de força magnética.) O ímã de vaivém inventado por Faraday foi o primeiro dínamo do mundo — um motor elétrico ao contrário.

Curiosamente, as duas invenções de Faraday, o motor elétrico e o dínamo, descobertos mais ou menos na mesma época, tiveram impactos muito diferentes. Os motores elétricos foram adotados e desenvolvidos quase de imediato, e em 1839 já havia embarcações fluviais movidas a bateria elétrica, enquanto os dínamos foram desenvolvidos com muito mais vagar e seu uso só se disseminou na década de 1880, quando a introdução da luz elétrica e do trem elétrico criou a demanda por uma grande quantidade de eletricidade e um sistema de distribuição. Aqueles dínamos enormes e barulhentos, tecendo do nada uma nova força misteriosa e invisível, eram uma coisa nunca vista, e as primeiras usinas de força com seus dínamos gigantescos inspiravam um assombro reverente. (Esse sentimento é evocado por H. G. Wells em uma de suas primeiras histórias, "The Lord of the Dynamos", na qual um homem simplório começa a ver os grandes dínamos dos quais ele tem de cuidar como um deus que exige um sacrifício humano.)

Como Faraday, comecei a ver "linhas de força" em toda parte. Eu já havia instalado luzes dianteira e traseira a pilha em minha bicicleta, e então coloquei também luzes acionadas por um dínamo. Quando o pequeno dínamo zumbia na roda traseira, eu às vezes imaginava as linhas de força magnética sendo cortadas e pensava no papel misterioso e crucial do movimento.

A princípio, magnetismo e eletricidade pareceram completamente separados. Agora pareciam estar ligados, de algum modo, pelo movimento. Foi nessa altura que recorri a meu tio "físico", Abe; ele me explicou que a relação entre eletricidade e magnetismo (e a relação de ambos com a luz) fora realmente esclarecida pelo grande físico escocês Clerk Maxwell.[4] Um campo elétrico em movimento induziria em suas proximidades um campo magnético, e isto, por sua vez, induziria um segundo campo elétrico, e este um outro campo magnético e assim por diante. Com essas induções mútuas quase instantâneas, Maxwell visualizou, haveria, efetivamente, um campo eletromagnético combinado em oscilação extremamente rápida, que se expandiria em todas as direções, propagando-se como um movimento ondulatório pelo espaço. Em 1865, Maxwell conseguiu calcular que tais campos se propagariam a 300 mil quilômetros por segundo, uma velocidade extremamente próxima à da luz. Isso era espantoso — ninguém suspeitara de nenhuma relação entre magnetismo e luz; de fato, ninguém tinha nenhuma idéia do que poderia ser a luz, embora se soubesse perfeitamente que ela se propagava como uma onda. Maxwell sugeriu, então, que luz e magnetismo eram "atributos da mesma substância, e que a luz é uma alteração eletromagnética propagada pelo campo segundo leis eletromagnéticas". Depois de ouvir isso, comecei a pensar na luz de outro modo — como campos elétricos e magnéticos pulando uns sobre

---

[4] Uma vez que eu não sabia matemática avançada como tio Abe, boa parte da obra de Maxwell era inacessível para mim, ao passo que eu pelo menos conseguia ler Faraday e sentir que estava apreendendo as idéias essenciais apesar de ele nunca usar fórmulas matemáticas. Maxwell, expressando sua dívida para com Faraday, mencionou que suas idéias, embora fundamentais, podiam ser expressas em forma não matemática:

> Foi talvez benéfico para a ciência que Faraday, embora inteiramente cônscio das formas fundamentais de espaço, não fosse um exímio matemático [...] e não se sentisse na obrigação [...] de forçar seus resultados a assumir uma forma aceitável ao gosto matemático da época. [...] Assim, ele ficou à vontade para fazer seu trabalho propriamente dito, coordenar suas idéias com os fatos e expressá-las em uma linguagem não técnica e natural. [Entretanto, prosseguiu Maxwell,] Continuando o estudo de Faraday, percebi que seu método de conceber os fenômenos também era matemático, embora não expresso na forma convencional de símbolos matemáticos.

os outros com espantosa velocidade, entrelaçando-se para formar um raio de luz.

Disso decorria que qualquer campo elétrico ou magnético variável podia gerar uma onda eletromagnética que se propagava em todas as direções. Isso, disse Abe, foi o que inspirou Heinrich Hertz a procurar outras ondas eletromagnéticas — talvez com um comprimento de onda muito maior que o da luz visível. Hertz conseguiu esse objetivo em 1886, usando uma simples bobina de indução como "transmissor" e pequenos fios em espiral com minúsculas distâncias explosivas de faísca (um centésimo de milímetro) como "receptores". Quando a bobina de indução era ajustada para produzir faíscas, Hertz podia observar, na escuridão de seu laboratório, minúsculas faíscas secundárias nas espirais pequenas. "Quando você liga o rádio", disse Abe, "não pensa na coisa maravilhosa que está acontecendo. Imagine a sensação, naquele dia de 1886, quando Hertz viu essas faíscas no escuro e percebeu que Maxwell estava certo, e que algo como a luz, uma onda eletromagnética, estava irradiando de sua bobina de indução em todas as direções."

Hertz morreu muito jovem, sem chegar a saber que sua descoberta revolucionaria o mundo. O próprio tio Abe tinha apenas dezoito anos quando Marconi pela primeira vez transmitiu sinais de rádio através do canal da Mancha, e se lembrava da sensação que isso causou, ainda maior que a provocada pela descoberta dos raios X dois anos antes. Sinais de rádio podiam ser captados por certos cristais, especialmente os cristais de galena; era preciso encontrar o local certo em sua superfície, explorando o cristal com um fio de tungstênio, um "bigode de gato". Uma das primeiras invenções do tio Abe foi um cristal sintético que funcionava melhor que o de galena. Na época, todos ainda se referiam às ondas de rádio como "ondas hertzianas", e tio Abe batizara seu cristal de hertzita.

Mas a suprema realização de Maxwell foi dar coesão a toda a teoria eletromagnética, formalizá-la, sintetizá-la em apenas quatro equações. Nesta meia página de símbolos, disse Abe, mostrando-me as equações em seu livro, condensava-se toda a teoria de Maxwell — para aqueles capazes de compreendê-la. As equações de Maxwell revelaram, para Hertz, os contornos de "uma nova física [...] como um reino encantado" — não só a possibilidade de gerar ondas de rádio, mas a noção de que todo o universo, até suas regiões mais remotas, era entrecruzado por campos eletromagnéticos de todo tipo.

15

VIDA EM FAMÍLIA

O sionismo teve um papel importante nos dois lados de minha família. A irmã de meu pai, Alida, trabalhou durante a Grande Guerra como assistente de Nahum Sokolov e Chaim Weitzmann, na época os líderes do sionismo na Inglaterra; com seu talento para línguas, incumbiram-na da tradução da Declaração de Balfour em 1917 para o francês e o russo. Seu filho Aubrey, ainda menino, já era um sionista erudito e eloqüente (e mais tarde, como Abba Eban, foi o primeiro embaixador israelense nas Nações Unidas). Pressupunha-se que meus pais, por serem médicos e possuírem uma casa espaçosa, deviam proporcionar um ponto de encontro, um lugar acolhedor para as reuniões sionistas, e essas reuniões freqüentemente tomavam conta de minha casa quando eu era menino. Eu os ouvia do quarto, no andar de cima — vozes alteadas, discussões intermináveis, murros descontrolados na mesa —, e não raras vezes um sionista, rubro de raiva ou entusiasmo, irrompia em meu quarto procurando o banheiro.

Aquelas reuniões pareciam exigir muito de meus pais, que saíam delas pálidos e exaustos, mas eles se sentiam no dever de ser os anfitriões. Nunca ouvi os dois conversarem entre si sobre

Palestina ou sionismo, e desconfiava que não tinham convicções firmes sobre o assunto, ao menos até a guerra terminar, pois então o horror do Holocausto os fez sentir que deveria existir uma "Pátria". Eu tinha a impressão de que meus pais eram intimidados pelos organizadores dessas reuniões e pela gangue de evangelizadores que esmurravam a porta da frente pedindo grandes quantias para *yeshivas* ou "escolas em Israel". Meus pais, que demonstravam tanto discernimento e independência em quase tudo o mais, pareciam vacilantes e desamparados diante daquelas exigências, talvez movidos por um senso de obrigação ou ansiedade. Meus sentimentos (que nunca discuti com eles) eram exaltadamente negativos: acabei por odiar o sionismo, o evangelismo e todo tipo de politicagem, que a meu ver significavam barulheira, intromissão e intimidação. Eu ansiava pelo discurso tranqüilo, pela racionalidade da ciência.

Meus pais eram moderadamente ortodoxos na prática (embora, pelo que eu me lembre, houvesse pouca discussão quanto à verdadeira crença de cada um), mas uma parte da família era extremamente ortodoxa. Contava-se que o pai de minha mãe acordava durante a noite se o solidéu lhe caísse da cabeça e que o pai de meu pai não tirava o seu nem para nadar. Algumas de minhas tias usavam *sheitls* — perucas — que lhes davam uma aparência juvenil, às vezes lembrando um manequim: Ida tinha uma amarela-berrante, Gisela, uma preta-lustrosa, e as duas perucas permaneceram inalteradas mesmo quando meus cabelos, muitos anos mais tarde, começaram a ficar grisalhos.

A irmã mais velha de minha mãe, Annie, fora para a Palestina na década de 1890 e fundara uma escola em Jerusalém, para "damas inglesas de fé mosaica". Annie era uma mulher imponente. Excessivamente ortodoxa, ela se acreditava (pensava eu) íntima da Deidade (pois o era do rabino-chefe, do mandatário e do mufti em Jerusalém).[1] Chegava periodicamente à Inglaterra com

---

[1] Sir Ronald Storrs, o governador britânico de Jerusalém na época, descreveu seu primeiro encontro com Annie em suas memórias, *Orientation*, de 1937:

> Quando, no início de 1918, uma senhora, diferente da Mulher do Destino do teatro, pois não era alta, nem morena nem magra, foi conduzida a meu escritório com uma expressão denotando o mesmo grau de bom humor e determinação, percebi de ime-

baús de viagem tão enormes que requeriam seis carregadores para ser erguidos, e em suas visitas ela introduzia uma atmosfera de aterrador rigor religioso em casa — meus pais, menos ortodoxos, tinham um certo medo de seu olhar penetrante.

Uma ocasião, num sábado opressivo do tenso verão de 1939, decidi andar de triciclo por Exeter Road, perto de casa, mas caiu uma chuvarada repentina e fiquei ensopado. Annie, dedo em riste, balançando a cabeçorra, ralhou: "Andando de triciclo no sabá! Você não vai escapar sem castigo por isso. Ele vê tudo. Está sempre vigilante!". Desde esse dia adquiri aversão aos sábados, aversão a Deus também (pelo menos ao Deus vingativo e punitivo que o aviso de Annie evocara), e nasceu em mim um sentimento de inquietude e apreensão, de estar sendo vigiado nos sábados (uma sensação que, em menor grau, me acompanha até hoje).

Em geral — aquele sábado fora uma exceção — eu ia com a família para a *shul*, a espaçosa sinagoga de Walm Lane que, na época, tinha uma congregação de mais de 2 mil membros. Íamos todos muito arrumados e limpos, vestidos em trajes "domingueiros", seguindo nossos pais por Exeter Road como uma ninhada de patinhos. Minha mãe, junto com várias tias, subia para a galeria feminina. Quando eu era bem pequeno, três anos ou menos, ia com ela, mas agora, um "menino crescido" de seis anos, devia ficar com os homens no térreo (embora vivesse lançando olhares furtivos para as mulheres lá em cima e às vezes tentasse acenar, mesmo sendo estritamente proibido de fazê-lo).

---

diato que um novo planeta passara a orbitar meu universo de conhecimento. A srta. Annie Landau estivera, durante toda a guerra, exilada [...] de sua querida escola para meninas, e exigia um retorno imediato. À minha mísera justificativa de que a escola estava sendo usada como hospital militar ela opôs uma resistência inflexível, e poucos minutos se passaram antes de eu lhe ter arrendado o vasto edifício conhecido como Abyssinian Palace. A srta. Landau rapidamente se tornou muito mais do que a diretora da melhor escola judaica para meninas da Palestina. Ela era mais britânica que os ingleses [...] ela era mais judia que os sionistas — em sua casa ninguém atendia o telefone nos sabás, nem mesmo os criados. Ela tivera um convívio amistoso com os turcos e os árabes antes da guerra, e assim sua generosa hospitalidade foi, por muitos anos, o único território neutro onde autoridades britânicas, sionistas fervorosos, beis muçulmanos e efêndis cristãos podiam encontrar-se em um clima de sociabilidade.

Meu pai era muito conhecido na congregação — metade daquelas pessoas eram pacientes dele ou de minha mãe — e tinha a reputação de ser um fervoroso defensor da comunidade e um erudito, embora sua erudição não fosse nada, disse-me ele, em comparação com a de Wilensky, aquele do outro lado do corredor, que sabia de cor cada palavra do Talmude, tanto que, se um alfinete fosse espetado nos volumes, ele seria capaz de dizer que sentença fora perfurada em cada página. Wilensky não acompanhava o serviço religioso; seguia algum programa ou litania íntima, o tempo todo se balançando para a frente e para trás, recitando as orações a seu modo. Tinha cachos longos e *payes* descendo-lhe pelo rosto — para mim ele era um assombro, algo sobre-humano.

O serviço das manhãs de sábado era muito longo; mesmo as preces sendo ditas em alta velocidade, demorava no mínimo três horas — e às vezes se orava com uma rapidez incrível. Uma prece silenciosa, a Amidah, devia ser dita em pé, de frente para Jerusalém. Tinha cerca de 10 mil palavras, eu supunha, mas os mais velozes na *shul* conseguiam chegar ao final em três minutos. Eu lia o mais depressa que podia (com freqüentes olhadelas para a tradução na página ao lado, para ver o significado), mas mal tinha lido um ou dois parágrafos e o tempo se esgotava e o serviço passava depressa para outro item. De modo geral, eu não tentava acompanhar; vagueava pelo livro de orações a meu modo. Foi ali que aprendi sobre mirra e olíbano, e sobre os pesos e medidas usados na terra de Israel havia 3 mil anos. Muitas passagens atraíam-me pela riqueza da linguagem ou pela beleza, senso de poesia e mito, detalhando os odores e especiarias presentes em alguns sacrifícios. Estava claro que Deus tinha um olfato apurado.[2]

---

[2] "O composto que forma o incenso", prescrevia o Talmude em linhas quase estequiométricas,

>consistia em bálsamo, onisco, gálbano e olíbano, em quantidades pesando setenta *manehs* cada; em mirra, cássia, espicanardo e açafrão, cada um dezesseis *manehs* de peso; em costus doze, de casca aromática três e de cinamomo nove *manehs*; em lixívia obtida de uma espécie de alho-poró, nove *kabs*; em vinho de Chipre três *seahs* e três *kabs*: embora não havendo como obter vinho de Chipre possa ser usado vinho branco velho; em sal de Sodoma a quarta parte de um *kab*, e na erva Maaleh Ashan uma quantidade minúscula. Afirma R. Nathan que uma quantidade minúscula também era requerida da erva aromática Cippath, encontrada nas margens do Jordão;

Eu gostava dos cantos, do coro — em que meu primo Dennis cantava e tio Moss era o regente — do virtuose *chazzan*, de alguns dos ferozes discursos do rabino e, ocasionalmente, da sensação de que todos nós formávamos de fato uma comunidade unida. Mas, de modo geral, a sinagoga me oprimia; a religião parecia mais real, e infinitamente mais agradável, em casa. Eu gostava da Páscoa judaica, com suas preliminares (retirar da casa todo pão fermentado, o *chometz*, queimá-lo, às vezes em conjunto com nossos vizinhos), o belo faqueiro, a baixela e as toalhas de mesa que usávamos durante os oito dias da celebração, a colheita de todo o rábano-picante que estava crescendo no jardim e que, ao ser moído, provocava copiosas lágrimas.

Sentávamos à mesa nas noites do *seder*, quinze, às vezes vinte pessoas: meus pais, as tias solteiras, Birdie, Len e, antes da guerra, Dora, às vezes Annie, primos de vários graus vindos da França ou da Suíça para nos visitar, e sempre um ou dois estranhos que apareciam. A mesa resplandecia com uma bela toalha de mesa branca e dourada bordada que Annie trouxera para nós de Jerusalém. Minha mãe, sabendo que cedo ou tarde aconteceria algum acidente, sempre dava um jeito de inaugurar o derramamento: logo no início da noite, derrubava uma garrafa de vinho tinto na toalha, porque depois disso nenhum convidado ficaria constrangido caso entornasse um copo. Embora eu soubesse que ela fazia aquilo de propósito, não conseguia prever como ou quando o "acidente" ocorreria; sempre parecia absolutamente espontâneo e autêntico. (Ela imediatamente despejava sal sobre a mancha de vinho, que se tornava muito mais clara e quase desaparecia; e eu me perguntava por que o sal tinha aquela propriedade.)

Ao contrário do serviço na *shul*, papagueado a toda a velocidade e pouco inteligível para mim, o serviço do *seder* prosseguia sem pressa, com longas discussões e dissertações, além de perguntas sobre o simbolismo dos diversos pratos — o ovo, a água salgada, a erva amarga, o *haroseth*. Os Quatro Meninos mencio-

---

se, contudo, alguém acrescentasse mel à mistura, tornaria o incenso impróprio para uso sagrado, enquanto aquele que, ao prepará-la, omitisse um de seus ingredientes necessários, estava sujeito à pena de morte.

nados no serviço — o Sábio, o Perverso, o Simples e O Que Era Jovem Demais Para Fazer Qualquer Pergunta —, eu sempre os identificava comigo e meus três irmãos, embora isso fosse especialmente injusto para com David, que não era mais nem menos perverso que qualquer outro garoto de quinze anos. Eu gostava da lavagem ritual das mãos, dos quatro copos de vinho, da recitação das dez pragas (enquanto alguém as recitava, molhávamos o dedo indicador no vinho a cada praga; após a décima, a matança dos primogênitos, jogávamos o vinho que estava na ponta dos dedos para trás, por cima do ombro). Eu, sendo o mais novo, recitava as Quatro Questões com a voz aguda trêmula; mais tarde tentava ver onde meu pai escondia o *matzoh* [pão ázimo] do meio, o *afikomen* (mas não conseguia surpreendê-lo no ato, do mesmo modo que não conseguia flagrar minha mãe forjando a mancha na toalha).

Eu gostava das canções e recitações do *seder*, do sentimento de recordação, um ritual que era cumprido havia milênios — a história do cativeiro no Egito, Moisés recém-nascido sendo recolhido nos juncos pela filha do faraó, a Terra Prometida onde manavam leite e mel. Eu era transportado, éramos todos, a um reino mítico.

O serviço do *seder* adentrava a madrugada, às vezes chegava até uma ou duas da manhã, e eu, com cinco ou seis anos, cabeceava de sono. E então, quando finalmente terminava, outro copo de vinho, o quinto, era deixado para "Elias" (que vinha durante a noite, diziam-me, e bebia o vinho deixado para ele). Como meu nome hebreu era Eliahu, Elias, deduzi que eu tinha o direito de beber o vinho; em um dos últimos *seders* antes da guerra, desci de fininho durante a noite e tomei o copo inteiro. Nunca me questionaram, nunca admiti o que tinha feito, mas minha ressaca na manhã seguinte e o copo vazio dispensaram qualquer confissão.

Eu apreciava todos os festivais judaicos de diferentes maneiras, especialmente o *Succoth*, o festival da colheita, pois era quando construíamos no jardim uma casa de folhas e ramos, a *succah*, com hortaliças e frutas penduradas no telhado. Quando o tempo estava bom, me deixavam dormir na *succah*; eu ficava contemplando as constelações lá em cima, através do telhado carregado de frutas.

Mas os festivais mais sérios, e os jejuns, traziam de volta para mim a atmosfera opressiva da sinagoga, uma atmosfera que chegava a ser horrenda no Dia do Perdão, Iom Kipur, quando todos nós (assim entendíamos) estávamos sendo pesados na balança. Tínhamos dez dias entre o Ano-Novo e o Dia do Perdão para nos arrependermos e reparar os maus atos e os pecados, e esse arrependimento atingia o clímax, comunitariamente, no Iom Kipur. Durante esse período, evidentemente, todos havíamos jejuado, sem pôr comida ou bebida na boca por 25 horas. Batíamos no peito e dizíamos "Fizemos isto, fizemos aquilo" — todos os possíveis pecados eram mencionados (incluindo muitos nos quais eu nem havia pensado), pecados de atos cometidos ou omitidos, pecados deliberados ou inadvertidos. O que apavorava era não sabermos se aquele bater de peito era convincente para Deus, ou mesmo se os pecados eram realmente perdoáveis. Não sabíamos se Ele nos reinscreveria no Livro da Vida, como dizia a liturgia, ou se morreríamos e seríamos lançados nas trevas remotas. As emoções intensas e tumultuadas da congregação expressavam-se na voz assombrosa de nosso velho *chazzan*, Schechter; quando moço, ele quisera ser cantor de ópera, mas nunca chegou a cantar fora da sinagoga. No final do serviço, Schechter tocava o *shofar*, e com isso o perdão se encerrava.

Quando eu tinha catorze ou quinze anos — não tenho certeza do ano — o serviço do Iom Kipur terminou de um modo inesquecível, pois Schechter, que sempre fazia um esforço tremendo para tocar o *shofar* — ficava rubro de tanta força —, produziu uma nota longa, que pareceu interminável, de uma beleza sobrenatural, e em seguida caiu morto diante de nós por cima da *bema*, a plataforma elevada onde ele cantava. Tive a sensação de que Deus matara Schechter, que enviara um raio para abatê-lo. O choque, para todos, foi atenuado pela reflexão de que, se havia um momento em que uma alma estava pura, perdoada, livre de todos os pecados, o momento era aquele, quando o *shofar* era tocado no encerramento do jejum, e que a alma de Schechter, quase com certeza, fugira do corpo naquele momento e fora diretamente para Deus. Foi uma morte santa, todos disseram; quisera Deus que cada um também pudesse morrer daquele modo chegada sua hora.

Curiosamente, meus dois avós haviam morrido no Iom Kipur (embora não em circunstâncias tão dramáticas quanto aquela); no início de cada Iom Kipur meus pais acendiam por eles grossas velas de luto, que ardiam devagarinho durante todo o período de jejum.

Em 1939 uma irmã mais velha de minha mãe, tia Violet, chegara de Hamburgo com sua família. O marido, Moritz, que era professor de química e veterano muitas vezes condecorado da Primeira Guerra Mundial, fora ferido por fragmentos de granada e mancava acentuadamente. Considerava-se um alemão patriota e não conseguia acreditar que algum dia seria forçado a fugir de seu país natal, mas a Kristallnacht* finalmente lhe fizera ver o destino que o aguardava, e à sua família, se eles não escapassem; assim, na primavera de 1939, eles conseguiram entrar na Inglaterra — e bem a tempo (todos os seus bens haviam sido confiscados pelos nazistas). Ficaram na casa do tio Dave, e brevemente na nossa, antes de irem para Manchester, onde abriram uma escola e um albergue para as pessoas que haviam sido deslocadas pela evacuação.

Ocupado, absorto em minha própria situação, eu ignorava grande parte do que se passava no mundo. Sabia pouco, por exemplo, sobre a evacuação de Dunquerque em 1940, após a queda da França, com a desvairada aglomeração de barcos contendo os últimos refugiados que escapariam do continente. Mas nas férias de dezembro de 1940, voltando de Braefield para casa, descobri que um casal flamengo, os Huberfeld, agora estava vivendo em um dos quartos de hóspedes de nossa casa. Haviam fugido em um barquinho horas antes da chegada dos alemães, e quase se perderam no mar. Não sabiam o que acontecera a seus

---

* A "Noite dos Cristais", 9 de novembro de 1938, em que judeus foram massacrados pelos nazistas na Alemanha. (N. T.)

pais, e com eles pela primeira vez tive alguma idéia do caos e do horror na Europa. Durante a guerra, a congregação em grande medida se dispersou — os rapazes apresentaram-se como voluntários ou foram convocados para o serviço militar, e centenas de crianças, como Michael e eu, foram evacuadas de Londres — e nunca tornou a se reconstituir realmente depois da guerra. Vários de seus membros foram mortos, lutando na Europa ou nos bombardeios em Londres; outros mudaram-se daquele que fora, antes da guerra, um subúrbio de classe média quase exclusivamente judeu. Antes da guerra, meus pais (e eu também) conheciam quase todas as lojas e lojistas de Cricklewood: o sr. Silver da farmácia, o sr. Bramson da mercearia, o sr. Ginsberg da quitanda, o sr. Grodzinski da padaria, o sr. Waterman do açougue kosher — e eu via todos eles em seus lugares na *shul*. Mas tudo isso desmoronou com o impacto da guerra e posteriormente, com as rápidas transformações do pós-guerra em nosso reduto londrino. Eu mesmo, traumatizado por Braefield, perdera o contato com a religião de minha infância, perdera o interesse por ela. Lamento que isso tenha acontecido comigo tão precocemente e de um modo tão abrupto; esse sentimento de tristeza ou nostalgia misturou-se estranhamente a um ateísmo raivoso, uma espécie de fúria contra Deus por ele não existir, não zelar por nós, não impedir a guerra, permitir que ela e todos os seus horrores acontecessem.

Seu nome hebreu era Zipporah ("pássaro"), mas entre nós, a família, ela era sempre tia Birdie. Para mim (ou talvez para todo mundo) nunca foi muito claro o que acontecera a Birdie quando pequena. Falava-se em uma lesão sofrida quando ela era recém-nascida, mas também em um distúrbio congênito, uma deficiência na glândula tireóide que a fez ter de tomar grandes doses de extrato de tireóide a vida toda. Birdie tinha rugas e dobras na pele, mesmo quando moça; de baixa estatura e inteligência reduzida, era a única com essas deficiências em meio à prole talentosa e robusta de meu avô. Mas não tenho certeza de que a considerava "deficiente"; para mim ela era apenas a tia Birdie, que morava conosco, uma parte essencial da casa, sempre presente. Tinha seu próprio quarto, ao lado do de meus pais, repleto de fotos, cartões-postais, tubos de areia colorida e bugigangas trazidas das férias da família desde o começo do século. O quarto tinha um cheiro de coisa pura, de cachorrinho novo, parecia, e às vezes era um oásis para mim, quando a casa estava tumultuada. Tia Birdie tinha uma caneta Parker gorda, amarela (a de minha mãe era laranja), e escrevia devagar em uma caligrafia infantil, informe. Eu sabia, obviamente, que havia "algo errado" com tia Birdie, algum problema médico, sabia que sua saúde era frágil e sua capacidade mental, limitada, mas nada disso realmente fazia diferença, não tinha importância para nós. Sabíamos simplesmente que ela estava ali, uma presença constante, firmemente devotada, e que ela parecia nos amar sem ambivalência e sem reservas.

Quando passei a me interessar por química e mineralogia, ela saía para coletar pequenos espécimes minerais para mim; eu nunca soube onde nem como ela os obtinha (nem como, depois de perguntar a Michael que livro eu gostaria de ganhar em meu bar mitzvah, ela conseguiu um exemplar das *Chronicles* de Froissart). Quando moça, Birdie trabalhara na firma de Raphael Tuck, uma editora de calendários e cartões-postais, integrando um exército de moças que pintavam e coloriam os cartões — aqueles cartões delicadamente coloridos foram muito populares, e muita gente os colecionou durante décadas; pareceram uma parte permanente da vida até a década de 1930, quando a fotografia e a impressão em cores começaram a tomar seu lugar e a tornar supérfluo o pequeno exército feminino de Tuck. Em 1936, depois de quase trinta anos trabalhando para a firma, Birdie foi dispensada, sem aviso nem ao menos um "obrigado", para não falar de uma aposentadoria ou indenização por tempo de serviço. Quando ela voltou para casa na noite da demissão (Michael contou-me anos depois), tinha no rosto uma expressão "ferida", e nunca se recuperou totalmente desse golpe.

Birdie era ao mesmo tempo tão serena, tão despretensiosa e onipresente que todos tendíamos a não lhe dar o devido apreço, a não perceber o papel crucial que ela desempenhava em nossa vida. Em 1951, quando ganhei uma bolsa de estudos de Oxford, foi Birdie quem me entregou o telegrama, me abraçou e me cumprimentou — derramando algumas lágrimas também, pois sabia que isso significava minha saída de casa.

Birdie tinha freqüentes crises noturnas de "asma cardíaca", ou insuficiência cardíaca, quando sentia falta de ar e ficava angustiada, precisando sentar-se na cama. Isso de início bastava nas crises mais brandas; porém, como as crises foram se agravando, meus pais lhe pediram que mantivesse uma sineta de bronze sobre o criado-mudo e a tocasse assim que se sentisse mal. Eu ouvia a sineta tocar em intervalos cada vez mais freqüentes, e comecei a me dar conta de que o mal era grave. Meus pais se levantavam imediatamente para tratar de Birdie — ela agora precisava de oxigênio e morfina para atravessar as crises — e eu, deitado, ouvia temeroso até que tudo se acalmasse e eu pudesse voltar a dormir. Uma noite, em 1951, a sineta tocou e meus pais correram para o quarto. Dessa vez, a crise era gravíssima: uma espuma rosada saía-lhe da boca — ela estava se afogando no líquido que se acumulara em seus pulmões — e não reagia ao oxigênio e à morfina. Como medida final, desesperada, para salvar-lhe a vida, minha mãe fez uma venissecção com um bisturi no braço de Birdie, na tentativa de amenizar a pressão sobre o coração. Mas não funcionou, e ela morreu nos braços de minha mãe. Quando entrei no quarto, vi sangue por toda parte — sangue na camisola e em seus braços, sangue cobrindo minha mãe, que a segurava. Até decifrar aquela cena medonha, por um instante pensei que minha mãe a matara.

Essa foi a primeira morte de um parente próximo, de alguém que fora uma parte essencial de minha vida, e me afetou muito mais profundamente do que eu esperava.

Quando eu era criança, minha casa me parecia estar repleta de música. Havia dois pianos Bechstein, um de armário e um de cauda, que às vezes eram tocados simultaneamente, sem falar na flauta de David e na clarineta de Marcus. Nessas ocasiões a casa era um verdadeiro aquário de sons, e eu me apercebia de um instrumento, depois de outro, à medida que andava pelos cômodos (curiosamente, os diferentes instrumentos não pareciam entrar em conflito; meu ouvido, minha atenção sempre selecionavam um ou outro).

Minha mãe não era tão musical quanto o resto de nós, mas ainda assim adorava os *lieder* de Brahms e Schubert; cantava-os às vezes, acompanhada por meu pai ao piano. Ela gostava especialmente de "Nachtgesang", de Schubert, a Canção da Noite, que cantava em uma voz suave, ligeiramente fora do tom. Essa é uma de minhas recordações mais antigas (nunca soube o que as palavras significavam, mas a canção me afetava de um modo estranho). Não posso ouvi-la sem lembrar com uma nitidez quase insuportável nossa sala de estar como era antes da guerra e a figura e a voz de minha mãe, reclinada sobre o piano, cantando.

Meu pai tinha talento musical; voltava dos concertos e tocava boa parte do programa de ouvido, transportando trechos para tons diferentes, brincando com eles de várias maneiras. Tinha um amor onívoro pela música, gostava da música popular e de concertos de câmara, de Gilbert and Sullivan e de Monteverdi. Apreciava particularmente as canções da época da Grande Guerra, que cantava em sua retumbante voz de baixo. Possuía uma vasta biblioteca de partituras em miniatura, e parecia ter sempre uma ou duas delas no bolso (de fato, geralmente ele ia para a cama levando uma delas, ou o dicionário de temais musicais que lhe dei tempos depois em seu aniversário).

Embora houvesse estudado com um pianista célebre e a toda hora corresse para o teclado de um dos pianos de casa, meu pai tinha os dedos tão grossos e curtos que não se ajustavam confortavelmente às teclas, e por isso em geral se contentava com fragmentos impressionistas. Mas queria muito que o resto de nós tivesse familiaridade com o piano, e contratou um brilhante professor, Francesco Ticciati, para todos nós. Ticciati treinou Marcus e David em Bach e Scarlatti com um empenho ardoroso e exigente (Michael e eu, mais novos, tocávamos duetos de Diabelli), e às vezes eu o escutava esmurrar o piano, frustrado, berrando "Não! Não! Não!" quando meus irmãos não conseguiam fazer as coisas direito. Então ele se sentava às vezes e tocava, e eu subitamente percebia o significado de *mestria*. Ele incutiu em nós um gosto imenso por Bach, especialmente, e toda a estrutura oculta de uma fuga. Disseram-me que, quando eu tinha cinco anos e me perguntavam o que eu mais gostava no mundo, eu respondia "salmão defumado e Bach". (Hoje, sessenta anos mais tarde, minha resposta seria a mesma.)

Encontrei a casa um tanto desolada, sem música, quando voltei para Londres em 1943. Marcus e David, agora fazendo o curso preparatório para medicina, também haviam partido — Marcus para Leeds, David para Lancaster; meu pai vivia ocupado, quando não com seus pacientes, com seus deveres de vigia de alarmes antiaéreos; minha mãe andava igualmente atarefada, realizando cirurgias de emergência até altas horas da noite no hospital em St. Albans. Eu acordava às vezes com o som da campainha da bicicleta, quando ela voltava, quase à meia-noite, da estação de Cricklewood.

Um grande regalo, na época, era ouvir Myra Hess, a famosa pianista, que, quase sozinha, parecia, lembrava os londrinos cercados pela guerra das belezas transcendentes e eternas da música. Freqüentemente nos reuníamos em volta do rádio na sala de estar para ouvir as transmissões de seus recitais na hora do almoço.

Depois da guerra, Marcus e David voltaram para prosseguir seus estudos de medicina em Londres. A flauta e o clarinete haviam ficado abandonados por longo tempo, mas David, como se evidenciou, tinha um talento musical excepcional, e era o único que realmente saíra ao nosso pai. David descobriu o blues e o jazz, apaixonou-se por Gershwin e introduziu um novo tipo de música em nossa casa outrora "clássica". David já era um excelente improvisador e pianista, com especial inclinação para tocar Liszt, mas agora a casa se enchia de novos nomes, como eu nunca tinha ouvido antes: "Duke" Ellington, "Count" Basie, "Jelly Roll" Morton, "Fats" Waller — e no alto-falante do novo gramofone a corda Decca que ele tinha em seu quarto, ouvi pela primeira vez as vozes de Ella Fitzgerald e Billie Holiday. Às vezes, quando David se sentava ao piano, eu não sabia muito bem se ele estava tocando um dos pianistas de jazz ou improvisando algo próprio — acho que ele se perguntava, meio a sério, se seria capaz de tornar-se compositor.

Tanto David como Marcus, acabei percebendo, embora parecessem suficientemente satisfeitos e ansiassem por se tornar médicos, tinham uma certa tristeza, um sentimento de perda e renúncia ligado a outros interesses dos quais abriram mão. Para David era a música, enquanto a paixão de Marcus, desde pequeno, fora por línguas. Tinha uma aptidão extraordinária para aprender idiomas, e era fascinado por sua estrutura; aos dezesseis anos, ele era fluente não só em latim, grego e hebraico, mas em árabe, língua em que fora autodidata. Poderia ter avançado, como seu primo Aubrey, e estudado línguas orientais na universidade, mas a guerra eclodiu. Ele e David teriam atingido a idade de alistamento militar em 1941-2, e ambos foram estudar medicina, em parte, para adiar o alistamento. Mas com isso, creio, eles adiaram suas outras aspirações, um adiamento que pareceu permanente e irreversível ao retornarem a Londres.

O sr. Ticciati, nosso professor de piano, morreu na guerra; quando regressei a Londres em 1943, meus pais encontraram uma professora para mim, a sra. Silver, uma mulher ruiva com um filho de dez anos, Kenneth, que nascera surdo. Dois anos depois de eu ter começado a estudar com ela, a sra. Silver engravidou. Eu vira as pacientes grávidas de minha mãe quase diariamente, quando elas vinham ao consultório em nossa casa, mas aquela era a primeira vez que via alguém tão próximo atravessar toda uma gestação. Houve alguns problemas no final da gravidez — ouvi falarem de "toxemia", e creio que minha mãe precisou fazer uma "versão" do bebê no útero, para que sua cabeça aparecesse primeiro na hora do parto. Finalmente a sra. Silver entrou em trabalho de parto e foi levada para o hospital (minha mãe em geral fazia os partos em casa, mas naquele caso aparentemente poderia haver complicações, talvez sendo necessária uma cesariana). Não me ocorreu que algo grave pudesse acontecer, mas quando voltei da escola naquele dia, Michael me disse que a sra. Silver morrera ao dar à luz, "na mesa de parto".

Fiquei chocado, indignado. Como uma mulher sadia podia morrer daquela maneira? Como minha mãe pudera deixar aquela catástrofe acontecer? Eu nunca soube dos detalhes daquele episódio, mas o próprio fato de minha mãe ter estado presente todo o tempo evocava a fantasia de que ela matara a sra. Silver — muito embora todo o meu conhecimento me convencesse da perícia e zelo de minha mãe, de que ela deparara com algo cujo controle estava além de sua capacidade, além da capacidade humana.

Temi por Kenneth, o filho da sra. Silver, cuja comunicação era feita principalmente em uma linguagem de sinais improvisada que só ele e a mãe conheciam. Perdi o impulso de tocar piano — fiquei sem tocar durante um ano —, e dali por diante não admiti nenhum outro professor.

Nunca senti que realmente conhecia ou entendia meu irmão Michael, embora ele fosse o mais próximo de mim em idade e tivesse ido comigo para Braefield. Obviamente, há uma grande diferença entre seis e onze anos (nossas respectivas idades quando fomos para Braefield), mas, além disso, parecia haver nele algo especial, que eu percebia (e talvez outros também percebessem), embora fosse difícil caracterizar e mais ainda entender. Ele era sonhador, desligado, profundamente introspectivo; parecia (mais do que qualquer um de nós) viver em um mundo próprio, embora lesse constantemente e com imensa concentração e tivesse uma memória espantosa para suas leituras. Quando estávamos em Braefield, ele adquirira uma preferência especial por *Nicholas Nickleby* e *David Copperfield*, e conhecia aqueles livros enormes de cor, embora jamais comparasse explicitamente Braefield a Dotheboys, nem o sr. B. ao monstruoso dr. Creakle. Mas as comparações sem dúvida estavam ali, implícitas, talvez até mesmo inconscientes, em sua mente.

Em 1941, com treze anos, Michael deixou Braefield e foi para Clifton College, onde foi impiedosamente atormentado. Ele não reclamava, como também não reclamara em Braefield, mas os sinais de trauma estavam lá para quem quisesse ver. Certa vez, no verão de 1943, pouco depois de eu ter voltado para Londres, tia Len, que estava passando um tempo conosco, deu uma olhada em Michael quando ele passou, seminu, vindo do banho. "Olhem as costas dele!", ela disse a meus pais, "está cheia de contusões e vergões! Se isso está acontecendo com seu corpo, o que não estará acontecendo com sua mente?" Meus pais pareceram surpresos, disseram que não tinham notado nada errado, pensavam que Michael estava gostando da escola, que não tinha problemas, que estava "bem".

Pouco tempo depois, Michael tornou-se psicótico. Achava que um mundo mágico e maligno estava se fechando ao seu redor (lembro-me de ele ter dito que as letras haviam sido "transformadas" no letreiro do ônibus número 60 para Aldwych, e a palavra *Aldwych* agora aparecia escrita em letras "de bruxos", como as do alfabeto rúnico). Michael passou a acreditar, muito particularmente, que era "o favorito de um deus flagelomaníaco", como ele o descreveu, que estava sujeito às atenções especiais de "uma Providência sádica". Novamente, não havia uma referência explícita ao nosso diretor flagelomaníaco em Braefield, mas não pude deixar de sentir que o sr. B. estava ali, amplificado, cosmificado agora em uma monstruosa Providência ou Deus. Fantasias messiânicas ou delírios apareceram na mesma época — se ele estava sendo torturado ou punido, isso ocorria porque ele era (ou poderia ser) o Messias, aquele por quem havíamos esperado durante tanto tempo. Dilacerado entre o êxtase e o tormento, a fantasia e a realidade, sentindo que estava enlouquecendo (ou talvez já houvesse enlouquecido), Michael não conseguia dormir nem descansar, andava agitado pela casa, batendo os pés, dardejando olhares, sofrendo alucinações, gritando.

Fiquei com pavor dele, por ele, pavor do pesadelo que estava se tornando realidade para ele, principalmente por reconhecer pensamentos e sentimentos semelhantes em mim mesmo, muito embora estivessem ocultos, enclausurados em meu íntimo. O que aconteceria com Michael, e algo parecido aconteceria comigo também? Foi nessa época que montei meu laboratório em casa e fechei as portas, fechei os ouvidos, para a loucura de Michael. Foi nessa época que procurei (e às vezes consegui) uma intensa concentração, uma absorção total nos mundos da mineralogia, da química e da física, na ciência — mergulhando neles eu me mantinha inteiro no caos. Não que eu fosse indiferente a Michael; condoía-me dele intensamente, de certo modo sabia o que ele estava passando, mas também precisava manter uma distância, criar meu próprio mundo na neutralidade e beleza da natureza, para não ser tragado pelo caos, loucura, sedução do mundo de Michael.

16

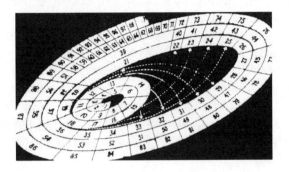

O JARDIM DE MENDELEIEV

Em 1945 foi reaberto o Science Museum, em South Kensington (estivera fechado durante grande parte da guerra), e vi pela primeira vez a gigantesca tabela periódica ali exposta. A estrutura da tabela ocupava toda uma parede no patamar superior; era um gabinete feito de madeira escura com noventa e tantos cubículos, cada qual com a inscrição do nome, peso atômico e símbolo químico de seu elemento. E em cada cubículo havia uma amostra do próprio elemento (pelo menos daqueles que haviam sido obtidos em sua forma pura e que podiam ser expostos com segurança). Intitulava-se "Classificação periódica dos elementos — segundo Mendeleiev".

Minha primeira visão foram os metais, dúzias deles em todas as formas possíveis: bastões, nacos, cubos, filamentos, folhas, discos, cristais. A maioria era cinzenta ou prateada, alguns tinham um leve toque de azul ou rosa. Uns poucos tinham superfícies com um pálido brilho amarelado, e por fim havia as cores vivas do cobre e do ouro.

No canto superior direito ficavam os metalóides, os elementos não metálicos — o enxofre em espetaculares cristais amarelos e o selênio em cristais vermelhos translúcidos, o fósforo, como cera de abelha descorada, mantido em água, e o carbono, em minúsculos diamantes e brilhante grafite preta. Havia o boro, um pó pardacento, e o silício encrespado e cristalino, com um intenso brilho negro como grafite ou galena.

À esquerda estavam os álcalis e os metais alcalino-terrosos — os metais de Humphry Davy —, todos (exceto o magnésio) em banhos protetores de nafta. Espantei-me com o lítio, no canto superior, que de tão leve flutuava na nafta, e também com o césio, mais abaixo, que formava uma poça cintilante sob a nafta. O césio, eu sabia, tinha um ponto de fusão baixíssimo, e aquele era um dia quente de verão. Mas eu não havia percebido plenamente, nos pedacinhos parcialmente oxidados que vira, que o césio puro era dourado — de início emitia apenas um lampejo, um clarão dourado, parecendo iridescente nos tons áureos; e então, olhado de um ângulo inferior, ele era de um dourado puro, fazia pensar em um mar de ouro ou mercúrio dourado.

Havia outros elementos que até então haviam sido para mim apenas nomes (ou, o que é quase tão abstrato, nomes associados a algumas propriedades físicas e pesos atômicos), e agora, pela primeira vez, eu os via concretos, em toda a sua diversidade. Naquele primeiro vislumbre sensorial, vi a tabela como um suntuoso banquete, uma gigantesca mesa servida com oitenta e tantos pratos diferentes.

Na época eu já estava familiarizado com as propriedades de muitos elementos, e sabia que formavam famílias naturais, como os metais alcalinos, os metais alcalino-terrosos e os halogênios. Essas famílias (que Mendeleiev chamou de "grupos") compunham as verticais da tabela, com os álcalis e os metais alcalino-terrosos à esquerda, os halogênios e gases inertes à direita e todo o resto em quatro grupos intermediários. Não estava tão clara a condição de "grupo" desses conjuntos intermediários — por exemplo, no Grupo VI eu via o enxofre, o selênio e o telúrio. Sabia que esses três (meus "malcheirogênios") eram muito semelhantes, mas o que o oxigênio estava fazendo ali, encabeçando o grupo? Devia haver algum princípio mais profundo em ação — e de fato havia. Estava impresso no topo da tabela, mas na impaciência de ver os elementos propriamente ditos, eu não prestara atenção. O princípio mais profundo, enxerguei então, era a valência. O termo *valência* não aparecia em meus livros vitorianos mais antigos, pois só fora desenvolvido adequadamente no final da década de 1850; Mendeleiev foi um dos primeiros a aproveitá-lo e usá-lo como base para classificação, a apresentar o que nunca antes estivera claro: um fundamento racional, uma base para o fato de os elementos parecerem formar famílias naturais, terem profundas analogias químicas e físicas uns com os outros. Mendeleiev então reconheceu oito desses grupos de elementos segundo suas valências.

Assim, os elementos do Grupo I, os metais alcalinos, tinham valência 1: um átomo desses elementos combinava-se a um átomo de hidrogênio, formando compostos como LiH, NaH, KH etc. (Ou com um átomo de cloro, formando compostos como LiCl, NaCl, KCl.) Os elementos do Grupo II, metais alcalino-terrosos, tinham valência 2, formando compostos como $CaCl_2$, $SrCl_2$, $BaCl_2$ etc. A maior valência, 8, pertencia aos elementos do Grupo VIII.

Embora Mendeleiev estivesse organizando os elementos segundo a valência, também ficava fascinado com os pesos atômicos e com o fato de cada elemento ter seu peso único e específico e por ser esse peso, em certo sentido, a assinatura atômica de cada elemento. E se, mentalmente, ele começou a indexar os elementos segundo suas valências, fez o mesmo tomando por base os pesos atômicos. Então, como por mágica, as duas classificações coincidiram. Pois se Mendeleiev organizasse os elementos simplesmente na ordem de seus pesos atômicos, em "períodos" horizontais, como os denominava, evidenciavam-se recorrências das mesmas propriedades e valências em intervalos regulares.

Cada elemento imitava as propriedades do elemento acima dele e era um membro ligeiramente mais pesado da mesma família. A mesma melodia, por assim dizer, era tocada em cada período — primeiro um metal alcalino, depois um metal alcalino-terroso, em seguida mais seis elementos, cada qual com sua valência ou tom —, mas tocada em um registro diferente (não pude deixar de pensar em oitavas e escalas, pois vivia em uma casa musical, e as escalas eram a periodicidade que eu ouvia diariamente). Era o agrupamento em oito que dominava a tabela periódica à minha frente, embora também se pudesse ver, na parte inferior da tabela, que elementos extras se interpunham nos octetos básicos: dez elementos extras para cada um nos Períodos 4 e 5, e dez mais catorze no Período 6.

E nessa progressão cada período completava-se e conduzia ao seguinte em uma série de voltas vertiginosas — pelo menos, essa foi a forma assumida em minha imaginação, fazendo com que a discreta tabela retangular diante de mim se transformasse, mentalmente, em espirais ou voltas. A tabela era uma espécie de escadaria cósmica, ou uma escada de Jacó que nos comunicava com um céu pitagórico.

Percebi subitamente, assombrado, quanto a tabela periódica deve ter surpreendido os primeiros que a viram — químicos que conheciam a fundo as sete ou oito famílias químicas, mas nunca se tinham dado conta da base daquelas famílias (a valência), nem de que todas elas podiam ser reunidas em um único sistema abrangente. Eu me perguntei se eles teriam reagido como eu àquela primeira revelação, exclamando: "Mas é claro! É tão óbvio! Como foi que não pensei nisso?".

Analisando com base nas verticais ou nas horizontais, chegava-se à mesma grade. Era como um jogo de palavras cruzadas, podiam-se procurar as chaves pela horizontal ou pela vertical, só que as palavras cruzadas são uma criação arbitrária, puramente humana, ao passo que a tabela periódica refletia uma ordem intrínseca da natureza, pois mostrava todos os elementos organizados em uma relação fundamental. Tive a sensação de que a tabela guardava um segredo maravilhoso, mas era um criptograma sem uma chave; *por que* essa relação era assim?

Quase não dormi naquela noite, de tão empolgado com a tabela periódica — que façanha incrível, pensei, arranjar todo o vasto e aparentemente caótico universo da química em uma

Tabela Periódica dos Elementos

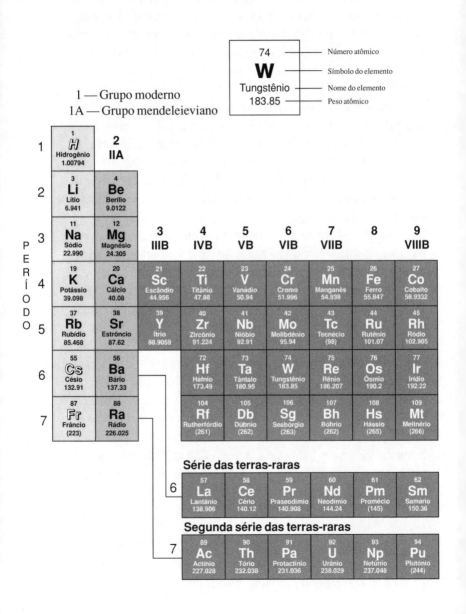

Legenda

- Metais alcalinos
- Metais alcalino-terrosos
- Metais de transição
- Outros metais
- Metalóides
- Halogênios
- Gases inertes

- C Sólido
- B Líquido
- H Gás

Tabela Periódica (parcial)

13 IIIA	14 IVA	15 VA	16 VIA	17 VIIA	18 VIIIA
					2 He Hélio 4.003
5 B Boro 10.81	6 C Carbono 12.011	7 N Nitrogênio 14.007	8 O Oxigênio 15.999	9 F Flúor 18.998	10 Ne Neônio 20.179
13 Al Alumínio 26.98	14 Si Silício 28.086	15 P Fósforo 30.974	16 S Enxofre 32.06	17 Cl Cloro 35.453	18 Ar Argônio 39.948

10	11 IB	12 IIB
28 Ni Níquel 53.69	29 Cu Cobre 63.546	30 Zn Zinco 55.39
46 Pd Paládio 106.42	47 Ag Prata 107.853	48 Cd Cádmio 112.41
78 Pt Platina 195.03	79 Au Ouro 195.967	80 Hg Mercúrio 200.59
110 (269)	111 (272)	112 (277)

31 Ga Gálio 69.72	32 Ge Germânio 72.59	33 As Arsênio 74.922	34 Se Selênio 78.96	35 Br Bromo 79.904	36 Kr Criptônio 83.80
49 In Índio 114.82	50 Sn Estanho 118.71	51 Sb Antimônio 121.75	52 Te Telúrio 127.60	53 I Iodo 126.905	54 Xe Xenônio 131.29
81 Tl Tálio 204.383	82 Pb Chumbo 207.2	83 Bi Bismuto (208.98)	84 Po Polônio (209)	85 At Astatínio (210)	86 Rn Radônio (222)
113	114 (285)	115	116 (289)	117	118 (293)

| 63 Eu Európio 151.95 | 64 Gd Gadolínio 157.25 | 65 Tb Térbio 158.925 | 66 Dy Disprósio 162.50 | 67 Ho Hólmio 164.93 | 68 Er Érbio 167.26 | 69 Tm Túlio 168.934 | 70 Yb Itérbio 173.04 | 71 Lu Lutécio 174.967 |

| 95 Am Amerício (243) | 96 Cm Cúrio (244) | 97 Bk Berquélio (247) | 98 Cf Califórnio (251) | 99 Es Einstênio (252) | 100 Fm Férmio (257) | 101 Md Mendelévio (258) | 102 No Nobélio (259) | 103 Lr Laurêncio (260) |

ordem abrangente. A primeira grande elucidação intelectual ocorrera com a definição de elementos por Lavoisier, com a descoberta de Proust de que os elementos se combinavam apenas em proporções distintas, e com a idéia de Dalton de que os elementos tinham átomos com pesos atômicos únicos. Com essas noções, a química entrou na maturidade e se tornou a química dos elementos. Mas os próprios elementos não eram vistos como organizados em alguma ordem; podiam ser listados alfabeticamente (como fez Pepper em *Playbook of metals*) ou segundo famílias ou grupos locais isolados. Nada além disso foi possível antes do feito de Mendeleiev. Ter percebido uma organização *geral*, um princípio abrangente unindo e relacionando *todos* os elementos tinha algo de milagroso, de genial. E isso me deu, pela primeira vez, a noção do poder transcendente da mente humana, do fato de que ela poderia estar equipada para descobrir ou decifrar os segredos mais íntimos da natureza, para ler a mente de Deus.

Não parei de sonhar com a tabela periódica durante o sono leve e agitado daquela noite — sonhei que ela era um cata-vento ou uma rodinha de fogos de artifício que girava e faiscava, depois que era uma grande nebulosa que ia do primeiro ao último elemento e continuava, depois do urânio, a avançar para o infinito. No dia seguinte eu mal podia esperar que o museu abrisse; corri para o andar superior, onde estava a tabela, assim que as portas foram destrancadas.

Nessa segunda visita, eu me peguei olhando a tabela de uma perspectiva quase geográfica, como uma região, um reino com diferentes territórios e fronteiras. Ver a tabela como uma região geográfica permitiu que eu me colocasse acima dos elementos individuais e distinguisse certos gradientes e tendências gerais. Os metais desde muito tempo já vinham sendo considerados uma categoria especial de elementos, e agora era possível ver, em um relance quase sinóptico, que eles ocupavam três quartos do reino, todos do lado oeste, a maioria ao sul, deixando apenas uma área pequena, principalmente a nordeste, para os metalóides. Uma linha recortada, como um Muro de Adriano,* separava os metais do resto, com alguns "semimetais", metalóides — arsênio, selênio — em cima do muro. Podíamos ver os gradientes de ácido e base, ver que os óxidos dos elementos "ocidentais" reagiam com a água formando álcalis e os óxidos dos elementos "orientais", a maioria metalóides, formavam ácidos. Podíamos perceber, também em um relance, que os elementos nas duas fronteiras do reino — os metais alcalinos e os halogênios, como o sódio e o cloro, por exemplo — mostravam a maior avidez um pelo outro e se combinavam com força explosiva, formando sais cristalinos com pontos de fusão elevados que se dissolviam formando eletrólitos, enquanto os elementos do meio formavam um tipo bem diferente de composto — líquidos ou gases voláteis que resistiam à corrente elétrica. Podíamos ver, lembrando como Volta, Davy e Berzelius classificaram os elementos em uma série elétrica, que aqueles mais fortemente eletropositivos estavam todos à esquerda, e os mais fortemente eletronegativos, à direita. Assim, não era apenas a localização dos elementos individuais, mas tendências de todo tipo que saltavam à vista quando olhávamos a tabela.

Ver a tabela, "entendê-la", mudou minha vida. Passei a visitá-la sempre que podia. Copiei-a em meu caderno de exercícios, andava com ela por toda parte; acabei por conhecê-la tão bem — visual e conceitualmente — que era capaz de traçar em minha mente os seus caminhos em todas as direções, subindo por um grupo, virando à direita em um período, parando, descendo por outro, e sempre sabendo onde eu estava. Era como um jardim, o jardim de números que eu amava quando pequeno — mas, diferentemente deste, a tabela era real, uma chave para o universo. Eu passava horas fascinado, totalmente absorto, vagueando e fazendo descobertas no jardim encantado de Mendeleiev.[1]

---

* Muralha construída na época do imperador Adriano, século II d. C., que se estendia por cerca de 120 quilômetros de comprimento no norte da Inglaterra. (N. T.)

[1] Anos depois, quando li C. P. Snow, descobri que sua reação ao ver pela primeira vez a tabela periódica foi muito semelhante à minha:

> Pela primeira vez eu vi uma miscelânea de fatos aleatórios organizada em determinado alinhamento e ordem. Toda a misturada, as receitas e a confusão da química

* * *

Havia no museu uma fotografia de Mendeleiev ao lado da tabela periódica; ele parecia uma mistura de Fagin e Svengali, barbudo, de cabeleira densa e olhos penetrantes, hipnóticos. Uma figura selvagem, extravagante, bárbara — mas tão romântica, a seu modo, quando o byrônico Humphry Davy. Eu precisava saber mais sobre ele, ler seu célebre *Princípios de química*, o livro no qual ele publicara sua tabela periódica pela primeira vez.

Seu livro, sua vida, não me desapontaram. Ele foi um homem de interesses enciclopédicos. Foi amante da música e amigo próximo de Borodin (que também era químico). E foi o autor do mais envolvente e vívido texto sobre química já publicado, *Princípios de química*.[2]

Como meus pais, Mendeleiev provinha de uma família enorme — era o mais novo de catorze filhos. Sua mãe com certeza reconheceu nele a inteligência precoce; quando o filho fez catorze anos, pressentindo que estaria perdido sem uma educação adequada, ela saiu da Sibéria e percorreu milhares de quilômetros a pé com ele, primeiro até a Universidade de Moscou (que não o aceitou por ser siberiano), e depois até São Petersburgo, onde lhe foi concedida uma bolsa de estudos para a carreira do magistério. (Sua mãe, na época com quase sessenta anos, aparentemente morreu de exaustão depois desse esforço prodigioso. Mende-

---

inorgânica de minha infância pareceram arrumar-se no esquema à minha frente — como se alguém, diante de uma selva, de repente a visse transformada em um jardim holandês.

[2] Em sua primeira nota de rodapé, no prefácio, Mendeleiev mencionou quão "satisfeita, livre e jubilosa é a vida no reino da ciência" — e podíamos ver, em cada sentença, que isso era plenamente verdade para ele. Seus *Princípios de química* cresceram como um ser vivo durante a vida de Mendeleiev, cada edição saindo maior, mais completa e mais madura que as precedentes, cada uma repleta de exuberantes e extensas notas de rodapé (as quais se tornaram tão enormes que nas últimas edições ocupavam mais páginas que o texto; de fato, algumas ocupavam nove décimos da página — creio que meu gosto pelas notas de rodapé, pelas excursões que elas proporcionam, foi em parte determinado pela leitura dos *Princípios*).

leiev, muito ligado a ela, mais tarde dedicaria *Princípios de química* à sua memória.)

Mesmo quando estudante em São Petersburgo, Mendeleiev demonstrou não só uma insaciável curiosidade, mas uma avidez por todo tipo de princípio organizador. Lineu, no século XVIII, classificara os animais e as plantas, e também os minerais (com muito menos êxito). Dana, na década de 1830, substituíra a antiga classificação física dos minerais por uma classificação química com cerca de uma dúzia de categorias principais (elementos nativos, óxidos, sulfetos etc.). Mas não existia uma classificação desse tipo para os próprios elementos, e já se conheciam aproximadamente sessenta deles. De fato, parecia quase impossível categorizar alguns. Onde situar o urânio, ou o berílio, esse intrigante metal ultraleve? Alguns dos elementos descobertos posteriormente eram ainda mais difíceis — o tálio, por exemplo, descoberto em 1862, em certos aspectos assemelhava-se ao chumbo, em outros, à prata, em outros, ao alumínio e, em outros ainda, ao potássio.

Quase vinte anos se passaram desde que Mendeleiev começou a se interessar pela classificação até o surgimento de sua tabela periódica em 1869. Esse longo período de reflexão e incubação (tão semelhante, de certa forma, ao de Darwin antes da publicação de *A origem das espécies*) talvez explique por que, ao publicar *Princípios de química*, Mendeleiev pôde apresentar uma vastidão de conhecimentos e uma visão muito mais abrangente que as de qualquer um de seus contemporâneos — alguns dos quais também tinham uma clara idéia da periodicidade, mas não foram capazes de dar uma estrutura à profusão de detalhes que ele organizou.

Mendeleiev contou que escrevia as propriedades e pesos atômicos dos elementos em cartões, embaralhava-os e os estudava constantemente durante suas longas viagens de trem pela Rússia, jogando uma espécie de "paciência química" (como ele a chamava), tateando à procura de alguma ordem, de um sistema que pudesse dar um sentido a todos os elementos, suas propriedades e pesos atômicos.

Houve outro fator crucial. Durante décadas existira uma grande confusão com respeito aos pesos atômicos de muitos elementos. Só quando ela foi finalmente esclarecida, na conferência de Karlsruhe de 1860, Mendeleiev e outros puderam começar a pensar na elaboração de uma taxonomia completa dos elementos. Mendeleiev fora a Karlsruhe com Borodin (uma viagem musical além de química, pois foram parando pelo caminho para tocar nos órgãos das igrejas). Com os antigos pesos atômicos da era pré-Karlsruhe, podia-se ter uma idéia de tríades ou grupos locais, mas não era possível ver que havia uma relação numérica *entre* os próprios grupos.[3] Só quando Cannizzaro mostrou como era possível obter pesos atômicos confiáveis e salientou, por exemplo, que os pesos atômicos corretos dos metais alcalino-terrosos (cálcio, estrôncio e bário) eram 40, 88 e 137 (e não 20, 44 e 68, como antes se acreditava), ficou claro quanto esses elementos eram próximos dos metais alcalinos — potássio, rubídio e césio. Essa proximidade, e por sua vez a proximidade dos pesos atômicos dos halogênios — cloro, bromo e iodo —, foi o que impulsionou Mendeleiev, em 1868, a elaborar uma pequena tabela justapondo esses três grupos:

Cl	35,5	K	9	Ca	40
Br	80	Rb	85	Sr	88
I	127	Cs	133	Ba	137

E foi nessa etapa, quando viu que o arranjo dos três grupos de elementos em ordem de peso atômico produzia um padrão repe-

---

[3] Mendeleiev não foi o primeiro a perceber que os pesos atômicos dos elementos tinham algum significado. Quando Berzelius descobriu os pesos atômicos dos metais alcalino-terrosos, Döbereiner surpreendeu-se com o fato de o peso atômico do estrôncio ser intermediário entre o do cálcio e o do bário. Seria um acidente, pensou Berzelius, ou uma indicação de algo importante e geral? O próprio Berzelius descobrira o selênio em 1817, e imediatamente percebeu que (no aspecto das propriedades químicas) esse elemento "situava-se" entre o enxofre e o telúrio. Döbereiner foi além e revelou também uma relação quantitativa, pois o peso atômico do selênio estava a meio caminho entre os dos outros dois elementos. E quando o lítio foi descoberto, ainda naquele ano (também no laboratório improvisado de Berzelius), Döbereiner observou que ele completava outra tríade, de metais alcalinos: lítio, sódio e potássio. Além disso, achando que a diferença de pesos atômicos entre o cloro e o iodo era grande demais, Döbereiner julgou (como Davy antes dele) que devia existir um terceiro elemento análogo a esses dois, um halogênio, com um peso atômico intermediário. (Esse elemento, o bromo, foi descoberto alguns anos depois.)

titivo — um halogênio seguido por um metal alcalino e então por um metal alcalino-terroso —, que Mendeleiev, julgando que esse poderia ser um fragmento de um padrão mais amplo, avançou para a idéia de que haveria uma periodicidade governando *todos* os elementos — uma Lei Periódica.

A primeira tabela pequena de Mendeleiev tinha de ser preenchida e então ampliada em todas as direções, como quem completa um jogo de palavras cruzadas; isso, em si, requeria algumas especulações ousadas. Que elemento, ele se perguntou, seria quimicamente afim dos metais alcalino-terrosos, mas seguiria o lítio em peso atômico? Aparentemente não existia um elemento com tais características — ou seria o berílio, em geral considerado trivalente, com um peso atômico de 14,5? E se, em vez disso, ele fosse bivalente, e portanto com um peso atômico não de 14,5 mas de 9? Nesse caso, ele se seguiria ao lítio e se encaixaria perfeitamente no espaço vago.

Movendo-se entre o cálculo consciente e o palpite, entre a intuição e a análise, Mendeleiev em poucas semanas chegou a uma tabulação de trinta e tantos elementos em ordem ascendente de peso atômico, uma tabulação que agora indicava haver uma recapitulação de propriedades a cada oitavo elemento. E na noite de 16 de fevereiro de 1869, conta-se, Mendeleiev teve um sonho no qual viu quase todos os elementos conhecidos organizados em uma grande tabela. Na manhã seguinte, ele a pôs no papel.[4]

As "tríades" de Döbereiner, com sua implicação de uma correlação entre peso atômico e característica atômica, suscitaram reações diversas. Berzelius e Davy duvidaram da importância daquela "numerologia", como a consideravam; outros, porém, ficaram intrigados e se perguntaram se algum significado obscuro mas fundamental estaria oculto nos números de Döbereiner.

[4] Esse, pelo menos, é o mito aceito, que foi depois divulgado pelo próprio Mendeleiev, de um jeito um tanto parecido com o modo como Kekulé descreveria sua descoberta do anel de benzeno anos mais tarde, como resultado de um sonho com cobras mordendo a própria cauda. Mas, examinando a tabela que Mendeleiev de fato esboçou, podemos ver que ela é cheia de transposições, cancelamentos e cálculos nas margens. Isso ilustra vividamente a luta criativa para entender o que se passava em sua mente. Mendeleiev não despertou do sonho com todas as respostas prontas, e sim, o que talvez seja mais interessante, acordou com uma sensação de revelação, de modo que em horas conseguiu resolver muitas das questões que o haviam absorvido por anos.

A lógica e o esquema da tabela de Mendeleiev eram tão claros que certas anomalias sobressaíam de imediato. Certos elementos pareciam estar no lugar errado, enquanto alguns lugares não tinham elementos. Com base em seu imenso conhecimento da química, Mendeleiev reposicionou meia dúzia de elementos, contestando a valência e o peso atômico que na época lhes eram atribuídos. Com isso, demonstrou uma audácia que chocou alguns de seus contemporâneos (Lothar Meyer, por exemplo, julgou monstruoso mudar pesos atômicos simplesmente porque eles não se "enquadravam").

Em um ato de suprema confiança, Mendeleiev reservou diversos espaços vazios em sua tabela para elementos "ainda desconhecidos". Afirmou que, inferindo com base nas propriedades dos elementos acima e abaixo (e também, em certo grau, nas propriedades dos elementos de ambos os lados), era possível fazer uma previsão confiante de como seriam esses elementos desconhecidos. E foi exatamente o que ele fez em sua tabela de 1871, predizendo com detalhes um novo elemento ("eca-alumínio") que estaria abaixo do alumínio no Grupo III. Quatro anos depois, um elemento exatamente com essas características foi descoberto pelo químico francês Lecoq de Boisbaudran, recebendo o nome de gálio (por patriotismo ou em matreira referência a seu próprio nome, Lecoq, que significa galo).

A exatidão da previsão de Mendeleiev foi espantosa: ele predisse um peso atômico de 68 (Lecoq calculou 69,9) e uma gravidade específica de 5,9 (Lecoq calculou 5,94), e supôs corretamente um grande número de outras propriedades físicas e químicas do gálio — sua fusibilidade, seus óxidos, sais e valência. Houve, de início, algumas discrepâncias entre as observações de Lecoq e as predições de Mendeleiev, mas todas foram rapidamente elucidadas, dando razão ao segundo. De fato, afirmou-se que Mendeleiev tinha mais noção das propriedades do gálio — um elemento que ele nunca vira — do que o homem que o descobrira.

Subitamente, Mendeleiev deixou de ser visto como um mero teórico ou sonhador e foi reconhecido como um homem que descobrira uma lei básica da natureza; a tabela periódica transformou-se de um esquema bonitinho mas não comprovado em um guia inestimável capaz de permitir que uma imensa quantidade de informações químicas antes desconexas viesse a ser coordenada. A tabela também poderia ser usada para sugerir todo tipo de pesquisas no futuro, incluindo uma busca sistemática de elementos "faltantes". "Antes da promulgação desta lei", diria Mendeleiev quase vinte anos mais tarde, "os elementos químicos eram meros fatos fragmentários e acidentais da Natureza; não havia razão especial para esperarmos a descoberta de novos elementos."

Agora, com a tabela periódica de Mendeleiev, não só se poderia esperar que fossem descobertos, como predizer suas propriedades. Mendeleiev fez duas outras previsões igualmente detalhadas, que se confirmaram com a descoberta do escândio e do germânio alguns anos depois.[5] Também nesses casos, como ocorrera com o gálio, ele fez suas predições com base em analogias e linearidades, intuindo que as propriedades físicas e químicas desses elementos desconhecidos, bem como seus pesos atômicos, estariam entre as dos elementos vizinhos em seus grupos verticais.[6]

---

[5] Em uma nota de rodapé de 1889 — até suas conferências tinham notas de rodapé, pelo menos nas versões impressas — ele acrescentou: "Prevejo mais alguns elementos, mas não com a mesma certeza de antes". Mendeleiev tinha plena ciência da lacuna entre o bismuto (com peso atômico 209) e o tório (232), e supôs que deveriam existir vários elementos que a preenchiam. Tinha mais certeza quanto ao elemento imediatamente seguinte ao bismuto — "um elemento análogo ao telúrio, que poderíamos chamar dvi-telúrio". Esse elemento, o polônio, foi descoberto pelos Curie em 1898, e quando finalmente foi isolado, apresentou quase todas as propriedades preditas por Mendeleiev. (Em 1899, Mendeleiev visitou os Curie em Paris e saudou o rádio como seu "ecabário".)

Na edição final de *Princípios de química*, Mendeleiev fez muitas outras predições — incluindo dois análogos mais pesados do manganês — um "ecamanganês" com peso atômico aproximado de 99, e um "trimanganês" com peso atômico de 188; infelizmente, ele não chegou a vê-los. O "trimanganês" — rênio — só foi descoberto em 1925, o último dos elementos naturalmente existentes a ser descoberto; o "ecamanganês" — tecnécio — foi o primeiro novo elemento a ser produzido artificialmente, em 1937.

Mendeleiev também anteviu, por analogia, alguns elementos seguintes ao urânio.

[6] Em um notável exemplo de sincronismo, na década seguinte à conferência de Karlsruhe surgiram nada menos do que *seis* classificações desse tipo, totalmente independentes umas das outras: a de De Chancourtois, na França, a de Odling e a de Newlands, na Inglaterra, a de Lothar Meyer, na Alemanha, a de Hinrichs, nos Estados Unidos, e finalmente a de Mendeleiev, na Rússia, todas apontando para uma lei periódica.

Curiosamente, a chave de toda a tabela não foi antevista por Mendeleiev, e talvez não pudesse ter sido, pois o problema não era faltar um elemento, mas toda uma família ou grupo. Quando o argônio foi descoberto, em 1894 — um elemento que não parecia enquadrar-se em lugar nenhum na tabela —, Mendeleiev a princípio negou que ele pudesse ser um elemento, julgando que se tratasse de uma forma mais pesada de nitrogênio (N_3, análogo ao ozô-

---

De Chancourtois, mineralogista francês, foi o primeiro a elaborar uma classificação nesses moldes; em 1862 — apenas dezoito meses depois de Karlsruhe — ele escreveu os símbolos de 24 elementos em uma espiral na superfície de um cilindro vertical, situados em alturas proporcionais a seu peso atômico, de modo que os elementos com propriedades semelhantes ficassem um embaixo do outro. O telúrio ocupava o ponto médio da hélice; por isso, ele a chamou de "parafuso telúrico", *vis tellurique*. Mas o *Comptes Rendu*, quando publicou seu artigo, grotescamente omitiu a ilustração crucial, o que, entre outros problemas, deu cabo de todo o esforço, legando ao descaso as idéias de De Chancourtois.

Newlands, na Inglaterra, não teve muito mais sorte. Também ele organizou os elementos conhecidos segundo pesos atômicos crescentes e, percebendo que cada oitavo elemento parecia ser análogo ao primeiro, propôs a "Lei dos Oitavos", segundo a qual "o oitavo elemento, a contar de outro elemento determinado, é uma espécie de repetição do primeiro, como a oitava nota em uma oitava na música". (Se os gases inertes fossem conhecidos na época, obviamente teria sido cada nono elemento o semelhante ao primeiro.) Uma comparação demasiado literal com a música e até a sugestão de que essas oitavas poderiam ser uma espécie de "música cósmica" suscitaram uma resposta sarcástica no encontro da Chemical Society, onde Newlands apresentou sua teoria; disseram que ele poderia ter tido o mesmo êxito se houvesse organizado os elementos em ordem alfabética.

Não há dúvida de que Newlands, mais ainda que De Chancourtois, chegou bem perto de uma lei periódica. Como Mendeleiev, Newlands teve a coragem de inverter a ordem de certos elementos quando seu peso atômico não condizia com o que parecia ser sua posição adequada na tabela (embora ele não fizesse predições para elementos desconhecidos, como Mendeleiev).

Lothar Meyer também esteve na conferência de Karlsruhe, sendo um dos primeiros a usar em uma classificação periódica os pesos atômicos recalculados que foram publicados na conferência. Em 1868 ele apresentou uma elaborada tabela periódica de dezesseis colunas (mas a publicação dessa tabela foi deixada para depois do surgimento da tabela de Mendeleiev). Lothar Meyer atentou especialmente para as propriedades físicas dos elementos e sua relação com os pesos atômicos; em 1870, ele publicou um célebre gráfico relacionando os pesos atômicos dos elementos conhecidos com seus "volumes atômicos" (definidos como a razão entre peso atômico e densidade), um gráfico que mostrava pontos altos para os metais alcalinos e pontos baixos para os densos metais de átomos pequenos do Grupo VIII (os metais do grupo do ferro e platina), com todos os outros elementos aparecendo organizadamente entre esses dois extremos. Esse gráfico revelou-se um poderoso argumento em favor de uma lei periódica, e muito contribuiu para a aceitação do trabalho de Mendeleiev.

nio, O_3). Mas então ficou evidente que *havia* um espaço para ele, exatamente entre o cloro e o potássio, e, na verdade, para todo um grupo situado entre os halogênios e os metais alcalinos em cada período. Isso foi percebido por Lecoq, que foi além e predisse os pesos atômicos dos outros cinco gases ainda não conhecidos — os quais, de fato, não tardaram a ser descobertos. Com a descoberta do hélio, neônio, criptônio e xenônio, ficou claro que esses gases formavam um grupo periódico perfeito, um grupo tão inerte, tão modesto, tão discreto que durante um século escapou à atenção dos químicos.[7] Os gases inertes eram idênticos em sua incapacidade de formar compostos; aparentemente, tinham valência zero.[8]

Mas, na época do descobrimento de seu "Sistema Natural", Mendeleiev ignorava ou negava conhecer tentativas comparáveis à sua. Mais tarde, quando já conquistara renome e fama, tornou-se mais cônscio, ou talvez mais generoso, menos ameaçado pela idéia de existirem co-descobridores ou precursores. Em 1889, quando foi convidado a proferir a Conferência Faraday, em Londres, ele prestou um comedido tributo aos que vieram antes dele.

[7] Cavendish, porém, quando inflamou o nitrogênio e o oxigênio do ar, observara que uma pequena quantidade ("não mais que 1/120 do total") era totalmente resistente à combinação, mas ninguém deu atenção a isso até a década de 1890.

[8] Creio que às vezes eu me identificava com os gases inertes, e em outras ocasiões os antropomorfizava, imaginando-os solitários e isolados, ansiando por se ligarem. Será que a ligação, ligar-se a outros elementos, era absolutamente impossível para eles? Não poderia o flúor, o mais ativo, o mais tumultuoso dos halogênios — tão ávido por combinar-se que rechaçara os esforços para isolá-lo por mais de um século —, não poderia o flúor, se lhe dessem a chance, ligar-se ao menos com o xenônio, o mais pesado dos gases inertes? Estudei atentamente tabelas de constantes físicas e decidi que uma combinação como essa era, em princípio, possível.

No início da década de 1960, exultei ao saber (muito embora na época meus interesses estivessem voltados para outras coisas) que o químico americano Neil Bartlett conseguira preparar um composto nesses moldes — um triplo composto de platina, flúor e xenônio. Subseqüentemente foram produzidos fluoretos de xenônio e óxidos de xenônio.

Freeman Dyson escreveu-me contando que, quando menino, adorava a tabela periódica e os gases inertes — também ele os via, em suas garrafas, no Science Museum em South Kensington — e que, anos mais tarde, empolgou-se quando lhe mostraram um espécime de xenato de bário, vendo o fugidio e não reativo gás preso firmemente em um belo cristal:

> Para mim também a tabela periódica era uma paixão. [...] Quando menino, ficava horas diante do mostruário, pensando como era maravilhoso que cada uma daquelas folhas de metal e jarros de gás tivessem sua própria personalidade distinta. [...] Um dos momentos memoráveis de minha vida ocorreu quando Willard Libby veio a Princeton com um pequeno jarro cheio de cristais de xenato de bário. Um composto estável, parecido com sal comum, porém muito mais pesado. Essa era a mágica da química, ver o xenônio preso em um cristal.

A tabela periódica era incrivelmente bela, a coisa mais bela que eu já vira. Eu nunca seria capaz de analisar adequadamente o que "beleza" significava neste caso para mim — simplicidade? coerência? ritmo? inevitabilidade? Ou talvez a simetria, a abrangência do fato de cada elemento estar firmemente encerrado em seu lugar, sem lacunas, sem exceções, cada coisa subentendendo todo o resto.

Fiquei transtornado quando um químico de imensa erudição, J. W. Mellor, cujo vasto tratado sobre química inorgânica eu começara a folhear, tachou a tabela periódica de "superficial" e "ilusória", não mais verdadeira, não mais fundamental que qualquer outra classificação *ad hoc*. Isso me fez entrar brevemente em pânico, tornou imperativo verificar se a idéia da periodicidade sustentava-se em outros aspectos além da característica química e da valência.

Essa investigação tirou-me do laboratório e me levou a um novo livro que imediatamente se tornou minha bíblia: *CRC Handbook of Physics and Chemistry*, um livro grosso, quase cúbico, de quase 3 mil páginas, contendo tabelas de todas as propriedades físicas e químicas imagináveis, muitas das quais decorei obsessivamente.

Aprendi as densidades, pontos de fusão, pontos de ebulição, índices de refração, solubilidade e formas cristalinas de todos os elementos e centenas de seus compostos. Absorvi-me registrando tudo isso em gráficos, relacionando pesos atômicos a cada propriedade física que me viesse à mente. Quanto mais eu explorava, mais empolgado e eufórico ficava, pois quase tudo o que eu analisava apresentava periodicidade: não só densidade, ponto de fusão, ponto de ebulição, mas também condutividade de calor e eletricidade, forma cristalina, dureza, mudanças de volume com fusão, expansão com calor, potenciais eletrolíticos etc. Portanto, não era só a valência, eram também as propriedades físicas. O poder, a universalidade da tabela periódica aumentaram para mim com essa confirmação.

Havia exceções às tendências mostradas na tabela periódica, e também anomalias — algumas delas gritantes. Por quê, por exemplo, o manganês era tão mau condutor de eletricidade, quando os elementos que o ladeavam eram razoavelmente bons condutores? Por que o magnetismo forte limitava-se aos metais férreos? Mas essas exceções, eu de certa forma estava convencido, refletiam a atuação de mecanismos adicionais especiais, e em nenhum aspecto invalidavam o sistema geral.[9]

Usando a tabela periódica, tentei fazer previsões também: procurei predizer as propriedades de dois elementos ainda desconhecidos, como fizera Mendeleiev para o gálio e os outros. Eu tinha observado, ao ver pela primeira vez a tabela no museu, que havia nela quatro lacunas. O último dos metais alcalinos, o elemento 87, ainda estava faltando, assim como o último dos halogênios, o elemento 85. O elemento 43, abaixo do manganês, também estava ausente, embora no espaço a ele reservado estivesse escrito '"?Masúrio", sem peso atômico.[10] Finalmente, também faltava o elemento 61, das terras-raras.

---

[9] Uma anomalia espetacular revelou-se nos hidretos dos metalóides — uma turma medonha, hostil à vida como quase nenhuma outra. Os hidretos de arsênio e antimônio eram extremamente venenosos e fétidos; os hidretos do silício e do fósforo inflamavam-se espontaneamente. Eu fabricara em meu laboratório os hidretos do enxofre (H_2S), selênio (H_2Se) e telúrio (H_2Te), todos elementos do Grupo VI, todos eles gases perigosos e malcheirosos. O hidreto do oxigênio, o primeiro elemento do Grupo VI, poderíamos prever por analogia, também seria um gás inflamável, venenoso e fedorento, que se condensava a aproximadamente 100 °C negativos, formando um líquido asqueroso. Mas, em vez disso, esse hidreto era a água, H_2O — estável, potável, inodora, benigna e com uma profusão de propriedades especiais, de fato únicas (sua expansão quando congelada, sua grande capacidade térmica, sua capacidade como solvente ionizante etc.), que a tornavam indispensável ao nosso planeta aquático, indispensável à própria vida. Como se explicava tamanha anomalia? As propriedades da água não invalidaram, para mim, a colocação do oxigênio na tabela periódica, mas me deixaram imensamente curioso para saber por que ele era tão diferente de seus análogos. (Essa questão, descobri, só foi resolvida recentemente, na década de 1930, quando Linus Pauling delineou a ligação de hidrogênio.)

[10] Ida Tacke Noddack integrou uma equipe de cientistas alemães que descobriu o elemento 75, o rênio, em 1925-6. Noddack também afirmou ter descoberto o elemento 43, que denominou masúrio. Mas essa afirmação não pôde ser provada, e Noddack caiu em descrédito. Em 1934, quando Fermi disparou nêutrons contra urânio e julgou ter produzido o elemento 93, Noddack declarou que ele estava errado, que na verdade ele desintegrara o átomo. Mas, como ela perdera a boa reputação devido ao elemento 43, ninguém lhe deu atenção. Se a tivessem ouvido, a Alemanha provavelmente teria possuído a bomba atômica e a história do mundo seria outra. (Essa história foi contada por Glenn Seaborg quando ele discorreu sobre suas recordações em uma conferência em novembro de 1997.)

Era fácil predizer as propriedades do metal alcalino desconhecido, pois os metais alcalinos eram todos muito semelhantes, e bastava inferir com base nos outros elementos do grupo. O 87, calculei, seria o mais pesado, mais fusível e mais reativo de todos; seria líquido em temperatura ambiente e, como o césio, teria um brilho dourado. De fato, poderia ser da cor salmão, como o cobre derretido. Seria ainda mais eletropositivo que o césio, e teria um efeito fotoelétrico ainda mais forte. Como os outros metais alcalinos, daria às chamas uma cor esplêndida — provavelmente azulada, pois as cores das chamas do lítio ao césio tendiam para essa cor.

Era igualmente fácil predizer as propriedades do halogênio desconhecido, pois os halogênios também eram muito semelhantes, e o grupo mostrava tendências lineares simples.

Mas predizer as propriedades dos elementos 43 e 61 seria mais difícil, pois não eram elementos "típicos" (na acepção de Mendeleiev). E foi precisamente com esses elementos atípicos que Mendeleiev teve problemas, sendo impelido a rever sua tabela original. Os metais de transição apresentavam uma espécie de homogeneidade. Eram todos metais, todos os trinta, e a maioria, como o ferro, era dura e resistente, densa e infusível. Isso se aplicava especialmente aos pesados elementos de transição, como os metais do grupo da platina e os metais filamentosos que tio Dave me revelara. Meu interesse pelas cores me fez ver outro fato: enquanto os compostos de elementos típicos eram em geral incolores, como o sal comum, os compostos de metais de transição com freqüência tinham cores fortes: os minerais, sais de manganês e de cobalto eram rosados, os sais de níquel e cobre, verdes, o vanádio, de muitas cores; e às suas numerosas cores correspondiam numerosas valências. Todas essas propriedades indicaram-me que os elementos de transição eram um tipo especial de animal — diferente, em sua natureza, dos elementos típicos.

Ainda assim era possível arriscar o palpite de que o elemento 43 teria algumas das características do manganês e do rênio, os outros metais de seu grupo (por exemplo, teria valência 7 no máximo, e formaria sais coloridos); mas que seria genericamente semelhante aos metais de transição vizinhos em seu período —

nióbio e molibdênio à esquerda, e aos metais leves do grupo da platina à direita. Portanto, também se podia predizer que ele seria um metal brilhante, duro, prateado, com densidade e ponto de fusão semelhantes aos daqueles elementos. Seria o tipo de metal que Tio Tungstênio adoraria, e exatamente o tipo de metal que teria sido descoberto por Scheele na década de 1770 — isto é, se existisse em quantidades apreciáveis.

A predição mais difícil, em qualquer detalhe, seria a do elemento 61, o metal faltante das terras-raras, pois esses elementos eram, em muitos aspectos, os mais desnorteantes.

Quem primeiro me falou sobre as terras-raras deve ter sido minha mãe, que era uma fumante inveterada e acendia um cigarro atrás do outro com um pequeno isqueiro Ronson. Certo dia ela me mostrou a "pedra" do isqueiro, retirando-a do mecanismo, e explicou que não era realmente uma pedra, e sim um metal que produzia faíscas quando raspado. Esse "misch metal" — consistindo sobretudo em cério — era uma mistura de meia dúzia de metais, todos eles muito semelhantes, e todos eles terras-raras. Esse nome curioso, terras-raras, tinha algo de mítico, de conto de fadas, e eu imaginava as terras-raras não só como raras e preciosas, mas também dotadas de qualidades secretas, especiais, que nenhum outro elemento possuía.

Mais tarde, tio Dave contou-me sobre as extraordinárias dificuldades que os químicos tiveram para separar as terras-raras individuais — havia uma dúzia ou mais delas —, pois eram espantosamente semelhantes, às vezes indistinguíveis em suas propriedades físicas e químicas. Seus minérios (que, por alguma razão, pareciam provir todos da Suécia) nunca continham um único elemento das terras-raras, mas todo um grupo, como se a própria natureza tivesse dificuldade para distingui-los. A análise desses elementos compôs toda uma saga na história da química, uma saga de pesquisas empolgantes (e freqüentes frustrações) nos cem anos ou mais que foram necessários para identificá-los. De fato, a separação dos últimos elementos das terras-raras ficou além da capacidade da química oitocentista, e foi só com o uso de métodos físicos como a espectroscopia e a cristalização fracionada que eles finalmente foram separados. Nada menos que 15 mil cristalizações fracionadas, explorando as diferenças infinitesimais na solubilidade de seus sais, foram necessárias para separar os dois últimos, itérbio e lutécio — um esforço que levou anos.

Apesar disso, houve químicos que ficaram fascinados com os intransigentes elementos das terras-raras e passaram a vida toda tentando isolá-los, pressentindo que seu estudo poderia lançar uma luz inesperada sobre todos os elementos e suas periodicidades:

> As terras-raras [escreveu William Crookes] nos confundem em nossas pesquisas, nos desnorteiam em nossas especulações e nos assombram até em nossos sonhos. Estendem-se como um mar desconhecido diante de nós, zombando, desconcertando e murmurando estranhas revelações e possibilidades.

Se os químicos se sentiram desnorteados, confusos e assombrados pelos elementos das terras-raras, Mendeleiev exasperou-se tentando situá-los em sua tabela periódica. Só eram conhecidas cinco terras-raras quando ele elaborou sua primeira tabela, em 1869, mas nas décadas seguintes foram sendo descobertas muitas outras, e a cada descoberta o problema aumentava, pois todas, com pesos atômicos consecutivos, situavam-se (ao que parecia) em um único espaço na tabela, espremidas, por assim dizer, entre dois elementos contíguos no Período 6. Outros também lutaram para situar os elementos de semelhança enlouquecedora, frustrados adicionalmente por uma grande incerteza quanto ao número de elementos das terras-raras que poderiam vir a ser descobertos.

Muitos químicos, em fins do século XIX, sentiram-se inclinados a situar os elementos de transição e as terras-raras em "blocos" separados, pois era preciso uma tabela periódica com mais espaço, mais dimensões para acomodar aqueles elementos "adicionais" que pareciam interromper os oito grupos básicos da tabela. Tentei elaborar diferentes formas de tabela periódica para acomodar esses blocos, experimentando tabelas em espiral e tridimensionais. Descobri depois que muitos outros haviam feito o mesmo: mais de cem versões da tabela apareceram enquanto Mendeleiev era vivo.

Todas as tabelas que fiz, e todas as que vi, terminavam com incerteza, com um ponto de interrogação, em torno do "último" elemento, o urânio. Eu estava imensamente curioso sobre isso, sobre o Período 7, que começava com o até então desconhecido metal alcalino, o elemento 87, mas só ia até o urânio, o elemento 92. Por quê, eu me perguntava, terminava ali, depois de apenas seis elementos? Não poderia haver mais elementos depois do urânio?

O próprio urânio havia sido colocado por Mendeleiev abaixo do tungstênio, o mais pesado dos elementos de transição do Grupo VI, pois quimicamente os dois eram muito parecidos (o tungstênio formava um hexafluoreto volátil, um vapor muito denso, e o mesmo acontecia com o urânio — esse composto, UF_6, foi usado na guerra para separar os isótopos do urânio). O urânio *parecia* um metal de transição, *parecia* o ecatungstênio — mas isso de certa forma me incomodava, por isso decidi investigar mais, examinar a densidade e o ponto de fusão de todos os metais de transição. Assim que o fiz, descobri uma anomalia, pois embora as densidades dos metais aumentassem constantemente através dos Períodos 4, 5 e 6, declinavam de forma inesperada quando chegávamos aos elementos do Período 7. O urânio era, na verdade, *menos* denso que o tungstênio, embora tudo levasse a crer que fosse mais (de modo analógo, o tório era menos denso que o háfnio, e não mais, como se esperaria). Ocorria precisamente o mesmo com seus pontos de fusão: atingiam um máximo no Período 6, e então de súbito declinavam.

Fiquei empolgado, achei que tinha feito uma descoberta. Seria possível, apesar de todas as semelhanças entre o urânio e o tungstênio, que o urânio *não* pertencesse realmente ao mesmo grupo, que nem sequer fosse um metal de transição? Isso também poderia aplicar-se aos outros elementos do Período 7, o tório e o protoactínio, e aos elementos (imaginários) seguintes ao urânio?

Esses elementos poderiam ser o início de uma segunda série de terras-raras, precisamente análoga à primeira no Período 6? Se isso fosse verdade, o ecatungstênio não seria o urânio, mas um elemento ainda não descoberto, que só apareceria depois que a segunda série das terras-raras se completasse. Em 1945 isso ainda era inimaginável, um assunto de ficção científica.

Exultei ao saber, logo depois da guerra, que minhas conjecturas estavam corretas, quando foi anunciado que Glenn Seaborg e seus colaboradores em Berkeley haviam conseguido produzir alguns elementos transurânicos — os elementos 93, 94, 95 e 96 — e descoberto que eles realmente faziam parte de uma segunda série de elementos de terras-raras.[11]

O número de elementos na segunda série de terras-raras, afirmou Seaborg, por analogia com a primeira série, também seria catorze, e depois do 14º elemento (de número 103) poderíamos esperar dez elementos de transição, e só então os elementos finais do Período 7, terminando com um gás inerte no elemento 118. Depois desse elemento, Seaborg aventou, teria início um novo período, começando, como todos os outros, com um metal alcalino, o elemento 119.

Parecia que a tabela periódica poderia, portanto, ser ampliada com novos elementos muito além do urânio, elementos que poderiam nem existir na natureza. Não estava claro se havia algum limite para esses elementos transurânicos; talvez os átomos de elementos assim se tornassem grandes demais para se manter juntos. Mas o princípio da periodicidade era fundamental, e ao que parecia podia ser estendido indefinidamente.

---

[11] Embora os elementos 93 e 94, netúnio e plutônio, tenham sido criados em 1940, sua existência só foi divulgada depois da guerra. Eles receberam nomes provisórios, "extrêmio" e "ultímio", quando foram produzidos pela primeira vez, porque se julgava impossível que se viesse a produzir algum elemento mais pesado do que eles. Entretanto, em 1944 foram criados os elementos 95 e 96. Sua descoberta não foi anunciada do modo habitual — em um comunicado à *Nature* ou em um encontro da Chemical Society —, e sim durante um programa infantil de perguntas no rádio em novembro de 1945, no qual um menino de doze anos perguntou: "Senhor Seaborg, o senhor criou mais algum elemento recentemente?".

* * *

Embora Mendeleiev considerasse a tabela periódica primordialmente uma ferramenta para organizar e prever as propriedades dos elementos, ele também julgou que ela encerrava uma lei fundamental, e de vez em quando refletia sobre "o mundo invisível dos átomos químicos". Pois estava claro que a tabela periódica olhava para ambos os lados: para fora, para as propriedades manifestas dos elementos, e para dentro, para alguma propriedade atômica ainda desconhecida que as determinava.

Naquele primeiro, longo e extasiado encontro no Science Museum, tive certeza de que a tabela periódica não era arbitrária nem superficial, e sim uma representação de verdades que nunca seriam refutadas; ao contrário, seriam continuamente confirmadas, mostrariam novos níveis com novos conhecimentos, pois ela era tão profunda e simples quanto a própria natureza. E a percepção desse fato produziu em mim, garoto de doze anos, uma espécie de êxtase, o sentimento (nas palavras de Einstein) de que "fora levantada uma pontinha do grande véu".

17

ESPECTROSCÓPIO DE BOLSO

Antes da guerra sempre celebrávamos a noite de Guy Fawkes com fogos de artifício. Os fogos-de-bengala, de centelhas verdes ou vermelhas, eram meus favoritos. O verde, minha mãe explicou, provinha de um elemento chamado bário, e o vermelho, do estrôncio. Eu, na época, não fazia idéia do que fossem bário e estrôncio, mas seus nomes, como suas cores, ficaram gravados em minha mente.

Quando minha mãe percebeu quanto aquelas luzes me fascinavam, mostrou-me como fazer a chama do gás do fogão subitamente fulgurar num amarelo-brilhante atirando-lhe um punhado de sal — isso era causado pela presença de outro elemento, o sódio (até os romanos, ela contou, o haviam usado para dar às suas fogueiras e chamas uma cor mais viva). Assim, em certo sentido, fui apresentado aos "testes de chama" mesmo antes da guerra, mas só alguns anos depois, no laboratório do tio Dave, aprendi que eles eram uma parte essencial da vida química, um modo instantâneo de detectar certos elementos, mesmo na presença de quantidades minúsculas.

Bastava pôr uma quantidade mínima do elemento ou um de seus compostos em um gancho de fio de platina e levar o gancho à chama incolor de um bico de Bunsen para ver as colorações produzidas. Estudei todo um conjunto de cores de chama. Havia a chama azul-celeste produzida pelo cloreto de cobre. E havia a luz azul — a luz azul "venenosa", como eu a considerava — produzida pelo chumbo, arsênio e selênio. Havia numerosas chamas verdes: uma verde-esmeralda, obtida com a maioria dos outros compostos de cobre, uma verde-amarelada, com compostos de bário e também com alguns compostos de boro — o borano, híbrido de boro, era altamente inflamável e produzia uma estranha e singular chama esverdeada. Havia as chamas vermelhas: a chama carmesim de compostos de lítio, a escarlate, do estrôncio, a vermelho-pardacenta, do cálcio. (Li depois que o rádio também dava uma cor avermelhada às chamas, mas isso, obviamente, nunca seria visto. Imaginei essa chama com um fulgor resplandecente, uma espécie de vermelho final e fatal. O químico que a viu pela primeira vez, imaginei, ficou cego logo em seguida, e o vermelho radioativo do rádio, destruidor da retina, foi a última coisa que ele viu.)

Esses testes de chama eram muito sensíveis — muito mais do que muitas reações químicas, os testes "por via úmida" que também eram feitos para analisar substâncias — e reforçavam a noção de que os elementos eram fundamentais, pois retinham suas propriedades únicas independentemente de como fossem combinados. O sódio podia dar a impressão de "perder-se" quando combinado ao cloro para formar sal — mas a reveladora presença do amarelo do sódio no teste de chama servia para nos lembrar de que ele ainda estava lá.

Tia Len dera-me o livro *The stars in their courses*, de James Jeans, em meu décimo aniversário, e eu ficara inebriado com a jornada imaginária ao centro do Sol descrita por Jeans e com sua menção casual de que o Sol continha platina, prata e chumbo, a maioria dos elementos que temos na Terra.

Quando mencionei isso a tio Abe, ele decidiu que chegara a hora de eu aprender sobre espectroscopia. Deu-me um livro de 1873, *The spectroscope*, escrito por J. Norman Lockyer, e me emprestou um pequeno espectroscópio. O livro de Lockyer trazia ilustrações encantadoras mostrando vários espectroscópios e espectros, além de barbudos cientistas vitorianos de sobrecasaca examinando chamas de vela com o novo aparelho; com ele adquiri uma noção muito pessoal da história da espectroscopia, desde os primeiros experimentos de Newton até as observações pioneiras dos espectros do Sol e das estrelas feitas pelo próprio Lockyer.

A espectroscopia, com efeito, começara no céu, quando Newton decompôs a luz solar usando um prisma, em 1666, demonstrando que ela se compunha de raios "diferentemente refrangíveis". Newton obteve o espectro solar como uma faixa luminosa contínua de cores que iam do vermelho ao violeta, como um arco-íris. Cento e cinqüenta anos depois, Joseph Fraunhofer, jovem óptico alemão, usando um prisma muito mais preciso e uma fenda estreita, pôde ver que todo o comprimento do espectro de Newton era interrompido por curiosas linhas escuras, "um número infinito de linhas verticais de espessuras diferentes" (ele por fim conseguiu contar mais de quinhentas).

Era preciso uma luz brilhante para obter um espectro, mas não tinha de ser a luz do Sol. Podia ser a luz de uma vela, de um refletor ou as chamas coloridas dos metais alcalinos ou alcalino-terrosos. Nas décadas de 1830 e 1840 esses tipos de luz também estavam sendo examinados, e um tipo totalmente diferente de espectro foi visto. Enquanto a luz solar produzia uma faixa luminosa contendo todas as cores espectrais, a luz de sódio vaporizado produzia apenas uma linha amarela, uma linha muito estreita e brilhante, contrastando com um fundo negro como o carvão. O mesmo se dava com os espectros de chama do lítio e do estrôncio, só que estes apresentavam numerosas linhas brilhantes, principalmente na parte vermelha do espectro.

Qual era a origem das linhas escuras vistas por Fraunhofer em 1814? Teriam alguma relação com as brilhantes linhas espectrais dos elementos inflamados? Essas questões surgiram em muitas mentes da época, mas só foram respondidas em 1859, quando o jovem físico alemão Gustav Kirchhoff uniu suas forças às de Robert Bunsen. Na época, Bunsen era um químico eminente e um inventor prolífico — inventara os fotômetros, os calorímetros, a pilha de carbono-zinco (ainda usada, com ínfimas mudanças, nas baterias que desmontei na década de 1940) e, evidentemente, o bico de Bunsen, que ele aperfeiçoara para poder investigar melhor os fenômenos das cores. Formavam um par ideal — Bunsen, um soberbo experimentalista, prático, tecnicamente brilhante, inventivo; e Kirchhoff, com uma capacidade para a teorização e uma facilidade para a matemática que talvez faltassem a Bunsen.

Em 1859, Kirchhoff fez um experimento simples e primorosamente concebido, mostrando que os espectros de linhas brilhantes e linhas escuras — espectros de emissão e de absorção — eram um só, opostos correspondentes do mesmo fenômeno: a capacidade dos elementos de emitir luz de comprimento de onda característico quando vaporizados, ou de absorver luz exatamente do mesmo comprimento de onda quando iluminados. Assim, a linha característica do sódio podia ser vista quer como uma linha amarela brilhante em seu espectro de emissão, quer como uma linha escura exatamente na mesma posição em seu espectro de absorção.

Direcionando seu espectroscópio para o Sol, Kirchhoff percebeu que uma das inúmeras linhas escuras de Fraunhofer no espectro solar ficava exatamente na mesma posição que a brilhante linha amarela do sódio, e que o Sol, portanto, seguramente continha sódio. Na primeira metade do século XIX julgava-se, em geral, que nunca saberíamos coisa alguma sobre as estrelas além do que pudesse ser obtido com a observação simples — que sua composição e química, em especial, permaneceriam eternamente desconhecidas; assim, a descoberta de Kirchhoff causou grande assombro.[1]

Kirchhoff e outros (especialmente o próprio Lockyer) identificaram então numerosos outros elementos terrestres no Sol, e assim o mistério de Fraunhofer — as centenas de linhas pretas no espectro solar — pôde ser compreendido: aquelas linhas correspondiam aos espectros de absorção desses elementos nas camadas mais externas do Sol, quando eram transiluminadas de dentro para fora. Por outro lado, foi predito que um eclipse solar, com o brilho central do Sol obscurecido e estando visível apenas sua coroa brilhante, produziria fascinantes espectros de emissão correspondentes às linhas escuras.

Com a ajuda do tio Abe — que tinha um pequeno observatório no telhado de sua casa e mantinha um de seus telescópios ligado a um espectroscópio —, vi tudo isso pessoalmente. Todo o universo visível — planetas, estrelas, galáxias distantes — prestava-se à análise espectroscópica, e senti um prazer inebriante, quase extático, ao ver elementos terrestres conhecidos lá no espaço, ao ver o que eu antes soubera apenas intelectualmente: que os elementos não eram somente terrestres, mas cósmicos; que eram, de fato, as unidades constitutivas do universo.

Nessa etapa, Bunsen e Kirchhoff desviaram sua atenção do céu para ver se conseguiam encontrar elementos novos ou não descobertos na Terra usando sua nova técnica. Bunsen já observara o grande poder do espectroscópio para decompor misturas complexas — para fornecer, efetivamente, uma análise óptica de compostos químicos. Se o lítio, por exemplo, estivesse presente em pequenas quantidades junto com o sódio, não havia um modo

---

[1] Augusto Comte escrevera em 1835 em *Cours de la philosophie positive*:

> No que respeita às estrelas, todas as investigações que não sejam, em última análise, redutíveis a simples observações visuais nos são [...] necessariamente negadas. Embora possamos conceber a possibilidade de determinar suas formas, tamanhos e movimentos, nunca seremos capazes, por nenhum meio, de estudar sua composição química ou teor mineralógico.

de detectá-lo na análise química convencional. Tampouco as cores de chama ajudariam nesse caso, pois a chama amarela brilhante do sódio tendia a ofuscar as demais cores de chama. Mas com um espectroscópio, o espectro característico do lítio podia ser visto de imediato, mesmo se estivesse misturado a uma quantidade de sódio 10 mil vezes mais pesada.

Isso permitiu a Bunsen demonstrar que certas águas minerais ricas em sódio e potássio também continham lítio (o que era totalmente ignorado, pois até então as únicas fontes haviam sido certos minerais raros). Conteriam outros minerais alcalinos? Quando Bunsen concentrou sua água mineral, reduzindo seiscentos quintais (aproximadamente 44 toneladas) a alguns litros, ele viu, entre as linhas de muitos outros elementos, duas notáveis linhas azuis, muito próximas, que nunca tinham sido vistas antes. Aquela poderia ser a assinatura de um novo elemento, ele pressentiu. "Eu o chamarei de césio, por sua bela linha espectral azul", ele escreveu, anunciando sua descoberta em novembro de 1860.

Três meses depois, Bunsen e Kirchhoff descobriram outro novo metal alcalino, que denominaram rubídio, pelo "magnífico vermelho-escuro de seus raios".

Poucas décadas após as descobertas de Bunsen e Kirchhoff, haviam sido descobertos mais vinte elementos com a ajuda da espectroscopia — índio e tálio (também batizados em alusão às suas linhas espectrais de cores brilhantes), gálio, escândio e germânio (os três elementos que haviam sido preditos por Mendeleiev), todos os elementos de terras-raras remanescentes e, na década de 1890, os gases inertes.

Mas talvez a história mais fascinante de todas, certamente a que mais atraía um garoto como eu, estava relacionada à descoberta do hélio. Foi o próprio Lockyer quem conseguiu ver, durante um eclipse solar em 1868, uma linha amarela brilhante na coroa do Sol, uma linha próxima mas claramente distinta das linhas amarelas do sódio. Ele supôs que essa nova linha deveria pertencer a um elemento desconhecido na Terra, e lhe deu o nome de hélio (atribuiu-lhe o sufixo dos metais porque supôs que se tratasse de um elemento dessa categoria). A descoberta causou espanto e empolgação; chegou-se a especular que talvez cada estrela possuísse seus próprios elementos especiais. Só 25 anos mais tarde se constatou que certos minerais terrestres (urânio) continham um estranho gás, leve, que se desprendia facilmente, e quando esse gás foi submetido à espectroscopia, revelou ser o mesmo hélio.

O prodígio da análise espectral, uma análise à distância, também teve ressonâncias literárias. Eu lera *Our mutual friend* (escrito em 1864, apenas quatro anos depois de Bunsen e Kirchhoff terem inaugurado a espectroscopia), livro no qual Dickens imaginou um "espectroscópio moral" que permitia aos habitantes de galáxias e estrelas remotas analisar a luz proveniente da Terra e avaliar o bem e o mal, o espectro moral de seus habitantes.

"Não duvido", escreveu Lockyer no final de seu livro, "que, com o passar do tempo [...] o espectroscópio se tornará um companheiro que cada um de nós carregará no bolso." Um pequeno espectroscópio tornou-se meu companheiro constante, meu analisador instantâneo do mundo, sacado em todo tipo de ocasião: para examinar as novas luzes fluorescentes que começavam a aparecer nas estações de metrô londrinas, para analisar soluções e chamas em meu laboratório ou as chamas de carvão e gás em casa.

Também explorei os espectros de absorção de todo tipo de compostos, de soluções inorgânicas simples a sangue, folhas, urina e vinho. Maravilhei-me ao descobrir quanto o espectro do sangue era característico, mesmo quando seco, e que uma quantidade minúscula bastava para analisá-lo dessa maneira — era possível identificar uma tênue mancha de sangue de mais de cinqüenta anos e distingui-la de uma mancha de ferrugem. As possibilidades forenses desse fato deram-me o que pensar: será que Sherlock Holmes, nas investigações químicas, também teria usado um espectroscópio? (Eu gostava muito das histórias de Sherlock Holmes, e mais ainda das do professor Challenger que Conan Doyle escreveu posteriormente — identificava-me com Challenger; com Holmes eu não conseguia me identificar. Em *A nuvem da morte*, a espectroscopia tem um papel crucial, pois é uma mudança nas linhas do espectro solar de Fraunhofer que alerta Challenger para a aproximação de uma nuvem venenosa.) Mas era para as linhas brilhantes, as cores vivas, os espectros de emissão que eu sempre voltava. Recordo-me de ir a Piccadilly Circus e Leicester Square com meu espectroscópio de bolso e examinar as novas lâmpadas de sódio que estavam sendo usadas na iluminação das ruas, os anúncios escarlate de neônio e as outras lâmpadas de enchimento gasoso — amarelas, azuis, verdes, conforme o gás usado — que, depois do longo blecaute da guerra, mergulhavam o West End em um esplendor de luzes coloridas. Cada gás, cada substância, tinha seu próprio espectro único, sua assinatura.

Bunsen e Kirchhoff haviam conjecturado que a posição das linhas espectrais não era apenas uma assinatura exclusiva de cada elemento, mas também uma manifestação de sua natureza essencial. Pareciam ser "uma propriedade de natureza imutável e fundamental, como a do peso atômico"; de fato, uma manifestação — até então hieroglífica e indecifrável — de sua própria constituição.

A própria complexidade dos espectros (o do ferro, por exemplo, continha várias centenas de linhas) levava a pensar que os átomos não poderiam ser as pequeninas e densas massas imaginadas por Dalton, que se distinguiam por seu peso atômico e por quase mais nada.

Um químico, W. K. Clifford, escrevendo em 1870, expressou essa complexidade em uma metáfora musical:

> [...] um piano de cauda há de ser um mecanismo muito simples se comparado a um átomo de ferro. Pois no espectro do ferro existe uma riqueza quase incontável de linhas brilhantes separadas, cada qual correspondendo a um nítido período definido de vibração do átomo de ferro. Em vez das cento e tantas vibrações de som que um piano de cauda pode emitir, o átomo de ferro individual parece emitir milhares de vibrações de luz definidas.

Na época surgiram diversas imagens e metáforas musicais desse tipo, todas relacionadas às proporções, aos harmônicos que pareciam esconder-se nos espectros e à possibilidade de expressá-los em uma fórmula. A natureza desses "harmônicos" permaneceu obscura até 1885, quando Balmer conseguiu descobrir uma fórmula relacionando a posição das quatro linhas no espectro visível do hidrogênio, uma fórmula que lhe permitiu predizer corretamente a existência e a posição de linhas adicionais no ultravioleta e no infravermelho. Balmer também fez analogias musicais, e se perguntou se seria "possível interpretar as vibrações das linhas espectrais individuais como harmônicos, por assim dizer, de uma tônica específica". De imediato se reconheceu que Balmer estava aludindo a algo fundamentalmente importante, e não a alguma superstição numerológica, mas as implicações de sua fórmula eram absolutamente enigmáticas, tão enigmáticas quanto a descoberta, por Kirchhoff, de que as linhas de emissão e absorção dos elementos eram as mesmas.

18

FOGO FRIO

Meus tios, tias e primos eram uma espécie de arquivo ou biblioteca de consulta, e eu era encaminhado a eles quando queria saber sobre alguma questão específica: com mais freqüência a tia Len, minha tia botânica, que tivera um papel salvador nos dias medonhos de Braefield, ou a tio Dave, meu tio químico e mineralogista, mas também a tio Abe, meu tio físico, que me iniciara na espectroscopia. De início tio Abe era raramente consultado, por ser um dos tios mais velhos, com seis anos a mais que tio Dave e quinze a mais que minha mãe. Ele era considerado o mais brilhante dos dezoito filhos de meu avô. Era intelectualmente formidável, embora seu conhecimento houvesse sido adquirido por uma espécie de osmose, e não pela instrução formal. Como Dave, crescera com inclinação para a ciência física, e também fora jovem para a África do Sul dedicar-se à geologia.

As grandes descobertas dos raios X, radioatividade, elétron e teoria dos *quanta* haviam todas ocorrido durante os anos de sua formação, e permaneceriam interesses centrais pelo resto de sua vida; ele tinha paixão pela astronomia e pela teoria dos números. Mas também era perfeitamente capaz de pôr sua mente a serviço de interesses práticos e comerciais. Ajudou a criar o Marmite, o extrato de centeio rico em vitaminas tão consumido na Inglaterra, desenvolvido no início do século (minha mãe adorava esse creme; eu detestava), e na Segunda Guerra Mundial, quando ficou difícil obter sabão comum, ajudou a inventar um eficaz sabão sem gordura.

Embora Abe e Dave fossem parecidos em alguns aspectos (ambos tinham o rosto largo dos Landau, os olhos bem separados e a inconfundível voz retumbante dos homens da família — características ainda presentes nos tetranetos de meu avô), em outros eram bem diferentes. Dave era alto e forte, tinha uma postura militar (servira na Primeira Guerra e, anteriormente, na Guerra dos Bôeres), sempre se vestia com esmero. Usava colarinho de ponta virada e sapatos lustrosos mesmo quando trabalhava na bancada de seu laboratório. Abe era mais miúdo, um tanto ranzinza e encurvado (nos anos em que o conheci), moreno e grisalho, como um velho caçador da Índia, de voz rouca e uma tosse crônica; não ligava para roupas, e em geral vestia uma espécie de avental de laboratório amarrotado.

Os dois eram formalmente sócios, co-diretores da Tungstalite, embora Abe deixasse a parte comercial para Dave e dedicasse todo o seu tempo às pesquisas. Foi ele quem criou um método seguro e eficaz de "perolizar" lâmpadas com ácido fluorídrico no início dos anos 1920 — projetara as máquinas necessárias na fábrica de Hoxton. Também pesquisou o uso dos *getters* para tubos de vácuo — metais altamente reativos e ávidos por oxigênio, como o césio e o bário, que removiam os últimos vestígios de ar dos tubos — e, anteriormente, patenteara o uso da hertzita, seu cristal sintético, para os rádios de cristal.

Ele criou e patenteou uma tinta luminosa, que foi usada em alças de mira na Primeira Guerra Mundial (talvez essa tinta tenha sido decisiva na Batalha da Jutlândia, ele comentou comigo). Suas tintas também eram usadas para iluminar os mostradores dos relógios Ingersoll de parede e de pulso. Como tio Dave, tio Abe tinha mãos grandes e hábeis, mas enquanto as do tio Dave viviam manchadas de tungstênio, as do tio Abe eram cobertas de queimaduras de rádio e verrugas malignas devido ao manuseio prolongado e descuidado de materiais radioativos.

Tio Dave e tio Abe se interessavam imensamente por luz e iluminação, como o pai deles; mas tio Dave era adepto da luz "quente", e tio Abe, da luz "fria". Tio Dave iniciara-me na história da incandescência, das terras-raras e filamentos metálicos que fulguravam e se tornavam incandescentes quando aquecidos. Ele me introduzira na energética das reações químicas — como o calor era absorvido ou emitido no decorrer dessas reações e às vezes se tornava visível em forma de fogo e chamas.

Tio Abe despertou meu interesse pela história da luz "fria" — a luminescência—, que começou, talvez, antes de existir uma linguagem para registrá-la, com a observação de vaga-lumes e mares fosforescentes, de fogos-fátuos, os estranhos globos de luz móveis e pálidos que, diz a lenda, atraem os viajantes para a ruína. E do fogo-de-santelmo, as fantasmagóricas descargas luminosas que às vezes saíam dos mastros dos navios durante as tempestades, levando os marinheiros a pensar em feitiçaria. Havia as auroras, as Luzes do Norte e do Sul, com suas cortinas de cores bruxuleando resplandecentes no céu. O mistério e o sobrenatural pareciam inerentes àqueles fenômenos de luz fria, contrastando com a reconfortante familiaridade do fogo e da luz quente.

Havia até um elemento, o fósforo, que fulgurava espontaneamente. O fósforo exercia sobre mim uma atração estranha, perigosa, por sua luminosidade — eu às vezes ia furtivamente ao meu laboratório à noite para fazer experiências com ele. Assim que foi instalado meu conduto de ventilação, coloquei um pedaço de fósforo branco na água e o fervi, diminuindo as luzes para poder enxergar o vapor que saía do frasco emitindo uma suave fulguração azul-esverdeada. Outro experimento, belíssimo, era ferver fósforo com potassa cáustica numa retorta — eu fervia aquelas substâncias virulentas com notável despreocupação — produzindo hidrogênio fosforado (designação antiga), ou fosfina. As bolhas de fosfina inflamavam-se espontaneamente ao se desprenderem, formando belos anéis de fumaça branca.

Eu podia inflamar fósforo em uma campânula (usando uma lente de aumento), que se enchia de uma "neve" de pentóxido de fósforo. Se isso fosse feito sobre água, o pentóxido chiava ao atingir a água, como ferro aquecido ao rubro, e se dissolvia, formando ácido fosfórico. Ou então, aquecendo fósforo branco, eu podia transformá-lo em seu alótropo, o fósforo vermelho, usado nas caixas de fósforos.[1] Quando pequeno, eu aprendera que diamante e grafite eram formas diferentes, alótropos, do mesmo elemento. Agora, no laboratório, eu mesmo podia provocar algumas daquelas mudanças, transformando fósforo branco em fósforo vermelho, e novamente em fósforo branco, condensando seu vapor. Essas transformações faziam com que eu me sentisse um mágico.[2]

Mas era especialmente a luminosidade do fósforo que me atraía com freqüência. Era fácil dissolver um pouco dessa substância em óleo de cravo-da-índia ou de canela, ou ainda em álcool (como fizera Boyle) — isso não só eliminava seu cheiro semelhante ao do alho, como também permitia fazer experimentos com sua luminosidade em segurança, pois uma solução, mesmo se contivesse apenas uma parte de fósforo em um milhão, ainda fulgurava. Podíamos friccionar um pouquinho dessa solução no

---

[1] Tio Abe contou-me parte da história dos fósforos; explicou que os primeiros fósforos tinham de ser embebidos em ácido sulfúrico para ser acesos, antes de os fósforos de fricção serem introduzidos na década de 1830, e que isso gerou uma gigantesca demanda por fósforo branco no decorrer do século seguinte. Meu tio falou-me sobre as condições pavorosas de trabalho das moças nas fábricas de fósforos e da terrível doença, necrose da mandíbula, que muitas delas contraíram antes de o uso do fósforo branco ter sido proibido, em 1906. (Depois disso foi usado apenas o fósforo vermelho, muito mais estável e seguro.)

Abe falou também sobre as terríveis bombas de fósforo usadas na Primeira Guerra Mundial e sobre o movimento para proibi-las, como fora proibido o uso de gás venenoso. Mas na época em que ele me contava isso, 1943, aquelas bombas estavam voltando a ser usadas livremente, e milhares de pessoas de ambos os lados estavam sendo queimadas vivas do modo mais doloroso possível.

[2] O fósforo, que se oxidava lentamente, não era o único elemento que fulgurava quando exposto ao ar. Também o sódio e o potássio o faziam, quando recém-cortados, mas perdiam a luminosidade em poucos minutos, assim que as superfícies de corte embaçavam. Descobri isso por acaso, uma tarde em que trabalhava em meu laboratório e a noite foi caindo gradualmente — eu ainda não acendera a luz.

rosto ou nas mãos e brilhar como fantasmas no escuro. Não era um brilho uniforme, mas parecia (nas palavras de Boyle) "tremer bastante, e às vezes [...] chamejar com súbitos lampejos".

Hennig Brandt, de Hamburgo, fora o primeiro a obter esse maravilhoso elemento, em 1669. Destilou-o de urina (aparentemente com alguma ambição alquímica), e adorou a estranha substância luminosa que havia isolado, chamando-a de fogo frio (*kaltes Feuer*), ou, mais carinhosamente, *mein Feuer*.

Brandt manuseou esse novo elemento sem o menor cuidado e aparentemente se surpreendeu ao descobrir seus poderes letais, como escreveu em uma carta a Leibniz, em 30 de abril de 1679:

> Quando um destes dias tive um pouco desse fogo em minha mão e não fiz nada além de soprá-lo com minha respiração, o fogo se acendeu, Deus é minha testemunha; a pele de minha mão queimou-se e endureceu como pedra, a tal ponto que meus filhos choraram e declararam que era horrível de ver.

Mas ainda que todos os primeiros pesquisadores tenham sofrido graves queimaduras com o fósforo, eles o viram como uma substância mágica que parecia trazer em si o fulgor dos vaga-lumes, talvez da lua, um fulgor próprio, secreto e inexplicável. Leibniz, em carta a Brandt, pensou na possibilidade de a luz cintilante do fósforo ser usada para iluminar uma sala à noite (essa talvez tenha sido a primeira sugestão de usar luz fria para iluminação, comentou Abe).

Quem mais se interessou por isso foi Boyle, que fez observações minuciosas sobre a luminescência — como ela, também, requeria a presença de ar, como flutuava de um modo estranho. Boyle já investigara amplamente os fenômenos "lucíferos", dos vaga-lumes à madeira luminosa e carne contaminada, e fizera comparações cuidadosas dessa luz "fria" com a dos carvões em brasa (descobrindo que ambas precisavam de ar para se manter).

Uma ocasião, o criado de Boyle, cheio de medo e espanto, foi chamá-lo em seu quarto, dizendo que havia um pedaço de carne brilhando no escuro da despensa. Boyle, fascinado, levantou-se e na mesma hora começou um estudo que culminou em seu encantador ensaio "Some observations about shining flesh, both of veal and pullet, and that without any sensible putrefation in those bodies" [Observações sobre cintilação em carne de vitela e frango, sem nenhuma putrefação sensível nesses corpos]. Aquele brilho provavelmente era causado por bactérias luminescentes, mas na época de Boyle não se conheciam organismos desse tipo nem se desconfiava que existissem.

Tio Abe também era fascinado por essa luminescência química e, quando jovem, fizera muitos experimentos com ela e com luciferinas, substâncias que produzem luz em animais luminosos. Tio Abe queria saber se era possível dar-lhes algum uso prático, produzir uma tinta luminosa muito brilhante. A luminosidade química podia, de fato, ter um brilho deslumbrante; o único problema era ela ser efêmera, transitória por natureza, desaparecendo assim que os reagentes eram consumidos — a menos que pudesse haver uma produção contínua das substâncias lucíferas (como nos vaga-lumes). Se a química não era a resposta, então era preciso alguma outra forma de energia, algo que pudesse ser transformado em luz visível.

O interesse de Abe pela luminescência fora despertado por uma tinta luminosa usada na velha casa em Leman Street, em que ele morou quando menino; chamava-se Tinta Luminosa de Balmain, e com ela pintavam-se buracos de fechaduras, peças das instalações de gás e eletricidade, qualquer coisa que precisasse ser localizada no escuro. Abe era fascinado por aquelas fechaduras e peças que emitiam um pálido fulgor durante horas após terem sido expostas à luz. Esse tipo de fosforescência fora descoberto no século XVII por um sapateiro de Bolonha, que juntara alguns pedregulhos, abrasara-os em carvão e observara que eles brilhavam no escuro durante horas após terem sido expostos à luz do dia. Esse "fósforo de Bolonha", como foi chamado, era sulfeto de bário, produzido pela redução das baritas minerais. O sulfeto de cálcio era fácil de obter — podia ser feito aquecendo-se conchas de ostras com enxofre — e, "aditivado" com vários metais, formava a base da Tinta Luminosa de Balmain. (Esses metais, Abe me explicou, adicionados em minúsculas quantidades, "ativavam" o sulfeto de cálcio e lhe emprestavam diferentes cores. Paradoxalmente, o sulfeto de cálcio totalmente puro não brilhava.) Enquanto algumas substâncias emitiam luz lentamente no escuro após terem sido expostas à luz do dia, outras só fulguravam quando eram iluminadas: era a fluorescência (nome originado do mineral fluorita, que freqüentemente a apresentava). Essa estranha luminosidade fora descoberta ainda no século XVI, quando se verificou que se um raio de luz fosse direcionado obliquamente através de tinturas de certas madeiras, uma cor tremeluzente podia aparecer em sua trajetória — Newton atribuíra esse fato à "reflexão interna". Meu pai gostava de demonstrar essa propriedade com água de quinino, ou água tônica, que era de um azul-pálido à luz do dia e de um brilhante azul-turquesa sob luz ultravioleta. Mas, quer uma substância fosse fluorescente, quer fosforescente (muitas eram ambas as coisas), ela requeria luz azul ou violeta ou a luz do dia (que era rica em luz de todos os comprimentos de onda) para produzir a luminescência; a luz vermelha não servia absolutamente. De fato, a iluminação mais eficaz era invisível — a luz ultravioleta situada além do extremo violeta do espectro.

Minhas primeiras experiências com a fluorescência foram feitas com a lâmpada ultravioleta que meu pai tinha em seu consultório — uma velha lâmpada de vapor de mercúrio com um refletor metálico, que emitia uma pálida luz violeta-azulada e uma forte luz ultravioleta invisível. Era usada para diagnosticar algumas doenças de pele (certos fungos apresentavam fluorescência sob essa luz) e tratar outras — embora meus irmãos também a usassem para se bronzear.

Esses raios ultravioleta invisíveis eram muito perigosos — podiam causar graves queimaduras se a pessoa se expusesse por longo tempo, e era preciso usar óculos especiais, como os de aviador, de lã e couro, com lentes grossas feitas de um vidro especial que bloqueava grande parte do ultravioleta (e boa parte da luz visível também). Mesmo com aqueles óculos era preciso evitar olhar diretamente para a lâmpada, para não provocar um brilho estranho e desfocado devido à fluorescência dos globos oculares.

Olhando outras pessoas sob luz ultravioleta, podíamos ver que seus dentes e olhos emitiam uma forte fulguração branca.

A casa do tio Abe, bem próxima da nossa, era um lugar fascinante, provido de todo tipo de aparelhos: tubos de Geissler, eletroímãs, máquinas e motores elétricos, baterias, dínamos, fios espiralados, válvulas de raios X, contadores Geiger e telas fosforescentes, e uma variedade de telescópios, muitos dos quais meu tio construíra com as próprias mãos. Ele me levava para seu laboratório no sótão, especialmente nos fins de semana; assim que se convenceu de que eu era capaz de lidar com a aparelhagem, permitiu que eu manuseasse o fósforo e as substâncias fluorescentes, além da pequena lâmpada manual de raios ultravioleta de Wood (muito mais fácil de manejar do que a velha lâmpada a vapor de mercúrio que havia em minha casa).

Abe tinha prateleiras e mais prateleiras com fósforos em seu sótão, e ele os misturava como um artista mistura as tintas na paleta — o azul-vivo do tungstato de cálcio, o azul mais pálido do tungstato de magnésio, o vermelho dos compostos de ítrio. Como a fosforescência, a fluorescência podia ser induzida "aditivando" o material com vários tipos de ativadores, e esse era um dos principais temas das pesquisas de Abe, pois as luzes fluorescentes estavam começando a revelar sua utilidade, e eram necessários fósforos tênues para produzir uma luz visível que fosse suave, cálida e agradável à vista.[3] Abe tinha uma atração especial pelas cores

---

[3] Igualmente importantes eram os tubos de raios catódicos, que na época estavam sendo desenvolvidos para a televisão. Abe possuía um dos televisores originais da década de 1930, uma coisa gigantesca, volumosa, com uma tela circular minúscula. Seu tubo, meu tio comentou, não diferia muito dos tubos de raios catódicos que Crookes desenvolvera na década de 1870, exceto pelo fato de ter a frente revestida com um fósforo apropriado. Os tubos de raios catódicos usados em aparelhos médicos ou eletrônicos freqüentemente eram revestidos com silicato de zinco, willemita, que emitia uma brilhante luz verde quando bombardeado, mas para a televisão era preciso um fósforo que emitisse uma luz branca e clara — e se alguém quisesse inventar um televisor em cores, precisaria de três fósforos separados, com um equilíbrio exatamente adequado de emissões de cor, como os três pigmentos da fotografia colorida. Os velhos aditivos usados em tintas luminosas eram totalmente inadequados para esse fim; seriam necessárias cores muito mais delicadas e precisas.

muito puras e delicadas que podiam ser obtidas adicionando-se várias terras-raras como ativadores — európio, érbio, térbio. A presença dessas terras-raras em certos minerais, disse meu tio, mesmo em ínfimas quantidades, lhes dava sua fluorescência especial. Mas também havia substâncias que apresentavam fluorescência mesmo quando eram totalmente puras, e nessa categoria destacavam-se os sais de urânio (ou, em uma terminologia mais precisa, sais de uranilo). Mesmo se os sais de uranilo fossem dissolvidos em água, as soluções eram fluorescentes — uma parte em um milhão já bastava. A fluorescência também podia ser transferida para o vidro, e o vidro de urânio, "vidro canário", fora muito usado nas casas vitorianas e eduardianas (isso era o que tanto me fascinava no vitral de nossa porta de entrada). O vidro de urânio transmitia luz amarela e em geral era amarelo quando olhávamos através dele, mas à luz do dia apresentava uma brilhante fluorescência verde-esmeralda sob o impacto dos comprimentos de onda menores, por isso muitas vezes parecia tremeluzir, alternando-se entre verde e amarelo dependendo do ângulo de iluminação. E embora o vitral de nossa porta houvesse sido despedaçado por um bombardeio durante a blitz (sendo substituído por um sacolejante e incômodo vidro branco), suas cores, intensificadas talvez pela saudade, ainda permaneciam extraordinariamente vivas em minha memória — sobretudo depois de tio Abe ter me explicado seu segredo.[4]

---

[4] Tio Abe também me mostrou outros tipos de luz fria. Vários cristais, como os de nitrato de uranilo, ou mesmo os do açúcar de cana comum, moídos em um pilão ou entre dois tubos de ensaio (ou até com os dentes), quando friccionados uns contra os outros, fulguravam. Esse fenômeno, denominado triboluminescência, era percebido já no século XVIII, quando o padre Giambattista Beccaria escreveu:

Podemos, no escuro, assustar pessoas simples mastigando torrões de açúcar com a boca aberta, a qual lhes parecerá cheia de fogo; acrescente-se a isso que a luz do açúcar é mais copiosa na proporção em que o açúcar é puro.

Mesmo a cristalização podia causar luminescência; Abe sugeriu que eu preparasse uma solução saturada de bromato de estrôncio e a deixasse esfriar lentamente no escuro — de início nada aconteceu; depois comecei a ver cintilações, pequenos lampejos de luz, à medida que cristais pontudos se formavam no fundo do frasco.

* * *

Embora Abe houvesse posto grande empenho no desenvolvimento de tintas luminosas, e mais tarde no de fósforos para tubos de raios catódicos, seu interesse central era o mesmo de Dave: o desafio da iluminação. A esperança que ele acalentava desde bem jovem era que seria possível desenvolver uma forma de luz fria tão eficaz, agradável e fácil de trabalhar quanto a luz quente. Assim, enquanto os pensamentos de tio Tungstênio se voltavam para a incandescência, para tio Abe, desde o princípio, estava claro que nenhuma luz fria realmente potente poderia ser produzida sem eletricidade e que a eletroluminescência teria de ser a chave.

Desde o século XVII sabia-se que gases e vapores rarefeitos fulguravam quando eletricamente carregados; observou-se naquela época que o mercúrio de um barômetro podia tornar-se eletrificado pela fricção contra o vidro, o que criava um belo fulgor azulado no vapor rarefeito de mercúrio no vácuo que estava próximo logo acima.[5]

Usando as potentes descargas das bobinas de indução inventadas na década de 1850, descobriu-se que era possível causar a fulguração de uma longa coluna de vapor de mercúrio (Alexandre-Edmond Becquerel aventara anteriormente que se o tubo de descarga fosse revestido com uma substância fluorescente, poderia tornar-se mais apropriado para a iluminação). Mas quando foram introduzidas as lâmpadas de vapor de mercúrio, para finalidades especiais, em 1901, elas se mostraram perigosas e falíveis, e sua luz — na ausência do revestimento fluorescente — era azul demais para o uso doméstico. As tentativas de revestir esses tubos com pós fluorescentes antes da Primeira Guerra Mundial fracassaram devido a numerosos problemas. Enquanto isso, tentou-se usar outros gases e vapores: o dióxido de carbono emitia

---

[5] Eu li que o mesmo fenômeno fora usado engenhosamente para fabricar bóias luminosas; elas eram circundadas por anéis de fortes tubos de vidro contendo mercúrio sob pressão reduzida; o mercúrio turbilhonava de encontro ao vidro e se eletrificava com o movimento das ondas.

uma luz branca, o argônio, uma luz azulada, o hélio, uma luz amarela, e o neônio, evidentemente, uma luz carmesim. Os tubos de neônio em anúncios entraram em voga em Londres na década de 1920, mas só em fins da década seguinte os tubos fluorescentes (usando uma mistura de vapor de mercúrio com um gás inerte) começaram a ser uma possibilidade comercial, e nessa evolução Abe teve um papel importante.

Tio Dave, para mostrar que não era fanático, mandou instalar uma lâmpada fluorescente em sua fábrica, e os dois irmãos, que na juventude haviam presenciado a disputa entre gás e eletricidade, às vezes discutiam sobre os respectivos méritos e desvantagens das lâmpadas incandescentes e fluorescentes. Abe dizia que as lâmpadas de filamento teriam o mesmo destino do véu de gás, e Dave afirmava que as fluorescentes sempre seriam grandalhonas e nunca seriam páreo para as jeitosas e baratas lâmpadas de filamento. (Ambos teriam ficado surpresos, cinqüenta anos depois, se soubessem que, embora as fluorescentes houvessem evoluído sob todos os aspectos, as lâmpadas de filamento jamais perderam sua popularidade e que ambos os tipos coexistem em uma relação tranqüila e fraternal.)

Quanto mais tio Abe me mostrava, mais misterioso ia ficando tudo aquilo. Eu entendia alguma coisa sobre a luz: sabia que as cores eram o modo como víamos diferentes freqüências ou comprimentos de onda e que a cor dos objetos provinha do modo como eles absorviam ou transmitiam luz, obstruindo algumas freqüências, deixando que outras passassem. Eu sabia que as substâncias pretas absorviam toda a luz e impediam totalmente sua passagem, e que com os metais e espelhos ocorria o oposto — a frente de onda de partículas de luz, como eu a imaginava, atingia o espelho como uma bola de borracha e era refletida, ricocheteando instantaneamente.

Mas nenhuma dessas noções ajudava a entender os fenômenos da fluorescência e fosforescência, pois nesses casos podíamos projetar uma luz invisível, uma luz "negra", sobre alguma coisa e ela fulguraria em tons brancos, vermelhos, verdes ou amarelos, emitindo uma luz própria, uma freqüência de luz ausente na fonte luminosa.

E havia a questão do atraso. A ação da luz normalmente parecia instantânea. Mas no caso da fosforescência, a energia da luz solar parecia ser captada, armazenada, transformada em energia de freqüência diferente e então emitida aos pouquinhos, lentamente, ao longo de horas (havia atrasos semelhantes, tio Abe me explicou, no caso da fluorescência, embora fossem muito mais curtos, apenas frações de segundo). Como isso era possível?

19

MAMÃE

Um verão depois da guerra, em Bournemouth, consegui que um pescador me desse um grande polvo; enchi de água do mar a banheira do nosso quarto no hotel e lá o deixei. Eu o alimentava com caranguejos vivos, cuja casca ele abria com seu bico córneo, e creio que se afeiçoou muito a mim. Certamente ele me reconhecia quando eu entrava no banheiro, e expelia descargas de diferentes cores para indicar sua emoção. Embora tivéssemos cachorros e gatos em casa, eu nunca tivera um animal só meu. Pois agora eu tinha, e achava meu polvo tão inteligente e afetuoso quanto qualquer cão. Eu queria levá-lo para Londres, dar-lhe um lar, um tanque enorme adornado de anêmonas-do-mar e algas marinhas, queria que ele fosse meu bicho de estimação.

Li muito sobre aquários e água marinha artificial — mas, no final, a decisão foi tirada das minhas mãos, pois um dia a arrumadeira entrou e, vendo o polvo na banheira, ficou histérica e o agrediu ferozmente com a vassoura. O polvo, nervoso, expeliu uma gigantesca nuvem de tinta, e quando voltei pouco depois, encontrei-o morto, estatelado na própria tinta. Dissequei-o, cheio de tristeza, quando voltamos para Londres, para aprender o que fosse possível, e por muitos anos guardei seus fragmentados restos mortais em formalina no meu quarto.

Viver numa família de médicos, ouvir meus pais e irmãos mais velhos falar sobre pacientes e doenças me fascinava e também (às vezes) me horrorizava, mas meu novo vocabulário químico me permitia, em certo sentido, competir com eles. Eles podiam falar em *empiema*, uma palavra bonita e engraçadinha de quatro sílabas que indicava uma pavorosa supuração na cavidade torácica, mas eu podia rebater com *empireuma*, o glorioso termo que denota o cheiro de matéria orgânica carbonizada. Não era apenas o som daquelas palavras que eu adorava, mas também sua etimologia — eu estava estudando grego e latim na escola, e passava horas destrinçando as origens e derivações de termos químicos, os caminhos às vezes tortuosos e indiretos pelos quais eles haviam adquirido sua acepção presente.

Meus pais tinham, ambos, o gosto por contar histórias médicas — histórias que podiam começar com a descrição de uma condição patológica ou uma operação e dali estender-se para uma biografia completa. Minha mãe, especialmente, contava essas histórias a seus alunos e colegas, a convidados no jantar ou a qualquer um que estivesse por perto; para ela, o aspecto médico estava sempre embutido na vida de uma pessoa. De vez em quando eu via o leiteiro ou o jardineiro ouvindo hipnotizado um de seus relatos clínicos.

Havia uma grande estante abarrotada de livros no consultório, e eu fuçava ali a esmo, com freqüência fascinado e horrorizado. Alguns deles eu tornava a pegar vezes sem conta: *Tumours innocent and malignant*, de Bland-Sutton, especialmente notável por seus desenhos a traço de teratomas e tumores monstruosos, gêmeos siameses ligados pelo meio do corpo, gêmeos siameses de rostos fundidos, bezerros de duas cabeças, um bebê com uma minúscula cabeça adicional nas proximidades de uma orelha (cabeça que refletia, em sua minúscula réplica, as expressões do rosto principal), "tricobezoares" — bizarras massas repletas de pêlos, cabelos e outros materiais, que haviam sido engolidas e se incrustaram, às vezes fatalmente, no estômago; um cisto ovariano tão grande que teve de ser transportado em um carrinho de mão; e, naturalmente, o Homem Elefante, de quem meu pai já tinha me falado (papai fora estudante no London Hospital não muitos anos depois de John Merrick ter vivido lá). Quase tão pavoroso era o *Atlas of dermachromes*, que mostrava todas as doenças de pele na face da Terra. Mas o mais informativo, o mais lido era o francês *Diagnostic différentiel* — suas minúsculas ilustrações em desenhos a traço me atraíam especialmente. Também nesse livro os horrores espreitavam; para mim, o mais pavoroso era o verbete sobre progeria, uma senilidade galopante que podia fazer uma criança de dez anos atravessar vertiginosamente toda uma vida em poucos meses, transformando-a em uma criatura de ossos frágeis, careca, de nariz adunco e voz estridente, parecendo tão velha quanto a encarquilhada Gagool, a bruxa de trezentos anos com jeito de macaco de *As minas do rei Salomão*, ou com os dementes Struldbrugs de Luggnagg.

Embora ter voltado para Londres e ser "aprendiz" de meus tios (como eu às vezes me considerava) houvesse dissipado como um sonho mau muitos dos medos de Braefield, aqueles temores haviam deixado um resíduo de medo e superstição, um sentimento de que algo pavoroso talvez estivesse reservado para mim e pudesse se abater a qualquer momento.

Desconfio que os perigos especiais da química eram buscados, em certa medida, como um modo de brincar com aqueles medos, persuadindo-me de que, com cuidado e vigilância, prudência e planejamento, era possível controlar aquele mundo arriscado ou encontrar um caminho através dele. E, de fato, ali, graças ao cuidado (e à sorte), eu nunca me machuquei muito seriamente e consegui manter a sensação de domínio e controle. Mas no que respeitava à vida e à saúde de modo geral, não era possível contar com tal proteção. Diferentes formas de ansiedade ou temor agora me acometiam: passei a ter medo de cavalos (ainda usados pelo leiteiro para puxar a carroça), medo de que eles me mordessem com seus dentões; medo de atravessar a rua, especialmente depois que nossa cachorra, Greta, foi atropelada por uma motocicleta; medo de outras crianças, que (no mínimo) ririam de mim; medo de pisar nas fendas entre os paralelepípedos da rua; e, acima de tudo, medo da doença, da morte.

Os livros de medicina de meus pais nutriam esses temores, alimentavam uma incipiente propensão à hipocondria. Por volta dos doze anos contraí uma doença de pele misteriosa, embora não perigosa, que produzia exsudação de soro atrás de meus cotovelos e joelhos, manchava minhas roupas e me levava a evitar que me vissem sem roupa. Seria meu destino, eu ficava pensando, cheio de medo, pegar uma daquelas doenças de pele ou tumores monstruosos sobre os quais eu tinha lido — ou seria a progeria o execrável destino que me estava reservado?

Eu gostava da mesa de Morrison, uma enorme mesa de ferro instalada na copa, supostamente forte o suficiente para suportar o peso da casa inteira em caso de bombardeio. Havia muitos relatos de pessoas cujas vidas tinham sido salvas por uma mesa como aquela, que impediu os escombros da casa de esmagá-las ou sufocá-las. A família toda abrigava-se debaixo da mesa durante os bombardeios aéreos, e a idéia daquela proteção, daquele abrigo, assumiu para mim um caráter quase humano. A mesa nos protegeria, cuidaria de nós, velaria por nós.

Ela era muito aconchegante, eu sentia, quase uma cabana dentro de casa, e quando voltei de St. Lawrence College, aos dez anos, às vezes rastejava para debaixo daquela mesa e ali me sentava ou me deitava, quieto, mesmo não havendo um ataque aéreo.

Meus pais perceberam minha fragilidade na época, por isso nada comentavam quando eu me retraía e rastejava para baixo da mesa. Mas uma noite, quando saí de lá, eles ficaram horrorizados ao ver um círculo sem cabelos em minha cabeça — tinha; esse foi o diagnóstico médico instantâneo. Minha mãe me examinou mais atentamente e cochichou com meu pai. Nunca tinham ouvido falar de uma manifestação tão súbita de tinha. Eu não confessei nada, tentei parecer inocente e escondi a navalha, a navalha de Marcus, que havia levado comigo para baixo da mesa. No dia seguinte eles me levaram a um dermatologista, um tal de dr. Muende. Ele cravou os olhos em mim — não tive dúvidas de que pôde enxergar lá por dentro —, pegou uma amostra de cabelos do trecho calvo e pôs no microscópio para examinar. "Dermatitis artefacta", declarou um segundo depois, significando que a perda de cabelos era auto-infligida; quando ele disse isso, fiquei vermelho como um tomate. Não houve discussão, depois, sobre o motivo de eu ter raspado a cabeça ou mentido.

Minha mãe era uma mulher extraordinariamente tímida, que mal podia suportar ocasiões sociais e se refugiava no silêncio, ou em seus próprios pensamentos, quando era forçada a freqüentá-las. Mas havia um outro lado em sua personalidade, e ela podia tornar-se expansiva, exuberante, uma atriz grandiloqüente quando estava à vontade entre seus alunos. Muitos anos depois, quando levei meu primeiro livro a uma editora da Faber's, ela comentou: "Nós já nos vimos antes, sabia?".

"Acho que não me lembro", respondi, embaraçado. "Não sou bom para reconhecer rostos."

"Você não poderia se lembrar", ela replicou. "Foi há muitos anos, quando eu era aluna de sua mãe. Ela estava dando uma aula sobre amamentação naquele dia, e após alguns minutos ela subitamente se interrompeu e comentou: 'Amamentar uma criança não tem nada de difícil ou embaraçoso'. Ela se inclinou, pegou um bebê que estava dormindo, escondido embaixo de sua mesa, e, descobrindo a criança, amamentou-a diante da classe. Estávamos em setembro de 1933, e o bebê era você."

Tenho a mesma timidez de minha mãe, seu horror a ocasiões sociais, e também, no mesmo grau, seu estilo bombástico, sua exuberância diante de um público.

Existia para ela um outro nível, um nível mais profundo, uma esfera de total absorção em seu trabalho. Sua concentração quando estava operando era absoluta (embora às vezes pudesse quebrar o silêncio quase religioso contando uma piada ou dando uma receita a uma de suas assistentes). Minha mãe tinha um gosto acentuado pela estrutura, pelo modo como as coisas eram organizadas — fossem corpos humanos, plantas ou instrumentos científicos e máquinas. Ainda possuía o microscópio, um velho Zeiss, que usara quando estudante, e o mantinha polido, lubrificado e em plena forma. Ainda gostava de dissecar espécimes, endurecê-los, fixá-los, marcá-los com diferentes corantes — toda a intrincada parafernália de técnicas usadas para tornar estáveis e bem visíveis os tecidos seccionados. Ela me iniciou nas maravilhas da histologia com essas lâminas, e eu conheci — nas brilhantes colorações da hematoxilina e eosina, ou nas sombras enegrecidas com ósmio — uma variedade de células, sadias e malignas. Pude apreciar a beleza abstrata daquelas lâminas sem me preocupar demais com a doença ou a cirurgia que as produzira. Eu também adorava as gomas e os líquidos cheirosos que eram usados para produzi-las; os aromas de óleo de cravo, de cedro, de bálsamo-do-canadá e xileno ainda estão associados, em minha mente, à lembrança de minha mãe, debruçada com toda a atenção sobre seu microscópio, inteiramente absorta.

Embora meus pais fossem, ambos, intensamente sensíveis ao sofrimento de seus pacientes — mais, eu às vezes pensava, do que ao de seus filhos —, suas orientações, suas perspectivas eram fundamentalmente diferentes. As horas de repouso meu pai passava com os livros, na biblioteca, às voltas com comentários bíblicos ou, ocasionalmente, com seus poetas favoritos da Primeira Guerra. Seres humanos, comportamento humano, mitos e sociedades humanas, linguagem humana e religiões absorviam toda a sua atenção — ele tinha pouco interesse pelo não-humano, pela "natureza", ao contrário de minha mãe. Creio que meu pai foi atraído para a medicina porque sua prática era central na sociedade humana, e que ele julgava estar cumprindo um papel essencialmente social e ritual. Mas minha mãe, acredito, foi atraída para a medicina por ser esta uma parte da história natural e da biologia. Ela não podia olhar a anatomia ou a fisiologia humana sem pensar em paralelos e precursores em outros primatas, em outros vertebrados. Isso não prejudicava sua atenção e seus sentimentos pelo indivíduo — mas a levara a situá-lo, sempre, em um contexto mais amplo, o da biologia e da ciência em geral.

O amor de minha mãe pela estrutura estendia-se em todas as direções. Nosso velho relógio de pêndulo, com seu intrincado mostrador e mecanismo interno, era muito delicado e requeria cuidados constantes. Minha mãe tomava inteiramente para si essa tarefa, e com isso acabou se tornando uma espécie de relojoeira. O mesmo acontecia com outras coisas na casa, até com o encanamento. Para ela, consertar uma torneira que pingava ou um vazamento no vaso sanitário era o máximo, e em geral não precisávamos dos serviços de encanadores profissionais.

Mas suas melhores horas, suas horas mais felizes, ela passava no jardim, onde seu gosto pela estrutura e função, seu senso estético e sua ternura se fundiam — afinal, as plantas eram seres vivos, muito mais fascinantes, mas também muito mais cheios de necessidades do que relógios e cisternas. Anos depois, quando deparei com a frase "ter jeito para o organismo" — usada com freqüência pela geneticista Barbara McClintock —, percebi que ela definia minha mãe exatamente, e que esse jeito para o organismo fundamentava tudo, desde sua "mão boa" para as plantas à delicadeza e ao êxito de suas operações.

Minha mãe adorava o jardim, os grandes plátanos que margeavam Exeter Road, os lilases que enchiam a rua com seu perfume em maio e as trepadeiras de rosas que subiam pelos muros de tijolos. Ela cuidava do jardim sempre que podia, e gostava especialmente das árvores frutíferas que havia plantado — o marmeleiro, a pereira, duas macieiras silvestres e uma nogueira. Também tinha um carinho especial por samambaias, que ocupavam quase totalmente os canteiros "de flores".

A estufa de plantas, nos fundos da sala de visitas, era um de meus lugares preferidos, o lugar onde, antes da guerra, minha mãe guardava suas plantas mais delicadas. A estufa, não sei como, escapou de ser despedaçada durante a guerra, e quando meus interesses botânicos floresceram, eu os compartilhei com minha mãe. Tenho doces lembranças de um feto arborescente, uma *Cibotium* lanosa que tentei cultivar ali em 1946, e de uma cicadácea, uma *Zamia*, com folhas rijas como papelão.

Certa vez, quando meu sobrinho Jonathan tinha alguns meses, peguei um maço de radiografias rotuladas "J. Sacks" que haviam sido deixadas na sala de visitas. Comecei a olhá-las com curiosidade, depois com perplexidade, e finalmente com horror — pois Jonathan era um bebezinho lindo, e ninguém teria adivinhado, sem aquelas radiografias, que ele era pavorosamente deformado. Sua pélvis, suas perninhas — nem pareciam humanas.

Procurei minha mãe consternado, levando as radiografias. "Pobre Jonathan...", comecei a dizer.

Minha mãe ficou intrigada. "Jonathan?", ela disse. "Jonathan está bem."

"Mas as radiografias", repliquei. "Eu vi as radiografias."

Minha mãe pareceu confusa, depois explodiu numa gargalhada, chorou de tanto rir. O "J" não é de Jonathan, ela finalmente me explicou, e sim de outro membro da casa, Jezebel. Nossa nova boxer Jezebel estava com sangue na urina, e minha mãe a levara ao hospital para uma radiografia dos rins. O que eu confundira com uma anatomia humana grotescamente deformada era, na verdade, uma anatomia canina perfeitamente normal. Como eu podia ter cometido um erro tão absurdo? O mínimo conhecimento, o mínimo bom senso teria esclarecido tudo para mim — minha mãe, professora de anatomia, não conseguia acreditar.

A área de atuação de minha mãe mudou, a certa altura nos anos 30, da cirurgia geral para a ginecologia e a obstetrícia. Nada a empolgava mais do que um parto difícil — uma apresentação de braço, uma apresentação de nádegas — realizado com êxito. Mas de vez em quando ela trazia para casa fetos malformados — fetos anencefálicos com olhos protuberantes no topo da cabeça achatada e sem cérebro, fetos com espinha bífida, toda a medula espinhal e o tronco cerebral expostos. Alguns eram natimortos; outros, ela e a enfermeira haviam discretamente afogado ao nascer ("como um gatinho", ela comentou certa vez), julgando que, se vivessem, nunca lhes seria possível ter uma vida consciente ou mental. Ansiosa para que eu aprendesse anatomia e medicina, ela dissecou vários desses fetos para mim, e então insistiu, apesar de eu ter apenas onze anos, que eu mesmo os dissecasse. Ela nunca percebeu, acredito, quanto eu ficava consternado, e provavelmente imaginava que meu entusiasmo era igual ao dela. Embora eu houvesse começado a dissecar corpos naturalmente, por conta própria, com minhocas, rãs e meu polvo, a dissecação de fetos humanos me repugnava. Minha mãe várias vezes comentou comigo que ficara preocupada com o crescimento de meu crânio quando eu era bebê, pois temia que as fontanelas se fechassem cedo demais e que, em conseqüência, eu viesse a ser um idiota microencefálico. Por isso eu via naqueles fetos o que eu também (em minha imaginação) poderia ter sido, e isso dificultava para mim o distanciamento e intensificava meu horror.

Embora fosse pressuposto, quase desde que nasci, que eu seria médico (e especificamente cirurgião, esperava minha mãe), essas experiências precoces me indispuseram com a medicina, fizeram com que eu tentasse escapar e me voltasse para as plantas, que não tinham sentimentos, e sobretudo para os cristais, minerais e os elementos, pois existiam em uma esfera própria sem morte, onde a doença, o sofrimento e a patologia não imperavam.

Quando eu estava com catorze anos, minha mãe providenciou para que uma colega sua, professora de anatomia no Royal Free Hospital, me iniciasse em anatomia humana; a professora G., muito prestativa, levou-me para a sala de dissecação. Ali, sobre longos cavaletes, jaziam os cadáveres, embrulhados em material impermeável amarelo (para impedir que os tecidos expostos ressecassem quando não estivessem sendo dissecados). Era a primeira vez na vida que eu via um cadáver, e os corpos me pareciam estranhamente encolhidos e pequenos. Havia no ar um cheiro horrível de tecido necrosado e de preservativo, quase desmaiei ao entrar — apareceram manchas diante de meus olhos e senti uma onda de náusea. A professora G. disse que tinha selecionado um cadáver para mim, o corpo de uma garota de catorze anos. Parte dele já fora dissecada, mas havia uma perna intocada perfeita para eu começar. Tive vontade de perguntar quem era a menina, do que morrera, o que a levara àquela situação — mas a professora G. não deu informações, e de certo modo achei melhor, pois temia ficar sabendo. Eu tinha de pensar naquilo como um cadáver, uma coisa sem nome feita de nervos e músculos, tecidos e órgãos, para ser dissecada como dissecamos uma minhoca ou uma rã com o objetivo de aprender como a máquina orgânica é montada. Havia um manual de anatomia, o *Manual* de Cunningham, na cabeceira do cavalete; era o livro que os estudantes de medicina usavam quando estavam dissecando, e tinha as páginas amareladas e sebosas de gordura humana.

Minha mãe comprara-me um Cunningham na semana anterior para que eu tivesse algum conhecimento prévio, mas isso absolutamente não me preparara para a experiência real, a experiência emocional de dissecar o primeiro corpo. A professora G. começou para mim, fazendo uma vasta incisão inicial que descia pela coxa, cortando a gordura e expondo a fáscia subjacente. Deu-me várias dicas e me entregou o bisturi — voltaria dentro de meia hora, ela disse, para ver como eu estava me saindo.

Levei um mês para dissecar aquela perna; o mais difícil era o pé, com seus pequenos músculos e tendões fibrosos, e a articulação do joelho, imensamente complexa. Às vezes eu conseguia perceber o primor com que tudo se estruturava, conseguia experimentar um prazer intelectual e estético como o que minha mãe sentia com a cirurgia e a anatomia. Seu professor, quando ela estudara medicina, fora o famoso Frederick Wood-Jones, especialista em anatomia comparativa. Minha mãe adorava os livros que ele escrevera — *Arboreal man*, *The hand* e *The foot* — e tinha uma estima toda especial pelos exemplares que ele autografara para ela. Ficou espantada quando eu disse que não conseguia "entender" o pé. "Ora, é como um arco", ela disse, e começou a desenhar pés — desenhos que poderiam ter sido feitos por um engenheiro, de todos os ângulos, para mostrar como o pé conjugava estabilidade e flexibilidade, como ele fora primorosamente projetado ou evoluíra para andar (embora também conservasse óbvios vestígios de sua função preênsil original).

Faltava-me a capacidade de visualização de minha mãe, sua grande aptidão para a mecânica e a engenharia, mas eu gostava quando ela falava sobre o pé e desenhava, em rápida sucessão, patas de lagartos e aves, cascos de cavalos, patas de leões e uma série de pés de primatas. Mas esse prazer de compreender e apreciar anatomia perdeu-se, em grande parte, com o horror à dissecação e a sensação de que a sala de dissecação estendia-se lá para fora, para a vida — eu não sabia se algum dia seria capaz de amar os corpos quentes e animados dos vivos depois de ter visto, cheirado e cortado o cadáver fedendo a formalina de uma garota da minha idade.

RAIOS PENETRANTES

Foi no sótão da casa do tio Abe que se deu minha iniciação nos raios catódicos. Ele possuía uma bomba a vácuo muito eficaz e uma bobina de indução — um cilindro de sessenta centímetros de comprimento enrolado com quilômetros e quilômetros de fio de cobre densamente espiralado e montado sobre uma base de mogno. Havia dois grandes eletrodos móveis de latão acima da bobina; quando ela era ligada, pulava entre os eletrodos e a bobina emitia uma tremenda faísca, um relâmpago em miniatura que parecia coisa do laboratório do dr. Frankenstein. Meu tio me mostrou como era possível separar os eletrodos até ficarem a uma distância suficiente para produzir faíscas, e então conectá-los a um tubo de vácuo de um metro de comprimento. Quando ele reduzia a pressão no tubo eletrificado, uma série de fenômenos extraordinários aparecia lá dentro: primeiro, uma luz bruxuleante com raias vermelhas como uma pequenina aurora boreal, e então uma coluna brilhante de luz ocupando todo o tubo. Quando a pressão era ainda mais reduzida, a coluna se fragmentava em discos de luz separados por espaços escuros. Por fim, a dez milésimos de uma atmosfera, tudo voltava a ficar escuro no interior do tubo, mas sua extremidade começava a apresentar uma brilhante fluorescência. O tubo agora estava cheio de raios catódicos, disse meu tio, partículas alijadas do cátodo com um décimo da velocidade da luz, e tão energéticas que se fossem convergidas com um cátodo em forma de pires, poderiam aquecer ao rubro um pedaço de folha de platina. Eu tinha um certo medo daqueles raios catódicos (do mesmo modo que, quando criança, temia os raios ultravioleta do consultório), pois eram ao mesmo tempo potentes e invisíveis, e eu ficava pensando se eles poderiam escapar do tubo e nos atingir, sem serem vistos, no sótão escuro.

Os raios catódicos, tio Abe me garantiu, só podiam percorrer duas ou três polegadas no ar comum — mas havia um outro tipo de raio, muito mais penetrante, que Wilhelm Roentgen descobrira em 1895 quando fazia experimentos justamente com um tubo de raios catódicos. Roentgen cobrira o tubo com um cilindro de papelão preto para impedir o vazamento de raios catódicos, mas se espantou ao observar que uma tela pintada com substância fluorescente acendia-se intensamente a cada descarga do tubo, mesmo estando quase do outro lado da sala.

Roentgen imediatamente decidiu pôr de lado seus outros projetos de pesquisa para investigar aquele fenômeno totalmente inesperado e quase inacreditável, repetindo o experimento vezes sem conta para se convencer de que o efeito era autêntico. (Comentou com a esposa que, se ele falasse sobre isso sem provas muito convincentes, as pessoas diriam: "Roentgen enlouqueceu".) Durante as seis semanas seguintes, ele investigou as propriedades daqueles novos raios extraordinariamente penetrantes e descobriu que, diferentemente da luz visível, eles pareciam não sofrer refração nem difração. Testou a capacidade dos raios para atravessar todo tipo de sólidos, constatando que podiam passar, em certa medida, pela maioria dos materiais comuns, e ainda assim ativar uma tela fluorescente. Quando Roentgen colocou a própria mão na frente da tela fluorescente, estarreceu-se ao ver uma fantasmagórica silhueta de seus ossos. Analogamente, um conjunto de pesos metálicos tornou-se visível através da caixa de madeira em que estavam guardados — madeira e carne eram mais transparentes para aqueles raios do que metal ou osso. Os raios também afetavam chapas fotográficas, Roentgen descobriu, e assim, em seu primeiro artigo, ele pôde publicar fotografias tiradas pelos raios X, como ele os denominou — incluindo uma radiografia da mão de sua esposa, com a aliança circundando um dedo esquelético.

Em 1º de janeiro de 1896, Roentgen publicou suas descobertas e as primeiras radiografias em um periódico acadêmico de baixa tiragem. Em poucos dias, os principais jornais do mundo publicaram a história. O impacto sensacional de sua descoberta horrorizou o tímido Roentgen; depois de um artigo inicial e de uma apresentação verbal no mesmo mês, ele nunca mais tornou a falar sobre os raios X, voltando a dedicar-se discretamente aos vários interesses científicos que o absorviam nos anos anteriores a 1896. (Mesmo quando foi laureado com o primeiro Prêmio Nobel de Física, em 1901, pela descoberta dos raios X, ele se recusou a fazer um discurso.)

Mas a utilidade dessa nova tecnologia logo ficou patente, e no mundo todo foram instalados aparelhos de raios X para uso médico — para detectar fraturas, encontrar corpos estranhos, cálculos biliares etc. Em fins de 1896, mais de mil artigos científicos sobre os raios X haviam sido publicados. De fato, os raios X não foram bem acolhidos apenas nas áreas médica e científica; arrebataram a imaginação do público de várias maneiras. Podia-se comprar, por um ou dois dólares, uma fotografia de raios X de um bebê de nove semanas "mostrando com detalhes primorosos os ossos do esqueleto, o estágio da ossificação, a localização do fígado, estômago, coração etc.".

Havia a impressão de que os raios X tinham o poder de penetrar nas partes mais íntimas, ocultas, secretas da vida das pessoas. Esquizofrênicos julgavam que suas mentes podiam ser lidas ou influenciadas por raios X; outros achavam que nada estava seguro. "Podem-se ver os ossos de outras pessoas a olho nu", vociferou um editorial, "e também através de oito polegadas de madeira sólida. A revoltante indecência de uma coisa dessas dispensa comentários." Roupas de baixo forradas de chumbo foram postas à venda para proteger as partes pudendas das pessoas dos raios X que tudo enxergavam. No jornal *Photography* foi publicada uma cançoneta que terminava dizendo:

> *Ouvi dizer que eles enxergam*
> *através de capas e vestidos — e até de espartilhos,*
> *esses grandes safados, os raios de Roentgen.*

Meu tio Yitzchak, após ter trabalhado com meu pai durante os meses da grande epidemia de gripe, fora atraído para a área de radiologia pouco depois da Primeira Guerra Mundial. Ele progredira, meu pai me contou, até adquirir uma capacidade extraordinária de fazer diagnósticos por raios X, conseguindo quase inconscientemente perceber os menores indícios de qualquer processo patológico.

Em seus consultórios, que visitei algumas vezes, tio Yitzchak mostrou-me um pouco das aparelhagens e seus usos. O tubo de raios X na máquina já não era visível, como havia sido nas primeiras máquinas; ficava abrigado no interior de uma caixa metálica preta, bicuda e arqueada — parecia um predador perigoso, a cabeça de um pássaro gigantesco. Tio Yitzchak levou-me à câmara escura para vê-lo revelar uma radiografia que ele acabara de tirar. Pálidos à luz vermelha, quase translúcidos, belos, vi os contornos do osso de uma coxa, um fêmur, em um grande filme. Meu tio apontou para uma minúscula fratura, da espessura de um fio de cabelo, que mal se podia vislumbrar na forma de uma linha cinzenta.

"Você já viu radioscopia em sapatarias, mostrando os movimentos dos ossos através da carne", disse meu tio.[1] "Também podemos usar meios de contraste especiais que nos mostram alguns dos outros tecidos do corpo — é fascinante!"

---

[1] Quando eu era menino, as sapatarias eram equipadas com máquinas de raios X, os fluoroscópios, para que se pudesse ver como os ossos dos pés se acomodavam em sapatos novos. Eu adorava aquelas máquinas, pois podíamos mexer os dedos e ver os numerosos ossos distintos movendo-se harmonicamente, em seu quase transparente invólucro de carne.

Tio Yitzchak perguntou-me se eu gostaria de ver aquilo. "Lembra-se do senhor Spiegelman, o mecânico? Seu pai desconfia que ele tem úlcera no estômago, e o mandou aqui para que eu o examine. Ele vai tomar um 'mingau' de bário."

Mexendo a pesada pasta branca, meu tio continuou: "Usamos sulfato de bário porque os íons de bário são pesados e quase opacos para os raios X". Esse comentário me intrigou, e eu me perguntei por que então não se podiam usar íons mais pesados. Talvez fosse possível fazer um "mingau" de chumbo, mercúrio ou tálio — todos esses elementos tinham íons excepcionalmente pesados, embora, evidentemente, ingeri-los fosse letal. Um mingau de ouro ou platina seria divertido, mas caro demais. "E que tal mingau de tungstênio?", sugeri. "Os átomos de tungstênio são mais pesados que os do bário, e o tungstênio não é tóxico nem caro."

Entramos na sala de exame, e meu tio me apresentou ao sr. Spiegelman — ele se lembrava de mim, das nossas rondas matinais de domingo. "Este é o doutor Sacks caçula, Oliver — ele quer ser cientista!" Meu tio posicionou o sr. Spiegelman entre a máquina de raios X e uma tela fluorescente e lhe deu o mingau de bário. O sr. Spiegelman remexeu a pasta com a colher, fazendo careta, e começou a engoli-la enquanto olhávamos a tela. Vi o bário passar pela garganta e entrar no esôfago, que se encheu e se contorceu, lentamente, empurrando o bolo de bário para o estômago. Vi, mais vagamente, um fundo fantasmagórico, os pulmões expandindo-se e contraindo-se na respiração. E, o mais desconcertante de tudo, vi uma espécie de bolsa pulsante — aquele, disse meu tio, apontando, era o coração.

Às vezes eu ficava imaginando como deveria ser alguém possuir outros sentidos. Minha mãe me dissera que os morcegos usavam o ultra-som, que os insetos enxergavam o ultravioleta, que as cascavéis viam o infravermelho. Mas agora, observando as entranhas do sr. Spiegelmen expostas ao "olho" dos raios X, fiquei feliz por não ter visão de raios X e por estar limitado, por natureza, a uma pequena parte do espectro.

Tio Yitzchak, como tio Dave, tinha grande interesse pelos fundamentos teóricos e pelo desenvolvimento histórico de sua área de atuação, e também ele possuía um pequeno "museu", nesse caso de velhos tubos de raios X e raios catódicos, desde os frágeis tubos de três pinos usados na década de 1890. Os primeiros tubos, meu tio contou, não protegiam contra escape de radiação, e, além disso, na época não eram plenamente conhecidos os perigos da radiação. No entanto, ele acrescentou, os raios X haviam se mostrado perigosos desde o princípio: queimaduras de pele apareceram meses após sua introdução, e o próprio lorde Lister, descobridor da anti-sepsia, fez um alerta já em 1896 — mas ninguém lhe deu ouvidos.[2]

Também ficou patente desde o início que os raios X continham muita energia e gerariam calor onde quer que fossem absorvidos. Contudo, por mais penetrantes que fossem, os raios X não tinham grande alcance no ar. O contrário ocorria com as ondas de rádio que, se projetadas adequadamente, podiam transpor o canal da Mancha com a velocidade da luz. Essas ondas também continham energia. Eu me perguntava se aqueles parentes estranhos e às vezes perigosos da luz visível não teriam, talvez, sugerido a H. G. Wells a idéia do sinistro raio de calor usado pelos marcianos em *A guerra dos mundos*, livro que foi publicado apenas dois anos após a descoberta de Roentgen. O raio de calor marciano, escreveu Wells, era "o fantasma de um raio de luz", "um dedo invisível porém intensamente quente", "uma invisível, inevitável espada de calor". Projetado por um espelho parabólico, amolecia ferro, derretia vidro, fazia o chumbo fluir como água e a água explodir incontinentemente em vapor. E sua passagem pelos campos, Wells acrescentou, era "tão veloz quanto a passagem da luz".

Enquanto os raios X eram postos em uso, engendrando inúmeras aplicações práticas e talvez igual número de fantasias, também conduziam a mente de Henri Becquerel por uma linha de

---

[2] Os dentistas corriam um risco maior porque seguravam pequenos filmes para radiografia dentro da boca dos pacientes, com freqüência durante vários minutos, pois as emulsões originais eram muito lentas. Muitos dentistas perderam dedos por exporem as mãos aos raios X dessa maneira.

pensamento bem diferente. Ele já se distinguira em muitos campos das pesquisas ópticas, e nascera em uma família que por sessenta anos vinha demonstrando um interesse arrebatado pela luminescência.[3] Becquerel ficou intrigado quando ouviu pela primeira vez a respeito dos raios X de Roentgen, em 1896, e soube que eles pareciam emanar não do próprio cátodo, mas do trecho fluorescente onde os raios catódicos atingiam a ponta do tubo de vácuo. Ele se perguntou se os invisíveis raios X não poderiam ser uma forma especial de energia que se conjugava à fosforescência visível — e se, de fato, toda fosforescência podia ser acompanhada pela emissão de raios X.

Como não havia substância com fluorescência mais intensa que os sais de urânio, Becquerel expôs ao sol por várias horas uma amostra de sal de urânio, o sulfato duplo de urânio e potássio, e então o depôs sobre uma chapa fotográfica embrulhada em papel preto. Empolgou-se ao descobrir que a chapa foi escurecida pelo sal de urânio, mesmo através do papel, como ocorria com os raios X, e que era fácil fazer a "radiografia" de uma moeda.

Becquerel quis repetir o experimento, mas, como o inverno parisiense estava no auge e o céu permaneceu encoberto, ele não conseguiu expor ao sol o sal de urânio, que ficou intocado na gaveta por uma semana, em cima da chapa fotográfica embrulhada em papel preto e com uma pequena cruz de cobre entre o sal e a chapa. Então, por alguma razão — teria sido acidente ou premonição? —, ele mesmo assim revelou a chapa fotográfica. Ela estava tão escurecida quanto se o urânio houvesse sido exposto à luz solar; na verdade, estava ainda mais escura, e mostrava claramente a silhueta da cruz de cobre.

Becquerel havia descoberto um novo poder, mais misterioso que os raios de Roentgen — o poder de um sal urânico para emi-

---

[3] O avô de Henri Becquerel, Antoine Edmond Becquerel, inaugurara o estudo sistemático da fosforescência na década de 1830 e publicara as primeiras imagens de espectros fosforescentes. O filho de Antoine, Alexandre-Edmond, ajudara nas pesquisas do pai e inventara um "fosforoscópio", que lhe permitia medir fluorescências com a ínfima duração de um milésimo de segundo. Seu livro *Lumière*, de 1867, foi o primeiro estudo abrangente publicado sobre fosforescência e fluorescência (e o único durante os cinqüenta anos seguintes).

tir uma penetrante radiação capaz de velar uma chapa fotográfica, e de um modo que não tinha nenhuma relação com a exposição à luz, aos raios X ou, aparentemente, a nenhuma outra fonte externa de energia. Becquerel ficou "estupefato" com essa descoberta, seu filho escreveu tempos depois (*"Henri Becquerel fut stupefait"*) — tanto quanto Roentgen ficara com seus raios X —, mas assim mesmo, como Roentgen, ele investigou o "impossível". Descobriu que os raios retinham toda a sua potência mesmo se o sal urânico fosse mantido na gaveta por dois meses, e que tinham o poder não só de escurecer chapas fotográficas, mas também de ionizar o ar, torná-lo condutor, de modo que os corpos eletricamente carregados em suas proximidades perdiam sua carga. Isso oferecia um modo muito sensível de medir a intensidade dos raios de Becquerel, por meio de um eletroscópio.

Estudando outras substâncias, ele constatou que esse poder não era encontrado apenas em sais urânicos, mas igualmente em sais uranosos, embora estes últimos não fossem fosforescentes nem fluorescentes. Por outro lado, o sulfeto de bário, o sulfeto de zinco e certas outras substâncias fluorescentes ou fosforescentes não tinham esse poder. Portanto, os "raios de urânio", como Becquerel então os chamou, não tinham nenhuma ligação com fluorescência ou fosforescência em si, e sim com o elemento urânio. Como os raios X, eles tinham um poder notável de penetrar materiais opacos à luz, mas, ao contrário dos raios X, sua emissão aparentemente era espontânea. O que seriam aqueles raios? E como o urânio era capaz de continuar a irradiá-los meses a fio, sem diminuição perceptível?

Tio Abe incentivou-me a repetir a descoberta de Becquerel em meu laboratório, dando-me um pedaço de uraninita rica em óxido de urânio. Levei aquele naco pesado para casa, embrulhado em folha de chumbo, na mochila da escola. A uraninita fora seccionada bem ao meio, para mostrar sua estrutura; posicionei a face cortada diretamente sobre um filme — eu tinha pedido a tio Yitzchak uma chapa de filme especial para radiografias, e a guardava embrulhada em papel escuro. Deixei a uraninita sobre o filme coberto por três dias, depois levei o filme para meu tio revelar. Fiquei louco de ansiedade enquanto tio Yitzchak revelava o filme na minha presença, pois agora podia ver os lampejos da radioatividade no mineral — radiação e energia de cuja existência, sem o filme, ninguém suspeitaria.

Minha empolgação foi dupla, pois a fotografia estava se tornando um hobby, e agora eu tinha minha primeira foto tirada por raios invisíveis! Eu lera que o tório também era radioativo e, sabendo que as camisas de lampião a gás continham essa substância, removi da base de uma delas um dos delicados véus impregnados de tório e com cuidado o posicionei sobre outro filme para radiografia. Dessa vez tive de esperar mais, porém — após duas semanas consegui uma bela "auto-radiografia", com a fina textura do véu captada pelos raios de tório.

Embora o urânio fosse conhecido desde a década de 1780, mais de um século se passou antes que se descobrisse sua radioatividade. Talvez a radioatividade houvesse sido descoberta no século XVIII se alguém por acaso tivesse deixado um pedaço de uraninita perto de um jarro de Leyden carregado ou de um eletroscópio. Ou ela poderia ter sido descoberta em meados do século XIX, caso um pedaço de uraninita ou algum outro minério ou sal de urânio houvesse sido acidentalmente deixado próximo a uma chapa fotográfica. (Isso, de fato, aconteceu com um químico que, sem perceber o que acontecera, mandou as chapas de volta para o fabricante com um bilhete indignado reclamando que elas estavam "estragadas".) No entanto, se a radioatividade houvesse sido descoberta mais cedo, teria sido vista simplesmente como *lusus naturae* — um capricho da natureza, uma curiosidade, uma anomalia, e sua imensa importância passaria totalmente despercebida. A descoberta teria sido prematura, pois não haveria um nexo de conhecimento, um contexto para dar-lhe significado. De fato, quando a radioatividade finalmente foi descoberta, em 1896, a reação a princípio foi bem pequena, visto que mesmo então mal se pôde atinar com sua importância. Assim, em contraste com a descoberta dos raios X por Roentgen, que instantaneamente atraiu a atenção do público, a descoberta dos raios de urânio por Becquerel foi praticamente ignorada.

21

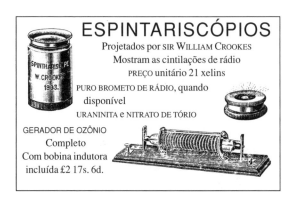

O ELEMENTO DE MADAME CURIE

Minha mãe trabalhou em muitos hospitais, entre eles o Marie Curie Hospital, em Hampstead, especializado em tratamentos de rádio e radioterapia. Quando pequeno eu não sabia muito bem o que era rádio, mas entendia que tinha poderes terapêuticos e podia ser usado para tratar diversas doenças. Minha mãe dizia que o hospital possuía uma "bomba" de rádio. Eu vira fotos de bombas e lera sobre elas em minha enciclopédia infantil, e imaginava a bomba de rádio como um grande objeto alado que poderia explodir a qualquer momento. Menos assustadoras eram as "sementes" de radônio que eram implantadas em pacientes — pequeninas agulhas de ouro cheias de um gás misterioso —, e uma ou duas vezes minha mãe trouxe uma vazia para casa. Eu sabia que minha mãe tinha imensa admiração por Marie Curie — encontrou-a uma vez, e me contava, mesmo quando eu era bem pequeno, como os Curie haviam descoberto o rádio e como isso tinha sido difícil, porque eles precisaram examinar toneladas e toneladas de minério pesado para obter um mero fragmento da substância desejada.

A biografia de Marie Curie escrita por sua filha, Eve Curie — livro que minha mãe me deu quando eu tinha dez anos —, foi a primeira biografia de cientista que li, e me impressionou profundamente.[1] Não era uma descrição árida das realizações de toda uma vida, mas um texto rico em imagens evocativas, pungentes — Marie Curie mergulhando as mãos em sacos de resíduo de uraninita, ainda misturados a agulhas de pinheiro da mina de Joachimsthal, inalando vapores ácidos em meio a grandes cubas e cadinhos fumegantes, mexendo-os com uma haste de ferro quase da sua altura, transformando as imensas massas alcatroadas em recipientes altos de soluções incolores, cada vez mais radioativas, e constantemente as concentrando, por sua vez, em seu galpão varrido por correntes de ar, onde a poeira e a areia não paravam de penetrar nas soluções e anular o trabalho interminável. (Essas imagens foram reforçadas pelo filme *Madame Curie*, a que assisti logo depois de ler o livro.)

Embora o resto da comunidade científica não houvesse dado importância à notícia sobre os raios de Becquerel, os Curie ficaram eletrizados com ela: ali estava um fenômeno sem precedentes nem paralelos, a revelação de uma nova e misteriosa fonte de energia; e ninguém, ao que parecia, estava prestando atenção. Os Curie imediatamente se perguntaram se haveria alguma substância além do urânio que emitisse raios semelhantes, e iniciaram uma busca sistemática (não limitada, como fora a de Becquerel, a substâncias fluorescentes) em tudo o que lhes caía nas mãos, incluindo amostras de quase todos os setenta elementos conhecidos em uma forma ou outra. Descobriram apenas uma outra substância além do urânio que emitia os raios de Becquerel, outro elemento de peso atômico muito elevado: o tório. Testando uma variedade de sais puros de urânio e tório, eles descobriram que a intensidade da radioatividade parecia estar relacionada apenas à quantidade de urânio ou tório presente; assim, um grama de urâ-

---

[1] Em 1998, fiz uma palestra em um encontro no centenário da descoberta do polônio e do rádio. Disse que quando ganhei esse livro eu tinha dez anos e que era minha biografia favorita. Enquanto falava, percebi uma senhora muito idosa na platéia, com os ossos malares salientes das eslavas, e um sorriso largo no rosto. Pensei: "Não pode ser!". Mas era — era Eve Curie, e ela autografou o livro para mim sessenta anos depois de publicado, 55 anos depois de eu tê-lo ganhado.

nio ou tório metálico era mais radioativo do que um grama de qualquer um de seus compostos. Mas quando ampliaram sua investigação para alguns dos minerais comuns contendo urânio e tório, descobriram uma curiosa anomalia, pois alguns daqueles minerais eram mais ativos que os próprios elementos. Amostras de uraninita, por exemplo, podiam ser até quatro vezes mais radioativas que o urânio puro. E então uma inspiração os fez avançar: eles cogitaram a possibilidade de existir algum outro elemento, ainda desconhecido, também presente em pequenas quantidades, um elemento que fosse muito mais radioativo que o próprio urânio.

Em 1897, os Curie empreenderam uma elaborada análise química da uraninita, separando seus numerosos elementos em grupos analíticos: sais de metais alcalinos, de elementos alcalino-terrosos, de elementos de terras-raras — grupos basicamente semelhantes aos da tabela periódica —, a fim de verificar se o elemento radioativo desconhecido teria afinidades químicas com algum daqueles grupos. Logo se evidenciou que boa parte da radioatividade podia ser concentrada por precipitação com bismuto.

Os Curie continuaram a analisar os resíduos de uraninita e, em julho de 1898, obtiveram um extrato de bismuto quatrocentas vezes mais radioativo que o próprio urânio. Sabendo que a espectroscopia podia ser mil vezes mais sensível que a análise química tradicional, eles procuraram o eminente especialista em espectroscopia de terras-raras Eugène Demarçay, em busca de uma confirmação espectroscópica de seu novo elemento. Decepcionaram-se, pois nenhuma assinatura espectral pôde ser obtida naquele momento; apesar disso, os Curie escreveram:

> [...] acreditamos que a substância que extraímos da uraninita contém um metal ainda não observado, relacionado ao bismuto por suas propriedades analíticas. Se a existência desse novo metal for confirmada, propomos que seja denominado polônio, o nome do país de origem de um de nós.

Além disso, eles estavam convencidos de que devia haver ainda um outro elemento radioativo esperando para ser descoberto, pois a extração de polônio com bismuto era responsável por apenas uma parte da radioatividade da uraninita.

Os Curie não tinham pressa — afinal, ninguém mais, aparentemente, estava sequer interessado no fenômeno da radioatividade, além de seu bom amigo Becquerel — e então eles partiram em uma sossegada viagem de férias. (Naquele momento, ignoravam que havia outro ávido e atento observador dos raios de Becquerel, o brilhante jovem neozelandês Ernest Rutherford, que fora trabalhar no laboratório de J. J. Thomson, em Cambridge.) Em setembro, os Curie retomaram sua busca, concentrando-se na precipitação com bário — que parecia particularmente eficaz para explicar a radioatividade remanescente, pois presumivelmente tinha fortes afinidades químicas com o segundo elemento até então desconhecido que eles agora estavam procurando. O processo avançou rápido, e em seis semanas eles obtiveram uma solução de cloreto de bário sem bismuto (e presumivelmente sem polônio), que era quase mil vezes mais radioativa que o urânio. Novamente recorreram a Demarçay, e dessa vez, para sua alegria, viram uma linha espectral (e posteriormente várias linhas: "Duas belas faixas vermelhas, uma linha no verde-azulado e duas linhas tênues no violeta") que não pertencia a nenhum elemento conhecido. Encorajados por esse fato, a poucos dias do final de 1898 os Curie anunciaram a existência de um segundo novo elemento. Decidiram chamá-lo de rádio e, como só havia um leve vestígio do novo elemento misturado ao bário, deduziram que sua radioatividade devia, "portanto, ser enorme".

Era fácil postular a existência de um novo elemento; mais de duzentos anúncios assim haviam sido feitos ao longo do século XIX, mas em sua maioria revelaram-se casos de erro de identificação: "descobertas" de elementos já conhecidos ou misturas de elementos. Agora, em um único ano, os Curie postulavam a existência não de um, mas de dois novos elementos, apenas com base em uma radioatividade intensificada e sua associação material com o bismuto e o bário (e, no caso do rádio, uma única nova linha espectral). Contudo, nenhum de seus novos elementos fora isolado, nem mesmo em quantidades microscópicas.

Fundamentalmente, Pierre Curie era físico e teórico (embora hábil e engenhoso no laboratório, inventando várias aparelhagens novas e originais, como um electrômetro e uma delicada balança baseada em um novo princípio piezelétrico — ambos usados depois em seus estudos sobre a radioatividade). Para ele, o incrível fenômeno da radioatividade era suficiente — ensejava uma nova e vasta esfera de pesquisas, um novo continente onde inúmeras novas idéias poderiam ser testadas.

Para Marie, porém, a ênfase era outra: ela claramente estava fascinada pela natureza física do rádio, tanto quanto por seus estranhos novos poderes; queria vê-lo, senti-lo, fazer com ele combinações químicas, descobrir seu peso atômico e sua posição na tabela periódica.

Até então, o trabalho dos Curie vinha sendo essencialmente químico, removendo da uraninita o cálcio, o chumbo, o silício, o alumínio, o ferro e numerosos elementos de terras-raras — todos os elementos exceto o bário. Por fim, depois de um ano nesse processo, chegou um momento em que os métodos químicos isoladamente não mais bastavam. Parecia não existir um meio químico de separar o rádio do bário, e assim Marie Curie começou a procurar uma diferença física entre seus compostos. Parecia provável que o rádio fosse um elemento alcalino-terroso como o bário, e portanto poderia seguir as tendências desse grupo. O cloreto de cálcio é altamente solúvel; o cloreto de estrôncio, menos, e o cloreto de bário, menos ainda — o cloreto de rádio, predisse Marie Curie, seria praticamente insolúvel. Talvez fosse possível usar essa hipótese para separar os cloretos de bário e rádio, usando a técnica da cristalização fracionada. Quando uma solução morna é resfriada, o soluto menos solúvel se cristaliza primeiro; essa técnica fora usada inicialmente pelos químicos especialistas em terras-raras, no esforço de separar elementos quimicamente quase indistinguíveis. Requeria grande paciência, pois podiam ser necessárias centenas, até milhares de cristalizações fracionadas, e esse processo repetitivo e torturantemente moroso fez com que os meses se prolongassem em anos.

Os Curie haviam acalentado a esperança de isolar o rádio até 1900, mas demoraria quase quatro anos desde o momento em que eles anunciaram a provável existência desse elemento até a obtenção de um sal de rádio puro, um decigrama de cloreto de rádio — menos que a décima milionésima parte do original. Lutando contra todo tipo de dificuldades materiais, combatendo as dúvidas e o ceticismo da maioria de seus pares, às vezes sua própria desesperança e exaustão, e reagindo (embora sem o saber) contra os efeitos insidiosos da radioatividade em seus corpos, os Curie finalmente triunfaram e obtiveram alguns grãos de cloreto de rádio branco cristalino puro — o suficiente para calcularem o peso atômico do rádio (226) e dar a ele seu lugar de direito na tabela periódica, abaixo do bário.

Obter um decigrama de um elemento a partir de várias toneladas de minério era uma façanha sem precedentes; nunca um elemento se mostrara tão difícil de obter. A química por si só não teria possibilitado isso, nem a espectroscopia isoladamente, pois fora preciso concentrar o minério mil vezes antes que as primeiras tênues linhas espectrais do rádio pudessem ao menos ser vistas. Fora necessária uma técnica toda nova — o uso da própria radioatividade — para identificar a concentração infinitesimal de rádio em sua vasta massa de material circundante, e monitorá-lo à medida que ia sendo lenta e relutantemente forçado a atingir um estado de pureza.

Essa realização fez explodir o interesse do público pelos Curie, por seu novo elemento mágico, pela heróica equipe de marido e mulher que se dedicara integralmente à investigação. Em 1903, Marie Curie sintetizou o trabalho dos seis anos precedentes em sua tese de doutorado, e no mesmo ano recebeu (junto com Pierre Curie e Becquerel) o Prêmio Nobel de Física.

Sua tese foi imediatamente traduzida para o inglês e publicada (por Crookes, em *Chemical News*), e minha mãe possuía um exemplar encadernado em uma pequena brochura. Eu adorava as descrições minuciosas dos elaborados processos químicos realizados pelos Curie, do exame cuidadoso e sistemático das propriedades do rádio e especialmente o sentimento de empolgação e fascínio intelectual que parecia fervilhar sob a comedida prosa científica. Tudo era muito prático, até prosaico — mas também uma espécie de poesia. E eu me sentia atraído pelos anúncios, nas capas do livro, oferecendo rádio, tório, polônio e urânio, tudo disponível facilmente a qualquer pessoa que quisesse fazer experimentos. Havia um anúncio de A. C. Cossor, em Farringdon Road, a poucos metros da fábrica de Tio Tungstênio, oferecendo "puro brometo de rádio (quando disponível), uraninita [...] tubos de alto vácuo de Crookes, mostrando a fluorescência de vários minerais [...] [e] outros materiais científicos". A loja Harrington Brothers (em Oliver's Yard, não longe dali) vendia uma variedade de sais de rádio e minerais de urânio. J. J. Griffin and Sons (que mais tarde se tornaria a Griffin & Tatlock, onde eu comprava meus suprimentos químicos), vendia "Kunzita — o novo mineral, que reage em alto grau às emanações de rádio", enquanto Armbrecht, Nelson & Co. (estabelecimento indiscutivelmente superior aos demais, em Grosvenor Square) tinha sulfeto de polônio (em tubos de 1 grama a 21 xelins) e telas de willemita fluorescente (seis *pence* a polegada quadrada). "Nossos recém-inventados inaladores de tório", acrescentavam, "podem ser alugados." Eu me perguntei o que seria um inalador de tório. A pessoa se sentiria revigorada, fortalecida se inalasse aquele elemento radioativo?

Ninguém parecia ter idéia do perigo daquelas substâncias na época.[2] A própria Marie Curie mencionou em sua tese que "se

---

[2] Becquerel fora o primeiro a notar os danos que podiam resultar da radioatividade — descobriu uma queimadura em seu corpo depois de ter transportado um concentrado altamente radioativo no bolso de seu casaco. Pierre Curie investigou o assunto deliberadamente, permitindo uma queimadura de rádio em seu braço. Mas ele e Marie nunca combateram plenamente os perigos do rádio, seu "filho". Seu laboratório, dizia-se, refulgia no escuro, e ambos talvez tenham morrido em razão dos efeitos dessa substância. (Pierre, enfraquecido, morreu em um acidente de trânsito; Marie, trinta anos depois, morreu de anemia aplástica.) Amostras radioativas eram enviadas livremente pelo correio e manuseadas com pouca proteção. Frederick Soddy, que trabalhou com Rutherford, acreditava que a manipulação de materiais radioativos o tornara estéril.
Entretanto, havia ambivalência, pois a radioatividade também era considerada benigna, terapêutica. Além dos inaladores de tório, havia uma pasta dental de tório, feita pela Auer Company (tia Annie guardava sua dentadura à noite em um copo contendo "bastões de rádio"), e o Radioendoctrinator, que continha rádio e tório, para ser usado em volta

uma substância radioativa for colocada, no escuro, próxima ao olho fechado ou à têmpora, a sensação de luz invade o olho"; várias vezes tentei obter esse efeito usando um dos relógios luminosos que tínhamos em casa, com os números e ponteiros pintados com a tinta luminosa do tio Abe.

Para mim foi particularmente emocionante, na narrativa de Eve Curie, o episódio em que seus pais, certa noite, inquietos e curiosos para saber como andava a cristalização fracionada, voltaram ao laboratório já bem tarde e viram, na escuridão, um fulgor mágico saindo de todos os tubos, recipientes e vasilhas que continham concentrados de rádio; foi quando eles se deram conta de que seu elemento possuía luminosidade espontânea. A luminosidade do fósforo requeria a presença de oxigênio, mas a luminosidade do rádio emanava inteiramente de seu interior, de sua própria radioatividade. Marie Curie escreveu liricamente sobre essa luminosidade:

> Uma de nossas alegrias era ir à nossa sala de trabalho à noite, quando distinguíamos as tênues silhuetas luminosas dos frascos e cápsulas que continham nossos produtos. [...] Era uma visão magnífica, e sempre nova para nós. Os tubos brilhantes pareciam luzes fantásticas esmaecidas.

Tio Abe ainda possuía um pouco de rádio, que sobrara de seu trabalho com tinta luminosa; mostrava-me a substância, um frasco com alguns miligramas de brometo de rádio no fundo — parecia um grão de sal comum. Ele tinha três pequenas telas pintadas com platinocianetos — de lítio, de sódio e de bário —, e quando

---

do pescoço com o fim de estimular a tireóide, ou ao redor do escroto, para estimular a libido. As pessoas iam a balneários para tomar água com rádio.

O problema mais sério surgiu nos Estados Unidos, onde médicos prescreviam a ingestão de soluções radioativas como a Radithor para rejuvenescimento, cura de câncer de estômago ou doença mental. Milhares de pessoas beberam essas poções, e só com a amplamente divulgada morte de Eben Byers, um eminente magnata do aço e membro da alta sociedade, em 1932, chegou ao fim a mania do rádio. Após consumir um tônico de rádio diariamente por quatro anos, Byers apresentou grave síndrome de irradiação e câncer do maxilar, morrendo grotescamente enquanto seus ossos se desintegravam, como monsieur Valdemar na história de Edgar Allan Poe.

agitava o tubo contendo o rádio (segurando-o com tenazes) perto das telas escurecidas, elas se acendiam subitamente, tornando-se folhas de fogo vermelho, depois amarelo e então verde, e descoravam de repente quando ele tornava a afastar o tubo.

"O rádio produz muitos efeitos interessantes sobre as substâncias próximas", disse meu tio. "Os efeitos fotográficos você conhece, mas o rádio também escurece papel, queima-o e o deixa furado como uma peneira. O rádio decompõe os átomos do ar, que então se recombinam de formas diferentes — por isso você sente cheiro de ozônio e peróxido de hidrogênio quando se aproxima. Ele afeta o vidro — torna azuis os vidros amolecidos e marrons os vidros endurecidos; também pode colorir o diamante e dar ao salgema um violeta vivo e forte." Tio Abe mostrou-me um pedaço de fluorita que deixara exposto ao rádio por alguns dias. Sua cor original fora roxa, ele explicou, mas agora estava pálida, carregada de uma estranha energia. Meu tio aqueceu levemente a fluorita, bem antes que ficasse aquecida ao rubro, e ela subitamente emitiu um lampejo forte, como se estivesse aquecida ao branco, retornando então ao roxo original.

Outro experimento que tio Abe me mostrou foi eletrificar uma borla de cortina feita de seda, friccionando-a com um pedaço de borracha: seus fios, tornando-se carregados de eletricidade, repeliam-se uns aos outros e se separavam no ar. Mas assim que meu tio aproximou o rádio, os fios desabaram, pois perderam a carga elétrica. Isso ocorria porque a radioatividade fazia o ar conduzir eletricidade, meu tio explicou, e assim a borla da cortina não podia mais conservar sua carga. Uma forma extremamente refinada desse processo era o eletroscópio de folha de ouro que meu tio possuía em seu laboratório — um robusto jarro com uma haste de metal atravessada em sua tampa para conduzir uma carga e duas minúsculas folhas de ouro suspensas na tampa. Quando o eletroscópio era carregado, as folhas de ouro se separavam no ar, exatamente como os fios da borla de cortina. Mas quando aproximávamos uma substância radioativa do jarro, ele imediatamente se descarregava e as folhas caíam. A sensibilidade do eletroscópio ao rádio era espantosa — podia detectar mil milionésimos de um grão, milhões de vezes menos que a quantidade quimicamente possível de detectar, e era mil vezes mais sensível até que um espectroscópio.

Eu gostava de olhar o relógio de rádio do tio Abe, que consistia basicamente em um eletroscópio de folha de ouro com um pequenino rádio em seu interior, em um recipiente de vidro separado, de paredes finas. O rádio, emitindo partículas negativas, gradualmente adquiria carga positiva; as folhas de ouro começavam a divergir, até que atingiam a lateral do recipiente e perdiam a carga; então o ciclo recomeçava. Esse "relógio" vinha abrindo e fechando suas folhas de ouro a cada três minutos havia mais de trinta anos, e continuaria a fazê-lo por mil anos ou mais — era o mais próximo que se podia chegar de uma máquina de moto-contínuo, disse meu tio.

Se o urânio representara um desafio razoável, o isolamento do rádio, um milhão de vezes mais radioativo, foi muito mais difícil. Enquanto o urânio podia escurecer uma chapa fotográfica (ainda que levasse vários dias) ou descarregar um eletroscópio de folha de ouro ultra-sensível, o rádio fazia isso em uma fração de segundo, fulgurava espontaneamente com a fúria de sua própria atividade e, como ficou cada vez mais evidente no novo século, podia penetrar materiais opacos, ozonizar o ar, tingir vidro, induzir a fluorescência e queimar e destruir tecidos vivos do corpo, de um modo que podia ser terapêutico ou destrutivo.

Com todos os outros tipos de radiação, dos raios X às ondas radiofônicas, a energia tinha de ser fornecida por uma fonte externa; mas os elementos radioativos, aparentemente, tinham sua própria força e podiam emitir energia sem decréscimo por meses ou anos, e calor, pressão, campos magnéticos, irradiação ou reagentes químicos não faziam a mínima diferença nesse processo.

De onde provinha essa imensa quantidade de energia? Os princípios mais firmes das ciências físicas eram os princípios da conservação — matéria e energia não podiam ser criadas nem destruídas. Ninguém jamais sugerira a sério que esses princípios poderiam ser violados, e contudo, a princípio, o rádio pareceu fazer exatamente isso — ser um moto-contínuo, um almoço gratuito, uma fonte constante e inesgotável de energia.

Um modo de escapar a esse enigma era supor que a energia das substâncias radioativas tinha uma fonte exterior; de fato, foi o que Becquerel sugeriu inicialmente, fazendo uma analogia com a fosforescência: ele supôs que as substâncias radioativas absorviam energia de alguma coisa, de algum lugar, e então a reemitiam, lentamente, à sua própria maneira. (Para designar esse processo, ele cunhou o termo *hiperfosforescência*.)

Os Curie por um breve tempo acalentaram a idéia de uma fonte externa — talvez uma radiação semelhante aos raios X que banhasse a Terra — e enviaram uma amostra de um concentrado de rádio a Hans Geitel e Julius Elster, na Alemanha. Elster e Geitel eram grandes amigos (conhecidos como "Castor e Pólux da física") e brilhantes investigadores, que já haviam demonstrado que a radioatividade não era afetada por vácuo, raios catódicos e luz solar. Quando levaram a amostra para o fundo de uma mina de trezentos metros de profundidade nas montanhas Harz — um lugar aonde os raios X não chegavam —, constataram que a radioatividade não diminuíra.

A energia do rádio poderia provir do éter, aquele meio misterioso, imaterial que se supunha preencher todos os cantos do universo e permitir a propagação da luz, gravidade e todas as demais formas de energia cósmica? Essa foi a opinião de Mendeleiev quando visitou os Curie, embora ele lhes desse um viés químico especial, supondo que o éter fosse composto de um "elemento etéreo" muito leve, um gás inerte capaz de penetrar toda matéria sem reação química, cujo peso atômico seria aproximadamente metade do peso atômico do hidrogênio. (Esse novo elemento, pensou Mendeleiev, já fora observado na coroa solar e recebera o nome de corônio.) Mendeleiev supôs ainda a existência de outro elemento, um elemento etéreo ultraleve, com peso atômico inferior a um bilionésimo do peso atômico do hidrogênio, que permeava o cosmo. Os átomos desses elementos etéreos, julgava Mendeleiev, atraídos pelos átomos pesados do urânio e tório, e por eles absorvidos de algum modo, dotavam os dois elementos pesados de sua própria energia etérea.[3]

Fiquei confuso na primeira vez em que encontrei referências ao Éter — freqüentemente escrito com inicial maiúscula —, pensando que se tratasse do líquido inflamável, volátil e de cheiro forte que minha mãe levava em sua bolsa anestésica. Thomas Young postulara, em 1801, um Éter "luminífero" como o meio através do qual se propagavam as ondas luminosas, tio Abe me explicou, uma noção que fora aceita durante todo o século XIX. Mas Maxwell conseguiu evitá-lo em suas equações, e um célebre experimento no início da década de 1890 não conseguira demonstrar nenhuma "deriva do Éter", nenhum efeito do movimento da Terra sobre a velocidade da luz, como se poderia esperar se existisse um Éter. Porém, claramente a idéia do Éter ainda permanecia muito forte na mente de vários cientistas na época da descoberta da radioatividade, e era natural que recorressem a essa suposição para explicar as misteriosas energias radioativas.[4]

Mas se era possível imaginar — com muito esforço — que um lento fiozinho de energia como o emitido pelo urânio poderia provir de uma fonte externa, tornava-se muito difícil acreditar nessa idéia quando se tratava do rádio, que (como demonstrariam Pierre Curie e Albert Laborde em 1903) era capaz de, em uma hora, levar à fervura uma quantidade de água congelada com peso

---

[3] Conservando até o fim a flexibilidade de pensamento, Mendeleiev renunciou à sua hipótese do éter no ano anterior ao de sua morte, e admitiu aceitar o "impensável" — a transmutação — como a fonte da energia radioativa.

[4] O Éter foi forçado a muitas outras utilidades também. Para Oliver Lodge, conforme um texto de 1924, o Éter ainda era o meio necessário para as ondas eletromagnéticas e a gravitação, embora nessa época a teoria da relatividade já fosse amplamente conhecida. Também era, para Lodge, o meio que fornecia um contínuo, uma matriz na qual partículas discretas, átomos e elétrons podiam se encaixar. Finalmente, para ele (assim como para J. J. Thomson e muitos outros), o Éter assumiu um papel religioso ou metafísico — tornou-se o meio, a esfera onde habitavam os espíritos e a Mente genérica, onde a força vital dos mortos mantinha uma espécie de quase-existência (e podia, talvez, ser convocada pelo esforço dos médiuns). Thomson e muitos outros físicos de sua geração tornaram-se membros ativos, fundadores da Society for Psychical Research, uma reação, talvez, ao materialismo da época e à morte percebida ou imaginada de Deus.

igual ao seu.⁵ E era ainda mais difícil quando se pensava em substâncias ainda mais intensamente radioativas, como o polônio puro (um pedaço pequeno aquecia-se ao rubro espontaneamente) ou o radônio, que era 200 mil vezes mais radioativo que o próprio rádio — tão radioativo que meio litro dessa substância vaporizaria instantaneamente qualquer recipiente que a contivesse. Tal poder de aquecimento era ininteligível com qualquer hipótese etérea ou cósmica.

Sem uma fonte de energia externa plausível, os Curie foram forçados a retornar à sua idéia original de que a energia do rádio tinha de possuir uma origem *interna*, ser uma "propriedade" atômica — embora fosse dificílimo imaginar uma base para essa idéia. Ainda em 1898 Marie Curie adicionou uma idéia mais ousada, até mesmo revoltante: a radioatividade poderia provir da desintegração de átomos, poderia ser "uma emissão de matéria acompanhada de uma perda de peso das substâncias radioativas" — uma hipótese ainda mais bizarra que suas alternativas, poderia parecer na época, pois era um axioma da ciência, uma suposição fundamental os átomos serem indestrutíveis, imutáveis, indivisíveis; toda a química e a física clássicas alicerçavam-se nessa fé. Nas palavras de Maxwell:

> Embora ao longo das eras tenham ocorrido catástrofes e ainda possam ocorrer no céu, embora sistemas antigos possam ser dissolvidos e de suas ruínas evoluam novos sistemas, os [átomos] dos quais esses sistemas são construídos — as pedras fundamentais do universo material — permanecem intactos e sem desgaste. Continuam até hoje como foram criados — perfeitos em número, dimensão e peso.

Toda a tradição científica, de Demócrito a Dalton, de Lucrécio a Maxwell, insistia nesse princípio, e é fácil compreender como,

---

[5] Depois de ler sobre esse assunto, quis saber se seria possível, pelo tato, sentir calor em alguma substância radioativa. Eu tinha pequenas barras de urânio e tório, mas elas pareciam tão frias quanto quaisquer outras barras de metal. Certa vez segurei nas mãos o pequeno tubo de tio Abe, com seus dez miligramas de brometo de rádio; mas o rádio não era maior que um grão de sal, e não senti nenhum calor através do vidro.

Fiquei fascinado quando Jeremy Bernstein me contou que certa vez segurou nas mãos uma esfera de plutônio — nada mais, nada menos que o núcleo de uma bomba atômica — e sentiu que ela era extraordinariamente quente.

após suas primeiras e ousadas proposições sobre a desintegração atômica, Marie Curie desistiu dessa idéia e (usando uma linguagem incomumente poética) concluiu sua tese sobre o rádio afirmando que "a causa dessa radiação espontânea permanece um mistério [...] um profundo e fascinante enigma".

22

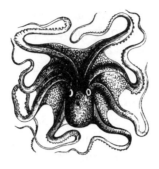

CANNERY ROW

No verão depois da guerra fomos para a Suíça, porque era o único país no continente que não fora devastado pelos combates e ansiávamos por normalidade após seis anos de bombardeios, racionamento, austeridade e aperto. A transformação saltou à vista assim que cruzamos a fronteira — os novos e reluzentes uniformes dos funcionários da alfândega suíça contrastavam com os fardamentos puídos do lado francês. O próprio trem pareceu ficar mais limpo e claro, mover-se com nova eficiência e velocidade. Chegando a Lucerna, fomos transportados numa berlinda elétrica. Era um carro alto, aprumado, com enormes janelas de vidro laminado, um veículo que meus pais tinham visto na infância, mas no qual nunca haviam entrado; a veterana berlinda nos levou silenciosamente ao hotel Schweizerhof, um hotel vasto e esplêndido como eu jamais imaginara. Meus pais costumavam escolher acomodações relativamente modestas, mas dessa vez seus instintos os conduziram na direção oposta, ao hotel mais suntuoso, mais aparatoso de Lucerna — uma extravagância a que eles se julgavam com direito após seis anos de guerra.

O Schweizerhof permanece em minha mente por outra razão: foi onde dei o primeiro (e último) concerto de minha vida. Passara-se pouco mais de um ano desde a morte da sra. Silver, minha professora de piano, um ano em que eu nem sequer abrira o instrumento, mas agora alguma coisa radiosa, libertadora, fez com que eu me expandisse, deu-me vontade de tocar novamente, de súbito, e para outras pessoas. Embora houvesse sido treinado em Bach e Scarlatti, sob a influência da sra. Silver passara a gostar dos românticos — especialmente Schumann e as incitantes, exuberantes mazurcas de Chopin. Muitas daquelas obras estavam tecnicamente fora de meu alcance, mas eu as sabia de cor, todas as cinqüenta e tantas, e podia ao menos (encorajava-me) dar uma idéia de como elas eram, de sua vitalidade. Eram miniaturas, mas pareciam conter todo um mundo.

Meus pais, de algum modo, persuadiram o hotel a organizar um concerto no salão, permitir que eu usasse o piano de cauda (o maior que eu já vira, um Bösendorfer com algumas teclas extras inexistentes em nosso Bechstein), e anunciar que, na próxima quinta-feira à noite, seria apresentado um recital do "jovem pianista inglês Oliver Sacks". Isso me apavorou, e fui ficando cada vez mais nervoso conforme a data se aproximava. Mas, chegada a hora, vesti meu melhor terno (fora feito para meu bar mitzvah no mês anterior). Entrei no salão, fiz uma reverência, armei um sorriso e (quase molhando as calças de terror) sentei-me ao piano. Após os compassos iniciais da primeira mazurca, empolguei-me e a levei até uma floreada conclusão. Houve aplausos, sorrisos e perdão para meus erros, por isso ataquei a seguinte, e a seguinte, e a seguinte, concluindo por fim com uma obra póstuma (que eu vagamente imaginava ter sido completada após a morte de Chopin).

Essa apresentação me proporcionou um prazer raro, especial. Minha química, mineralogia e ciência eram, todas elas, coisas privadas, compartilhadas com meus tios e ninguém mais. O recital, em contraste, foi aberto e público, com apreciação e troca, dar e receber. Foi o princípio de algo novo, o começo de uma comunicação.

Aproveitamos escandalosamente o luxo do Schweizerhof, passando o que nos pareciam horas nas enormes banheiras de mármore, comendo até estourar no opulento restaurante. Mas por fim nos fartamos daqueles excessos de deleite e começamos a perambular pela velha cidade de ruas tortuosas e vistas repentinas de montanha e lago. Pegamos o trem funicular que subia por trilhos de engrenagens até o topo do monte Rigi — era a primeira vez que eu andava num trem daquele tipo e que ia ao topo de uma montanha. Fomos então ao vilarejo alpino de Arosa, onde o ar era frio e seco, e ali pela primeira vez eu vi a edelvais e a genciana e as minúsculas igrejas de madeira pintada, e ouvi o corne alpino ressoar de vale a vale. Foi em Arosa, creio, mais do que em Lucerna, que uma súbita sensação de júbilo finalmente me invadiu, um sentimento de libertação e alívio, uma percepção da doçura da vida, de um futuro, de uma promessa. Eu tinha treze anos — treze anos! —; a vida não estaria à minha espera?

Na viagem de volta, paramos em Zurique (a cidade onde o jovem Einstein havia morado e trabalhado, tio Abe me contou), e essa estada, em outros aspectos sem nada de notável, permanece em minha memória por um motivo muito especial. Meu pai, que sempre procurava uma piscina onde quer que estivesse hospedado, localizou uma grande piscina municipal na cidade. Imediatamente começou a percorrê-la com as poderosas braçadas que eram sua especialidade, mas eu, estando mais propenso à preguiça, subi numa prancha de cortiça que achei por lá e decidi, para variar, deixar-me flutuar, ficar apenas boiando. Perdi a noção do tempo, deitado quieto na prancha ou remando de leve. Uma estranha tranqüilidade, uma espécie de êxtase me arrebatou — uma sensação que eu às vezes tivera em sonhos. Eu já havia flutuado em pranchas de cortiça ou bóias de borracha antes, mas dessa vez algo mágico estava acontecendo, uma imensa onda de prazer que foi crescendo devagar, me elevando, numa subida que parecia nunca chegar, e por fim amainou em lânguida beatitude. Foi a mais bela, a mais serena sensação que já tive.

Só quando tirei o calção de banho percebi que provavelmente tivera um orgasmo. Não me ocorreu associar isso a "sexo" ou a outras pessoas; não me senti angustiado nem culpado — mas não comentei com ninguém, aceitando aquele acontecimento como uma bênção ou graça mágica, privada, que viera para mim espontaneamente, sem ter sido pedida. Tive a sensação de haver descoberto um grande segredo.

Em janeiro de 1946 mudei do The Hall, minha escola preparatória em Hampstead, para um colégio muito maior em Hammersmith, o St. Paul. Foi ali, na Biblioteca Walker, que conheci Jonathan Miller: eu estava escondido num canto, lendo um livro do século XIX sobre eletrostática — lendo, por alguma razão, sobre "ovos elétricos" —, quando uma sombra caiu sobre a página. Ergui os olhos e vi um garoto espantosamente alto, magricela e desajeitado, de rosto muito expressivo, olhos brilhantes e travessos e uma exuberante cabeleira ruiva. Começamos a conversar, e temos sido grandes amigos desde então.

Antes dessa época eu tivera apenas um amigo de verdade, Eric Korn, que eu conhecia quase desde que nasci. Eric também mudou do The Hall para o St. Paul um ano depois, e então ele, Jonathan e eu formamos um trio inseparável, unidos não só por nossos laços pessoais mas também por laços de família (nossos pais, trinta anos antes, haviam estudado medicina juntos, e nossas famílias permaneceram amigas). Jonathan e Eric não compartilhavam realmente meu amor pela química — embora tivessem participado do experimento em que atiramos sódio no lago e de dois outros —, mas se interessavam muito por biologia, e era inevitável, quando chegasse a hora, que viéssemos a freqüentar a mesma turma de biologia e que nos encantássemos com o professor dessa matéria, Sid Pask.

Sid era um professor esplêndido. E também intolerante, fanático, atormentado por uma pavorosa gagueira (que não cansávamos de imitar) e sem nenhuma inteligência excepcional. Por dissuasão, ironia, zombaria ou força, o sr. Pask nos desviava de todas as outras atividades — esportes e sexo, religião e família, e de todas as outras matérias da escola. Exigia que fôssemos tão fanáticos quanto ele.

A maioria de seus alunos o considerava um mandão insuportável, chato e intransigente. Faziam de tudo para escapar do que viam como a tirania fútil e pedante do professor. A luta prosseguia por algum tempo, e então, subitamente, deixava de haver resistência — ficavam livres. Pask não mais os criticava, parava de fazer exigências ridículas sobre o tempo e a energia dos recalcitrantes.

Mas alguns de nós, a cada ano, reagiam ao desafio de Pask. Em troca, ele se entregava inteiro a nós — todo o seu tempo, toda a sua dedicação à biologia. Ficávamos até tarde da noite com ele no Natural History Museum (certa vez me escondi em uma galeria e consegui passar a noite lá). Sacrificávamos todos os fins de semana em expedições para coletar plantas. Em janeiro, madrugávamos em dias gélidos para freqüentar seu curso sobre água doce. E uma vez por ano — essa lembrança ainda guarda uma doçura quase insuportável — íamos com ele a Millport para três semanas de biologia marinha.

Millport, na costa oeste da Escócia, tinha uma estação de biologia marinha primorosamente equipada, onde sempre éramos acolhidos calorosamente e apresentados a todos os experimentos que estivessem em curso. (Na época estavam sendo feitas observações fundamentais sobre o desenvolvimento dos ouriços-do-mar, e lorde Rothschild foi infinitamente paciente com os entusiasmados colegiais que se amontoavam para espiar suas placas de Petri contendo os plúteos, as larvas transparentes de ouriço-do-mar.) Jonathan, Eric e eu cruzamos várias vezes a praia rochosa, contando todos os animais e algas marinhas que podíamos encontrar em sucessivas porções de dez centímetros quadrados, descendo do topo recoberto de líquen da rocha (*Xanthoria parietina* era o eufônico nome desse líquen) até a linha da costa e as lagoas formadas pela maré. Eric era particularmente astuto e engenhoso, e uma ocasião, quando precisávamos suspender um fio de prumo para determinar uma vertical, mas não sabíamos onde prendê-lo, Eric arrancou uma lapa, espécie de molusco, da base de uma rocha, prendeu a ponta do fio de prumo embaixo da concha e a encaixou firmemente no alto da pedra, como uma tacha natural.

Todos nós adotamos grupos zoológicos particulares: Eric enamorou-se dos pepinos-do-mar, as holotúrias; Jonathan, dos peludos vermes iridescentes chamados poliquetas, e eu, das lulas e sibas, polvos, cefalópodes — os mais inteligentes e, para mim, os mais belos dos invertebrados. Um dia fomos todos para o litoral, até Hythe, em Kent, onde os pais de Jonathan haviam alugado uma casa para o verão, e saímos para um dia de pesca em uma traineira comercial. Os pescadores geralmente devolviam ao mar as sibas que iam parar em suas redes (esses moluscos não eram um prato muito apreciado na Inglaterra). Mas eu, fanaticamente, insisti que eles as guardassem para mim, e por isso devia haver dúzias delas no convés quando lá chegamos. Levamos todas as sibas para casa em baldes e tinas, guardamos em grandes jarros no porão, acrescentando um pouco de álcool para conservá-las. Como os pais de Jonathan não estavam em casa, não hesitamos. Poderíamos levar todas as sibas para a escola, para Sid — imaginamos seu sorriso espantado quando entrássemos com elas —, e haveria uma siba para cada aluno dissecar, duas ou três para os entusiastas dos cefalópodes. Eu faria uma pequena palestra sobre elas no Field Club, discorreria sobre sua inteligência, seu grande cérebro, seus olhos de retinas eretas, suas rápidas mudanças de cor.

Alguns dias mais tarde, quando os pais de Jonathan estavam prestes a retornar, ouvimos baques surdos vindos do porão; descemos para investigar e deparamos com uma cena grotesca: as sibas, malconservadas, tinham apodrecido e fermentado, e os gases produzidos haviam explodido os jarros, atirando grandes nacos de siba nas paredes e no chão; até no teto havia fragmentos grudados. O fedor fortíssimo de putrefação era horroroso, inimaginável. Fizemos o possível para raspar as paredes e remover os pedaços explodidos e incrustados de siba. Lavamos todo o porão com mangueira, nauseados, mas a fedentina não quis saber de ir embora, e quando abrimos as janelas e portas para arejar o porão, ela se alastrou pela casa como um miasma, espalhou-se por cinqüenta metros em todas as direções.

Eric, sempre engenhoso, sugeriu que disfarçássemos o cheiro ou o substituíssemos por outro ainda mais forte, porém agradável — essência de coco daria conta do recado, decidimos. Fizemos uma vaquinha e compramos um frasco bem grande da essência, demos uma ducha em todo o porão com ela e depois a distribuímos prodigamente pelo resto da casa, dentro e fora. Os pais de Jonathan chegaram uma hora mais tarde; ao se aproximar da casa, sentiram um estonteante cheiro de coco. Mas quando chegaram mais perto atingiram uma zona dominada pelo fedor de siba putrefata — os dois cheiros, os dois vapores, por alguma curiosa razão, haviam se organizado em zonas alternadas de cerca de um metro e meio de largura. E quando eles entraram na cena do nosso acidente, do nosso crime, o porão, não puderam suportar o fedor por mais de alguns segundos. Nós três caímos em grande desgraça por causa desse incidente, especialmente eu, que com a minha ganância começara tudo (uma única siba não teria bastado?) e que fora tolo por não perceber a quantidade de álcool correta. Os pais de Jonathan tiveram de antecipar o fim das férias e deixar a casa (que, como fiquei sabendo, permaneceu inabitável durante meses). Mas meu entusiasmo pelas sibas continuou intacto.

Talvez esse entusiasmo tivesse uma razão química além de biológica, pois as sibas (como muitos outros moluscos e crustáceos) tinham sangue azul em vez de vermelho, já que evoluíra nelas um sistema de transporte de oxigênio totalmente diferente do que nós, os vertebrados, possuíamos. Enquanto nosso pigmento respiratório vermelho, a hemoglobina, continha ferro, o pigmento respiratório azulado das sibas, hemocianina, continha cobre. Tanto o ferro como o cobre tinham um excelente potencial de redução: podiam facilmente captar oxigênio, passando a um estado de oxidação maior, e então liberá-lo, reduzir-se, conforme a necessidade. Eu me perguntei se seus vizinhos na tabela periódica (alguns com potencial de oxidação e redução ainda maior) já teriam sido explorados como pigmentos respiratórios, e me empolguei ao saber que algumas ascídias, do grupo dos tunicados, eram muito ricas em vanádio e possuíam células especiais, os vanadócitos, destinadas a armazenar esse elemento. Por que o continham era um mistério; eles não pareciam ser parte de um sistema de transporte de oxigênio. Tive a absurda e petulante idéia de que poderia resolver esse enigma durante nossas excursões anuais a Millport. Mas não fui além de coletar um monte de ascídias (com a mesma voracidade, o mesmo exagero que me fizera juntar tantas sibas). Mas estas eu podia incinerar, pensei, e medir o teor de vanádio em suas cinzas (eu lera que ele poderia exceder a 40% em algumas espécies). E isso me deu a única idéia comercial que já tive na vida: iniciar uma cultura de vanádio — hectares de pradarias marinhas semeadas com ascídias. Eu as usaria para extrair o precioso vanádio da água do mar, como elas vinham fazendo com grande eficiência nos últimos 300 milhões de anos, e então o venderia por quinhentas libras a tonelada. O único problema que percebi, horrorizado com meus pensamentos genocidas, seria o verdadeiro holocausto de ascídias que isso demandaria.

O orgânico, com todas as suas complexidades, estava invadindo minha vida, transformando-me, nos redutos de meu corpo. De repente, comecei a crescer muito depressa; brotavam pêlos em meu rosto, nas axilas, ao redor dos órgãos genitais, e a voz — ainda nitidamente aguda como a de um soprano quando entoei minha *haftorah* — agora começava a mudar, a trocar de tom desordenadamente. Nas aulas de biologia na escola adquiri um súbito e intenso interesse pelos sistemas reprodutivos de animais e plantas, particularmente os "inferiores", invertebrados e gimnospermas. A sexualidade das cicadáceas, dos gincos, me intrigava: o modo como preservavam espermatozóides sem motilidade, como as samambaias, mas possuíam sementes tão graúdas e bem protegidas. E os cefalópodes, as lulas, eram ainda mais interessantes, pois os machos inseriam um braço modificado contendo espermatóforos na cavidade do manto das fêmeas. Eu ainda estava bem longe da sexualidade humana, da minha própria, mas começava a achar a sexualidade um tema extremamente fascinante, quase tão interessante, a seu modo, quanto a valência e a periodicidade.

Porém, por mais apaixonados que estivéssemos pela biologia, nenhum de nós conseguia ser mais monomaníaco que o sr. Pask. Havia nele todos os impulsos da juventude, da adolescência, e toda a energia de mentes que desejavam explorar em todas as direções, ainda não prontas para se comprometer.

Minhas inclinações haviam sido predominantemente científicas por quatro anos; impelira-me uma paixão pela ordem, pela beleza formal — a beleza da tabela periódica, a beleza dos átomos de Dalton. O átomo quântico de Bohr parecia-me uma coisa celestial, preparado, por assim dizer, para durar uma eternidade. Às vezes eu sentia uma espécie de êxtase diante da beleza intelectual formal do universo. Mas agora, com o princípio de novos interesses, às vezes sentia o oposto, uma espécie de vazio ou aridez íntima, pois a beleza, o amor pela ciência já não me satisfaziam inteiramente, e eu ansiava pelo humano, pelo pessoal.

Foi a música, especialmente, que despertou essa sede e a avivou; a música me fazia estremecer, ou me dava vontade de chorar, de gemer; a música parecia penetrar meu íntimo, determinar meu estado — embora eu não soubesse dizer o que ela "pretendia", por que me afetava daquela maneira. Mozart, sobretudo, fazia nascerem sentimentos de uma intensidade quase insuportável, mas definir esses sentimentos estava além das minhas capacidades, talvez além do poder da própria linguagem.

A poesia assumiu uma importância nova, pessoal. Tínhamos "estudado" Milton e Pope na escola, mas agora comecei a descobri-los por conta própria. Havia versos de Pope de uma ternura arrebatadora — "die of a rose in aromatic pain" ["morrer de uma rosa em dor aromática"] — que eu sussurrava para mim mesmo vezes sem conta, até me transportarem a outro mundo.

Jonathan, Eric e eu crescêramos amando a leitura e a literatura. A mãe de Jonathan era romancista e biógrafa, e Eric, o mais precoce de nós três, lia poesia desde os oito anos. Minhas leituras tendiam mais para história e biografia, especialmente narrativas pessoais e diários. (Eu também começara a escrever meu próprio diário nessa época.) Como minhas preferências eram (na opinião de Eric e Jonathan) um tanto restritas, eles me apresentaram a uma variedade maior de autores — Jonathan, a Selma Lagerlöf e Proust (eu só tinha ouvido falar de Joseph-Louis Proust, o químico, e não de Marcel), e Eric a T. S. Eliot, cuja poesia, Eric asseverou, era mais sublime que a de Shakespeare. E foi Eric quem me levou ao restaurante Cosmo, em Finchley Road, onde, tomando chá com limão e comendo strudel, ouvíamos um jovem poeta e estudante de medicina, Dannie Abse, recitar os poemas que acabara de escrever.

Nós três decidimos, com grande atrevimento, fundar uma Sociedade Literária no colégio; era bem verdade que já existia uma — a Milton Society —, mas estava moribunda havia anos. Jonathan seria o secretário, Eric, o tesoureiro, e eu (embora me achasse o mais ignorante dos três, e também o mais tímido) seria o presidente.

Anunciamos uma primeira reunião exploratória, e um curioso grupo apareceu. Queríamos muito convidar gente de fora para fazer palestras para nós — poetas, dramaturgos, romancistas, jornalistas —, e coube a mim, o presidente, incentivá-los a vir. Um número espantoso de escritores de fato compareceu às nossas reuniões — atraídos (imagino) pela pura excentricidade dos convites, a absurda mistura de puerilidade e maturidade, e a idéia, talvez, de uma multidão de garotos entusiasmados que realmente haviam lido suas obras e estavam doidos para conhecê-los. O maior trunfo teria sido Bernard Shaw — mas ele me enviou um encantador cartão-postal, dizendo, numa caligrafia trêmula, que adoraria poder vir, mas estava velho demais para viajar (tinha 93 anos e três quartos na época, ele escreveu). Com nossos oradores convidados e as veementes discussões decorrentes, nós nos tornamos muito populares, e às vezes cinqüenta ou setenta garotos compareciam às nossas reuniões semanais, muito mais do que já se vira nas sonolentas reuniões da Milton Society. Adicionalmente, publicávamos um jornal mimeografado, todo borrado de tinta roxa, o *Prickly Pear*, que incluía composições dos alunos, ocasionalmente algum texto de um mestre e, mais ocasionalmente ainda, algo escrito por escritores "de verdade".

Mas justamente o nosso sucesso, e talvez outras idéias, nunca declaradas explicitamente — de que estávamos zombando da autoridade, de que tínhamos intuitos subversivos, de que tínhamos "matado" a Milton Society (que, reagindo às nossas atividades, suspendera suas infreqüentes reuniões), e de que éramos um bando de garotos judeus irritantes, barulhentos e espertos que precisavam ser postos em seu lugar —, levou à nossa extinção. Um belo dia, o diretor do colégio mandou me chamar e disse, sem rodeios: "Sacks, sua sociedade está dissolvida".

"Como assim, senhor?", gaguejei. "Não pode simplesmente 'dissolver' nossa sociedade."

"Sacks, eu posso fazer o que bem entender. Sua sociedade literária está dissolvida a partir deste momento."

"Mas por quê, senhor?", perguntei. "Quais são suas razões?"

"Não tenho de explicá-las a você, Sacks. Não tenho de ter razões. Pode ir agora, Sacks. Vocês não existem. Não existem mais." Ele estalou os dedos — um gesto de dispensa, de aniquilação — e voltou ao trabalho.

Levei a notícia a Eric e Jonathan e a outros que haviam sido membros de nossa sociedade. Ficamos indignados e perplexos, mas nos sentimos totalmente desamparados. O diretor tinha autoridade, poder absoluto, e não havia coisa alguma que pudéssemos fazer para resistir a ele ou contrariá-lo.

Cannery Row foi publicado em 1945 ou 1946, e devo ter lido a obra logo depois — talvez em 1947, quando começara a estudar biologia na escola e a biologia marinha fora adicionada à minha lista de interesses. Eu adorava a figura de Doc, sua procura do filhote de polvo nas lagoas formadas pela maré próximo a Monterey, os *milk-shakes* de cerveja que ele tomava com os rapazes, a tranqüilidade e a doçura idílicas de sua vida. Pensei que também gostaria de ter uma vida como a dele, viver na mágica, mítica Califórnia (que, com os filmes de caubói, já era para mim uma terra de fantasia). A América ocupava cada vez mais os meus pensamentos à medida que eu entrava na adolescência — os Estados

Unidos haviam sido nosso grande aliado na guerra; seu poder, seus recursos eram quase ilimitados. Não haviam feito a primeira bomba atômica? Soldados americanos de licença andavam pelas ruas de Londres — seus gestos, seu modo de falar pareciam exprimir uma autoconfiança, uma despreocupação, uma tranqüilidade quase inimagináveis após seis anos de guerra. A revista *Life*, em suas grandes páginas duplas, mostrava montanhas, desfiladeiros, desertos, paisagens de vastidão e magnificência nunca vistas na Europa, ao lado de cidades americanas habitadas por gente sorridente, animada, bem nutrida, morando em casas resplandecentes, freqüentando lojas bem abastecidas, desfrutando uma vida de fartura e alegria inimaginável para nós, que ainda carregávamos o fardo do rigoroso racionamento, da preocupação com fazer economia. Ao glamour dessa imagem de beatitude transatlântica, de espontaneidade e esplendor desmedidos, musicais como *Annie get your gun* e *Oklahoma!* adicionavam uma força mitopéica. Foi nessa atmosfera de exagero romântico que *Cannery Row* e sua seqüência, *Sweet Thursday* (apesar de doentia), tiveram tamanho impacto sobre mim.

Se na época que passei em St. Lawrence eu às vezes imaginava um passado mítico, agora começara a ter fantasias sobre o futuro, a imaginar-me um cientista ou naturalista na costa ou no imenso interior americano. Li relatos sobre a jornada de Lewis e Clark, li Emerson e Thoreau e, sobretudo, li John Muir. Apaixonei-me pelas sublimes e românticas paisagens de Albert Bierstadt e pelas belas e sensuais fotografias de Ansel Adams (na ocasião, tive fantasias em que me tornava fotógrafo de paisagens).

Aos dezesseis ou dezessete anos, profundamente apaixonado por biologia marinha, escrevi para laboratórios de biologia marinha em todo o território americano — de Woods Hole em Massachusetts ao Scripps Institution em La Jolla, ao Golden Gate Aquarium em San Francisco e, naturalmente, a Cannery Row, em Monterey (a essa altura, eu já sabia que "Doc" era uma pessoa real, Ed Ricketts). De todos eles recebi respostas amáveis, creio, aplaudindo meu interesse e entusiasmo, mas também deixando patente que precisavam, além disso, de qualificações reais e que eu deveria pensar em voltar a entrar em contato assim que me formasse em biologia (quando finalmente fui para a Califórnia, dez anos depois, não foi como biólogo marinho, mas como neurologista).

23

Rádio   Emanação   Hélio

O MUNDO DESENCADEADO

Os Curie haviam notado desde o princípio que suas substâncias radioativas tinham o estranho poder de "induzir" radioatividade em toda a sua volta. Para eles isso era curioso e irritante, pois a contaminação de seu equipamento quase impossibilitava medir a radioatividade das amostras:

> Os diferentes objetos usados no laboratório químico [escreveu Marie Curie em sua tese] [...] logo adquirem radioatividade. Partículas de pó, o ar da sala, roupas, tudo se torna radioativo. O ar da sala torna-se condutor. Em nosso laboratório, o mal tornou-se intenso, e já não temos nenhum aparelho adequadamente isolado.[1]

Pensei em nossa casa e na casa do tio Abe quando li essa passagem e me perguntei se também elas teriam, moderadamente, se tornado radioativas — se os mostradores pintados com rádio dos relógios do tio Abe estariam induzindo radioatividade em tudo à sua volta e enchendo o ar, silenciosamente, de raios penetrantes.

---

[1] As próprias anotações de laboratório de Marie Curie, um século depois, ainda são consideradas muito perigosas para o manuseio, sendo mantidas em caixas revestidas de chumbo.

Os Curie (como Becquerel) de início inclinaram-se a atribuir essa "radioatividade induzida" a algo imaterial, ou a vê-la como uma "ressonância", talvez análoga à fosforescência ou fluorescência. Mas havia também indicações de uma emissão material. Os Curie haviam descoberto, ainda em 1897, que se o tório fosse mantido em um frasco hermeticamente fechado, sua radioatividade aumentava, retornando ao nível anterior assim que o frasco era aberto. Mas eles não deram seguimento a essa observação, e foi Ernest Rutherford quem primeiro se deu conta da extraordinária implicação desse fato: uma nova substância estava surgindo, sendo gerada pelo tório; uma substância muito mais radioativa que a que lhe dera origem.

Rutherford recrutou a ajuda do jovem químico Frederick Soddy, e os dois conseguiram demonstrar que a "emanação" de tório era, na verdade, uma substância material, um gás, que podia ser isolado. Esse gás podia ser liquefeito, quase tão facilmente quanto o cloro, mas não reagia com nenhum reagente químico; de fato, era tão inerte quanto o argônio e os outros gases recém-descobertos. Nessa etapa, Soddy julgou que a "emanação" do tório podia *ser* argônio e, como escreveu depois, ele se sentiu

> dominado por algo maior que alegria — não consigo expressar com precisão — uma espécie de exaltação. [...] Lembro-me muito bem de ficar petrificado, como que atordoado pelo impacto colossal da coisa, e de ter falado sem refletir — ou assim me pareceu, naquele momento — "Rutherford, isso é transmutação: o tório está se desintegrando e se transmutando em gás argônio".
>
> A resposta de Rutherford foi típica de quem está pensando em implicações mais práticas: "Caramba, Soddy, não chame isso de transmutação. Vão nos cortar a cabeça achando que isso é alquimia".

Mas o novo gás não era argônio; era um elemento totalmente novo, com seu espectro de luz brilhante único. Difundia-se muito devagar e era extremamente denso — 111 vezes mais denso que o hidrogênio, enquanto o argônio era apenas vinte vezes mais denso. Supondo que uma molécula do novo gás fosse monatômica, contendo apenas um átomo como os demais gases inertes, seu peso atômico seria 222. Assim, era o mais pesado e o último na série dos gases inertes, e podia então assumir seu lugar na tabela periódica como o último membro do Grupo 0 de Mendeleiev. Rutherford e Soddy o batizaram provisoriamente de tóron, ou Emanação.

O tóron desaparecia muito depressa — metade sumia em um minuto, três quartos em dois minutos, e, em dez minutos, já não se podia detectá-lo. Foi a rapidez dessa desintegração (e o aparecimento de um depósito de radioatividade em seu lugar) que permitiu a Rutherford e Soddy perceber o que não ficara claro com o urânio e o rádio: havia uma desintegração contínua dos átomos dos elementos radioativos e, com isso, sua transformação em outros átomos.

Cada elemento radioativo, eles perceberam, tinha sua própria taxa de desintegração característica, sua "meia-vida". Era possível determinar com extraordinária precisão a meia-vida de um elemento; por exemplo, calculava-se que a meia-vida de um isótopo de radônio era de 3,8235 dias. Mas a vida de um átomo individual não podia absolutamente ser prevista. Isso me deixou cada vez mais perplexo, e continuei a ler o relato de Soddy:

> A chance de, a qualquer instante, um átomo desintegrar-se ou não em qualquer segundo específico é fixa. Não tem relação com nenhuma consideração externa ou interna por nós conhecida e, em particular, não é aumentada pelo fato de o átomo já ter sobrevivido qualquer período do tempo passado. [...] Tudo o que se pode afirmar é que a causa imediata da desintegração atômica parece dever-se ao acaso.

A duração da vida de um átomo individual, aparentemente, podia variar de zero ao infinito, e não havia nada que distinguisse um átomo "pronto" para se desintegrar de outro que ainda tinha um bilhão de anos pela frente.

Eu ficava perplexo e confuso com essa história de um átomo poder desintegrar-se a qualquer momento, sem nenhuma "razão". Isso parecia tirar a radioatividade da esfera da continuidade ou processo, do universo inteligível, causal — e aludir a uma esfera onde as leis nos moldes clássicos não significavam absolutamente nada.

A meia-vida do rádio era bem maior que a do radônio, sua emanação durava aproximadamente 1600 anos. Mas isso ainda era muito pouco em comparação com a idade da Terra — por que, então, se havia uma desintegração contínua, todo o rádio da Terra não desaparecera muito tempo antes? A resposta, Rutherford inferiu e logo conseguiu demonstrar, era que o próprio rádio era produzido por elementos com meia-vida muito mais longa, toda uma série de substâncias que ele conseguiu vincular ao elemento gerador, o urânio. Por sua vez, o urânio tinha meia-vida de 4,5 bilhões de anos, aproximadamente a idade da própria Terra. Outras séries de elementos radioativos derivavam do tório, que tinha meia-vida ainda mais longa que a do urânio. Portanto, a Terra ainda vivia, no aspecto da energia atômica, do urânio e do tório que estavam presentes quando o planeta se formou.

Essas descobertas tiveram um impacto crucial sobre o prolongado debate acerca da idade da Terra. O grande físico Kelvin, escrevendo ainda na década de 1860, pouco depois da publicação de *A origem das espécies*, afirmara que, com base em sua taxa de resfriamento, e supondo inexistir outra fonte de calor além do Sol, a Terra não poderia ter mais de 20 milhões de anos e dentro de outros 5 milhões estaria fria demais para conter vida. Esse cálculo não era apenas consternador em si, mas também incompatível com o registro fóssil, pois este indicava que a vida estivera presente por centenas de milhões de anos — no entanto, não havia como refutá-lo. Darwin perturbou-se imensamente com isso.

Só com a descoberta da radioatividade o enigma foi resolvido. O jovem Rutherford, conta-se, todo nervoso diante do célebre lorde Kelvin, então com oitenta anos, disse que o cálculo de Kelvin baseara-se em uma falsa suposição. *Havia* outra fonte de calor além do Sol, afirmou Rutherford, uma fonte importantíssima para a Terra. Os elementos radioativos (principalmente o urânio e o tório e os produtos de sua desintegração, mas também o isótopo radioativo do potássio) haviam mantido a Terra aquecida por bilhões de anos, protegendo-a da prematura morte térmica prevista por Kelvin. Rutherford mostrou um pedaço de uraninita, cuja idade estimara com base na quantidade de hélio que ela continha. *Este* pedaço da Terra, afirmou, tem pelo menos 500 milhões de anos.

* * *

 Rutherford e Soddy finalmente conseguiram delinear três cascatas radioativas distintas, cada uma contendo cerca de uma dúzia de produtos de decomposição emanando da desintegração dos elementos geradores originais. Todos esses produtos de decomposição poderiam ser elementos diferentes? Não havia lugar na tabela periódica para três dúzias de elementos entre o bismuto e o tório — lugar para meia dúzia, talvez, mas não muitos mais. Só gradualmente ficou claro que muitos dos elementos eram apenas versões uns dos outros; as emanações de rádio, tório e actínio, por exemplo, embora tivessem meias-vidas muito diferentes, eram quimicamente idênticas, todas o mesmo elemento, embora com pesos atômicos ligeiramente diferentes. (Soddy mais tarde os denominou isótopos.) E os pontos finais de cada série eram semelhantes — os chamados rádio G, actínio E e tório E eram, todos, isótopos do chumbo.
 Cada substância nessas cascatas de radioatividade tinha sua própria assinatura radioativa única, uma meia-vida de duração fixa e invariável, bem como uma emissão de radiação característica, e foi esse fato que permitiu a Rutherford e Soddy distinguir todas elas e, com isso, fundar a nova ciência da radioquímica.
 A idéia da desintegração atômica, pela primeira vez proposta e depois rejeitada por Marie Curie, já não podia ser negada. Era evidente que cada substância radioativa se desintegrava no ato de emitir energia e se transformava em outro elemento, que a transmutação estava no cerne da radioatividade.
 Eu adorava química em parte por ela ser uma ciência de transformações, de inúmeros compostos baseados em algumas dúzias de elementos, eles próprios fixos, invariáveis e eternos. A noção de estabilidade e de invariabilidade dos elementos era psicologicamente crucial para mim, pois eu os via como pontos fixos, como âncoras em um mundo instável. Mas agora, com a radioatividade, chegavam transformações das mais incríveis. Que químico poderia ter imaginado que do urânio, um metal duro que tinha semelhanças com o tungstênio, poderia provir um metal

alcalino-terroso como o rádio, um gás inerte como o radônio, um elemento assemelhado ao telúrio, o polônio, formas radioativas de bismuto e tálio, e finalmente o chumbo — exemplares de quase todos os grupos da tabela periódica? Nenhum químico poderia ter concebido isso (embora talvez um alquimista pudesse), visto que as transformações estavam fora da esfera da química. Nenhum processo químico, nenhum ataque químico poderia jamais alterar a identidade de um elemento, e isso se aplicava também aos elementos radioativos. O rádio, quimicamente, comportava-se de modo semelhante ao bário; sua radioatividade era uma propriedade totalmente diferente, totalmente desvinculada de suas propriedades químicas ou físicas. A radioatividade era uma adição maravilhosa (ou terrível), uma propriedade inteiramente diversa (e que às vezes me incomodava, pois eu apreciava a densidade do urânio metálico, tão semelhante à do tungstênio, e a beleza de seus minerais, de sua fluorescência e de seus sais, mas não me sentia capaz de lidar com eles por muito tempo com segurança; analogamente, enfurecia-me com a intensa radioatividade do radônio, sem a qual ele teria sido um gás pesado ideal).

A radioatividade não alterava as realidades da química ou a noção de elementos; não abalava a idéia de sua estabilidade e identidade. O que ela fazia era aludir a duas esferas no átomo — uma esfera relativamente superficial e acessível que governava a reatividade e a combinação química, e uma esfera mais profunda, inacessível a todos os agentes químicos e físicos usuais e suas energias relativamente pequenas, onde qualquer mudança produzia uma alteração fundamental de identidade.

Tio Abe tinha em sua casa um "espintariscópio" idêntico aos anunciados na capa da tese de Marie Curie. Era um instrumento primorosamente simples: consistia em uma tela fluorescente e uma ocular ampliadora, com um fragmento infinitesimal de rádio em seu interior. Através da ocular podíamos ver dezenas de cintilações por segundo — quando tio Abe me passou o espintariscópio e olhei por ele, vi um espetáculo fascinante, mágico, como uma interminável exibição de meteoros ou estrelas cadentes.

Os espintariscópios, que custavam apenas alguns xelins, foram brinquedos científicos da moda nas salas de estar eduardianas — um acréscimo novo e típico do século XX, ao lado dos estereoscópios e tubos de Geissler herdados da época vitoriana. Mas se eles surgiram como uma espécie de brinquedo, rapidamente se percebeu que também mostravam algo fundamentalmente importante, pois as minúsculas centelhas ou cintilações que víamos provinham da desintegração de átomos individuais de rádio, das partículas alfa individuais emitidas quando ele explodia. Ninguém teria imaginado, disse tio Abe, que algum dia seríamos capazes de enxergar os efeitos de átomos individuais, e muito menos de contá-los individualmente.

"Aqui temos menos de um milionésimo de miligrama de rádio, e no entanto, na pequena área da tela, ocorrem dezenas de cintilações por segundo. Imagine quantas haveria se tivéssemos um grama de rádio — mil milhões de vezes essa quantidade!"

"Cem bilhões", calculei.

"Aproximadamente", disse meu tio. "Cento e trinta e seis bilhões, para ser exato — o número nunca varia. A cada segundo, 136 bilhões de átomos desintegram-se em um grama de rádio, expelem suas partículas alfa — e se você imaginar isso ocorrendo por milhões de anos, terá uma idéia de quantos átomos existem num único grama de rádio."

Experimentos feitos na virada do século haviam mostrado que não só os raios alfa, mas também vários outros tipos de raios eram emitidos pelo rádio. A maioria dos fenômenos da radioatividade podia ser atribuída a esses diferentes tipos de raios: o poder de ionizar o ar era prerrogativa especialmente dos raios alfa, enquanto o poder de fazer surgir a fluorescência ou afetar chapas fotográficas era mais pronunciado nos raios beta. Cada elemento radioativo tinha suas emissões características: as preparações com rádio emitiam raios alfa e beta, enquanto as preparações com polônio só emitiam raios alfa. O urânio afetava uma chapa fotográfica mais rapidamente que o tório, mas este era mais potente para descarregar um eletroscópio.

As partículas alfa emitidas por desintegração espontânea tinham carga positiva e eram relativamente maciças — milhares de vezes mais maciças que as partículas beta ou os elétrons (posteriormente se demonstrou que eram núcleos de hélio) —, e se deslocavam em linhas retas sem desvio, atravessando diretamente a matéria, sem fazer caso dela, sem se dispersar nem defletir (embora pudessem perder um pouco da velocidade ao fazê-lo). Pelo menos isso parecia ocorrer, embora em 1906 Rutherford observasse que muito ocasionalmente podia haver pequenas deflexões. Outros não deram importância a essas observações, mas para Rutherford elas eram potencialmente preciosas. As partículas alfa não seriam projéteis ideais, projéteis de proporções atômicas, com os quais poderíamos bombardear átomos e sondar sua estrutura? Ele pediu a seu jovem assistente Hans Geiger e a um aluno, Ernest Marsden, que fizessem um experimento de cintilação usando telas de finas folhas metálicas, para que fosse possível fazer a contagem de todas as partículas alfa que bombardeassem as telas. Lançando partículas alfa contra uma folha de ouro, eles descobriram que aproximadamente uma a cada 8 mil partículas apresentava uma considerável deflexão — superior a noventa graus, e às vezes a 180 graus. Rutherford comentaria mais tarde: "Foi o acontecimento mais incrível de minha vida. Era quase tão inacreditável quanto atirar uma granada de quinze polegadas contra uma folha de papel de seda e a granada voltar e nos atingir".

Rutherford refletiu sobre esses resultados curiosos por quase um ano; um dia, como recordou Geiger, ele "entrou em minha sala, obviamente com excelente humor, e me disse que agora sabia qual era a aparência de um átomo e o que significavam as estranhas dispersões".

Os átomos, percebeu Rutherford, não podiam ser uma geléia homogênea de positividade recheada de elétrons como se fossem passas (como sugerira J. J. Thomson em seu modelo "pudim de passas" para o átomo), pois nesse caso as partículas alfa sempre os atravessariam. Considerando a grande energia e a carga dessas partículas alfa, tínhamos de supor que elas haviam sido defletidas, ocasionalmente, por algo ainda mais positivamente carregado do que elas próprias. No entanto, isso ocorria apenas uma em 8 mil vezes. As outras 7999 partículas podiam passar zunindo, sem ser defletidas, como se a maior parte dos átomos de ouro consistisse em espaço vazio; mas a oitava milésima era detida, atirada de volta em sua trajetória, como uma bola de tênis que atinge um globo de tungstênio sólido. A massa do átomo de ouro, inferiu Rutherford, tinha de estar concentrada no centro, em um espaço minúsculo, difícil de atingir — como um núcleo de densidade quase inconcebível. O átomo, propôs Rutherford, deve consistir sobretudo em espaço vazio, com um núcleo denso e positivamente carregado com apenas cem milésimos do diâmetro do átomo, e relativamente poucos elétrons, carregados negativamente, orbitando esse núcleo — com efeito, um sistema solar em miniatura.

Os experimentos de Rutherford, seu modelo nuclear do átomo, forneceram uma base estrutural para as enormes diferenças entre processos radioativos e químicos, as incontáveis diferenças de energia que eles geravam (Soddy dramatizava o fato, em suas populares conferências, erguendo um jarro com quatrocentos gramas de óxido de urânio — isto, ele dizia, tem a energia de 160 toneladas de carvão).

A mudança química ou ionização implicava a adição ou remoção de um ou dois elétrons, e isso requeria apenas uma modesta energia de dois ou três elétrons-volts, que podia ser produzida facilmente — por uma reação química, por calor, luz ou uma simples bateria de 3 volts. Mas os processos radioativos relacionavam-se aos núcleos dos átomos, e como estes eram mantidos juntos por forças muito maiores, sua desintegração poderia liberar energias de magnitude muito maior — alguns milhões de elétrons-volts.

Soddy cunhou o termo *energia atômica* logo após o início do século XX, dez anos ou mais antes da descoberta do núcleo. Ninguém até então sabia, nem fora capaz de supor com alguma plausibilidade, como o Sol e as estrelas podiam irradiar tanta energia e continuar a fazê-lo por milhões de anos. A energia química seria ridiculamente inadequada — um sol feito de carvão se extinguiria em 10 mil anos. A radioatividade, a energia atômica, poderia ser a resposta?

> Supondo [escreveu Soddy] [...] que nosso Sol [...] fosse feito de rádio puro [...] não haveria dificuldade para explicar suas emissões de energia.

Soddy se perguntou se a transmutação, que ocorre naturalmente em substâncias radioativas, poderia ser produzida artificialmente.[2] Essa idéia transportou-o a uma visão de extasiante, quase mítica, felicidade:

> O rádio nos ensinou que não há limite para a quantidade de energia no mundo. [...] Uma raça que fosse capaz de transmutar matéria não precisaria ganhar o pão com o suor de seu rosto. [...] Essa raça poderia transformar um continente deserto, descongelar os pólos e tornar o mundo um risonho Jardim do Éden. Abriu-se uma perspectiva inteiramente nova. A herança do Homem cresceu, suas aspirações elevaram-se e seu destino enobreceu-se em um grau que está além de nossas presentes capacidades prever. [...] Um dia ele alcançará o poder de regular para seus próprios fins as fontes primárias de energia que a Natureza tão ciosamente conserva para o futuro.

Li o livro de Soddy, *The interpretation of radium*, no último ano da guerra, e me extasiei com sua visão de energia ilimitada, de luz interminável. As inebriantes palavras de Soddy deram-me uma noção da excitação, da sensação de poder e redenção advindas da descoberta do rádio e da radioatividade no início do século.

Mas, paralelamente, Soddy também discorreu sobre as possibilidades sinistras. De fato, ele as havia cogitado quase desde o princípio, e ainda em 1903 mencionara que a Terra era "um depósito abarrotado de explosivos, inconcebivelmente mais poderosos do que temos conhecimento". Esse comentário figurou com freqüência em *The interpretation of radium*, e foi a eloqüente visão de Soddy que inspirou H. G. Wells a retomar seu antigo estilo de ficção científica e publicar, em 1914, *The world set free* (Wells

---

[2] Soddy imaginou essa transmutação artificial quinze anos antes que Rutherford a efetuasse, e imaginou desintegrações atômicas explosivas ou controladas muito antes da descoberta da fissão e da fusão.

dedicou esse livro a *The interpretation of radium*). Nessa obra, Wells imaginou um novo elemento radioativo chamado carolínio, cuja liberação de energia era quase como uma reação em cadeia:[3]

> Antes, ao travar-se uma guerra, as bombas e projéteis haviam sido sempre momentaneamente explosivos, detonados num instante e definitivamente [...] mas o carolínio [...] uma vez induzido seu processo degenerativo, continuou em uma furiosa radiação de energia e nada pôde detê-lo.

Pensei nas profecias de Soddy, e nas de Wells, em agosto de 1945, quando ouvimos a notícia sobre Hiroshima. Meus sentimentos com respeito à bomba atômica eram estranhamente ambíguos. Afinal, nossa guerra estava terminada, o Dia da Vitória na Europa já havia se passado; diferentemente dos americanos, não sofrêramos um Pearl Harbor e tínhamos tido (a não ser pelas campanhas na Malaia e em Burma) muito menos combates diretos com os japoneses. Os bombardeios atômicos pareciam, sob certos aspectos, um terrível pós-escrito para a guerra, uma pavorosa demonstração que talvez não precisasse ter acontecido.

E no entanto eu também, como muita gente, sentia júbilo pela façanha científica de fissionar o átomo, e fiquei fascinado com o Relatório Smyth, publicado em agosto de 1945, que fornecia uma descrição completa da produção da bomba. Não me dei conta plenamente do horror do bombardeio antes do verão seguinte, quando "Hiroshima", de John Hersey, foi publicado como artigo exclusivo de uma edição especial de *The New Yorker* (Einstein, comentava-se, teria comprado mil exemplares dessa edição) e transmitido pela BBC no *Third Programme*, pouco tempo depois. Até então, a química e a física haviam sido, para mim, uma fonte de puro deleite e fascínio, e eu não tinha plena consciência, talvez, de seus poderes negativos. A bomba atômica abalou-me, como a todo mundo. A física atômica ou nuclear, pensamos, nunca mais poderia avançar com a mesma inocência e despreocupação da época de Rutherford e dos Curie.

---

[3] Foi a leitura de *The world set free* na década de 1930 que levou Leo Szilard a pensar em reações em cadeia e obter uma patente secreta em 1936; em 1940 ele persuadiu Einstein a enviar sua célebre carta a Roosevelt sobre as possibilidades de uma bomba atômica.

24

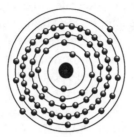

Tungstênio (W⁷⁴)

LUZ BRILHANTE

De quantos elementos Deus precisaria para construir um universo? Cinqüenta e poucos elementos eram conhecidos em 1815; e, se Dalton estivesse correto, isso significaria cinqüenta tipos diferentes de átomos. Mas com certeza Deus não precisaria de cinqüenta unidades constitutivas diferentes para Seu universo — sem dúvida ele o teria concebido mais economicamente do que isso. William Prout, um físico londrino com interesse pela química, observando que os pesos atômicos eram próximos de números inteiros e, portanto, múltiplos do peso atômico do hidrogênio, especulou que o hidrogênio seria, de fato, o elemento primordial, e que todos os outros elementos teriam sido construídos a partir dele. Portanto, Deus precisaria criar apenas um tipo de átomo, e todos os demais, por uma "condensação" natural, poderiam ter sido gerados a partir deste.

Acontece, infelizmente, que alguns elementos tinham pesos atômicos fracionários. Podia-se arredondar um peso que fosse ligeiramente menor ou maior que um número inteiro (como fez Dalton), mas o que fazer com o cloro, por exemplo, de peso atômico 35,5? Isso dificultou sustentar a hipótese de Prout, e surgiram dificuldades adicionais quando Mendeleiev elaborou a tabela periódica. Ficou claro, por exemplo, que o telúrio, no aspecto químico, vinha antes do iodo, mas seu peso atômico, ao invés de menor, era maior. Essas eram dificuldades sérias, e no entanto, por todo o século XIX, a hipótese de Prout nunca morreu realmente — era tão bela, tão simples, julgavam muitos químicos e físicos, que devia conter uma verdade essencial.

Haveria, talvez, alguma propriedade atômica que fosse mais integral, mais fundamental que o peso atômico? Esta não era uma questão que pudesse ser abordada antes de haver um modo de "sondar" o átomo, em especial sua porção central, o núcleo. Em 1913, um século depois de Prout, Harry Moseley, jovem e brilhante físico que trabalhava com Rutherford, começou a investigar átomos com a recém-desenvolvida técnica da espectroscopia de raios X. Sua aparelhagem experimental era encantadora e pueril: um trenzinho onde cada vagão transportava um elemento diferente passava por um tubo de vácuo de noventa centímetros de comprimento, onde Moseley bombardeava cada elemento com raios catódicos, fazendo com que emitissem raios X característicos. Quando Moseley marcou em um gráfico as raízes quadradas das freqüências em relação ao número atômico dos elementos, obteve uma reta; marcando os pontos do modo inverso, ele demonstrou que o aumento na freqüência indicava passos nítidos e discretos ou saltos quando ele passava de um elemento ao seguinte. Isso tinha de refletir uma propriedade atômica fundamental, julgou Moseley, e essa propriedade só podia ser a carga nuclear.

A descoberta de Moseley permitiu-lhe (nas palavras de Soddy) "fazer a chamada" dos elementos. Nenhuma lacuna podia ser admitida na seqüência, apenas passos uniformes, regulares. Se houvesse uma lacuna, isso significava que estava faltando um elemento. Agora se conhecia com certeza a ordem dos elementos, e sabia-se que havia 92 deles e mais nenhum, do hidrogênio ao urânio. E estava claro que faltavam sete elementos, e mais nenhum, ainda à espera de serem encontrados. As "anomalias" relacionadas aos pesos atômicos foram resolvidas: o telúrio podia ter um peso atômico ligeiramente maior que o do iodo, mas ele era o elemento número 52, e o iodo, 53. O crucial era o número atômico, e não o peso atômico.

A excelência e a rapidez do trabalho de Moseley, todo ele feito em poucos meses entre 1913-4, causou reações contrastantes entre os químicos. Quem era aquele fedelho, pensaram alguns químicos mais velhos, para ter a pretensão de completar a tabela periódica, de excluir a possibilidade de descobrir novos elementos além dos que ele indicara? O que ele sabia sobre química — o longo, árduo processo de destilação, filtragem, cristalização que podia ser necessário para concentrar um novo elemento ou analisar um novo composto? Mas Urbain, um dos maiores químicos analíticos — um homem que efetuara 15 mil cristalizações fracionadas para isolar o lutécio —, imediatamente percebeu a magnitude da façanha e viu que, longe de prejudicar a autonomia da química, Moseley na realidade confirmara a tabela periódica e restabelecera sua importância central. "A lei de Moseley [...] confirmou em poucos dias as conclusões de meus vinte anos de trabalho paciente."

Os números atômicos haviam sido usados anteriormente para denotar a seqüência ordinal dos elementos classificados segundo seu peso atômico, mas Moseley deu aos números atômicos seu verdadeiro significado. O número atômico indicava a carga nuclear, indicava a identidade do elemento, sua identidade química, de um modo absoluto e certo. Havia, por exemplo, várias formas de chumbo — isótopos — com pesos atômicos diferentes, mas todas elas tinham o mesmo número atômico, 82. O chumbo era essencialmente, quintessencialmente, o número 82, e não podia mudar de peso atômico sem deixar de ser chumbo. O tungstênio era necessariamente, inevitavelmente o elemento 74. Mas como ser o "74" dotava-o de identidade?

Embora Moseley houvesse mostrado o número e a ordem reais dos elementos, outras questões fundamentais ainda permaneciam, questões que haviam perturbado Mendeleiev e os cientistas de sua época, questões que perturbaram tio Abe na juventude e que agora me perturbavam, pois os encantos da química, da espectroscopia e das brincadeiras com a radioatividade deram lugar a um furioso *por quê*? Por quê? Por quê? Por que, antes de mais nada, existiam elementos, e por que tinham suas propriedades específicas? O que tornava os metais alcalinos e os halogênios, de modos opostos, tão violentamente ativos? O que explicava a semelhança dos elementos de terras-raras e as belas cores e propriedades magnéticas de seus sais? O que gerava os espectros únicos e complexos dos elementos e as regularidades numéricas que Balmer discernira neles? O que, sobretudo, permitia aos elementos ser estáveis, se manterem inalterados por bilhões de anos, não só na Terra mas, aparentemente, também no Sol e nas estrelas? Eram desse tipo as questões que haviam atormentado tio Abe quando jovem, quarenta anos antes — mas em 1913, ele me disse, todas essas questões e dezenas de outras haviam, em princípio, sido respondidas, e um novo mundo de compreensão subitamente se abrira.

Rutherford e Moseley preocuparam-se principalmente com o núcleo do átomo, sua massa e unidades de carga elétrica. Mas eram os elétrons em órbita, presumivelmente, sua organização, suas ligações, que determinavam as propriedades químicas de um elemento e (parecia provável) também muitas de suas propriedades físicas. E aí, com os elétrons, o modelo do átomo de Rutherford soçobrava. Segundo a física clássica, maxwelliana, um átomo desse tipo, assemelhado a um sistema solar, não poderia funcionar, pois os elétrons rodopiando ao redor do núcleo mais de um trilhão de vezes por segundo criariam radiação em forma de luz visível, e um átomo assim emitiria uma centelha de luz momentânea e então imploderia quando seus elétrons, tendo perdido a energia, seriam impelidos para o núcleo. Mas a realidade (excetuando-se a radioatividade) era que os elementos e seus átomos duravam bilhões de anos — para todos os efeitos, duravam para sempre. Então, como um átomo podia ser estável, resistir ao que pareceria ser um destino quase instantâneo?

Era preciso invocar, ou inventar, princípios totalmente novos para obter uma conciliação com essa impossibilidade. Aprender sobre isso foi o terceiro êxtase de minha vida, ao menos de minha vida "química" — o primeiro fora aprender sobre Dalton e a teoria atômica, e o segundo, sobre Mendeleiev e sua tabela periódica. Mas o terceiro, a meu ver, foi, em certos aspectos, o mais espantoso, pois contradizia (ou parecia contradizer) toda a ciência clássica que eu conhecia, e tudo o que eu sabia sobre racionalidade e causalidade.

Foi Niels Bohr, que também trabalhava no laboratório de Rutherford em 1913, quem construiu a ponte para o impossível, reunindo o modelo atômico de Rutherford à teoria dos *quanta* de Planck. A idéia de que a energia era absorvida ou emitida não de maneira contínua, mas em pacotes discretos, os *quanta*, havia permanecido de lado silenciosamente, como uma bomba-relógio, desde que Planck a apresentara em 1900. Einstein usara essa idéia no contexto dos efeitos fotoelétricos, mas, fora isso, a teoria dos *quanta* e seu revolucionário potencial curiosamente haviam sido negligenciados, até que Bohr a empregou para contornar as impossibilidades do átomo de Rutherford. O sistema solar atômico era não apenas instável, mas com sua infinidade de órbitas e seus elétrons emitindo energia num *continuum* de freqüências, esse átomo não era capaz de produzir as linhas espectrais discretas dos elementos, apenas um espectro contínuo. Bohr postulou, em contraste, um átomo com um número limitado de órbitas discretas, cada qual com um nível de energia específico, ou estado quântico. O menos energético destes, o mais próximo do núcleo, Bohr denominou "estado fundamental" — um elétron podia permanecer ali, orbitando o núcleo, sem emitir nem perder energia, para sempre. Esse era um postulado de uma audácia espantosa, chocante, pois implicava que a teoria clássica do eletromagnetismo poderia ser inaplicável no diminuto reino do átomo.

Não havia, na época, indícios em favor disso; era um puro salto de inspiração, de imaginação — não diferente dos saltos que ele agora postulava para os próprios elétrons, quando eles pulavam, sem aviso nem intermediários, de um nível de energia a outro. Pois, em adição ao estado fundamental do elétron, Bohr postulou, havia órbitas de maior energia, "estados estacionários" de maior energia, para os quais os elétrons podiam ser brevemente deslocados. Assim, se um átomo absorvesse energia com a freqüência certa, um elétron podia passar de seu estado fundamental a uma órbita de maior energia, embora mais cedo ou mais tarde retornasse a seu estado fundamental original, emitindo energia de freqüência idêntica à da que absorvera — era o que acontecia na fluorescência ou na fosforescência, e explicava a identidade da emissão espectral e linhas de absorção, que havia sido um mistério por mais de cinqüenta anos.

Os átomos, na concepção de Bohr, não podiam absorver nem emitir energia exceto nesses saltos quânticos — e as linhas discretas de seus espectros eram simplesmente a expressão das transições entre seus estados estacionários. Os incrementos entre níveis de energia diminuíam com a distância do núcleo, e esses intervalos, Bohr calculou, correspondiam exatamente às linhas no espectro do hidrogênio (e à fórmula de Balmer para elas). Essa coincidência de teoria e realidade foi o primeiro grande triunfo de Bohr. Einstein considerou o trabalho de Bohr "uma *enorme* realização"; refletindo 35 anos mais tarde, ele escreveu: "[...] ainda hoje me parece um milagre. [...] É a mais elevada forma de musicalidade na esfera do pensamento". O espectro do hidrogênio e os espectros em geral haviam sido tão belos e tão sem sentido quanto as marcas nas asas das borboletas, comentou Bohr; mas então se pôde ver que eles refletiam os estados de energia no átomo, as órbitas quânticas nas quais os elétrons rodopiavam e zuniam. "A linguagem dos espectros foi revelada como uma música atômica das esferas", escreveu o grande espectroscopista Arnold Sommerfeld.

A teoria dos *quanta* poderia ser aplicada também a átomos mais complexos, de muitos elétrons? Poderia explicar suas propriedades químicas, explicar a tabela periódica? Esse passou a ser o enfoque de Bohr quando a vida científica foi retomada após a Primeira Guerra Mundial.[1]

Conforme aumentava o número atômico, à medida que aumentava a carga nuclear ou o número de prótons no núcleo, um número igual de elétrons tinha de ser acrescentado para preservar a neutralidade do átomo. Mas a adição desses elétrons a um átomo, Bohr imaginou, era hierárquica e organizada. Embora de início Bohr estivesse interessado nas órbitas potenciais do único elétron do hidrogênio, depois ampliou sua concepção para uma hierarquia de órbitas ou camadas para todos os elementos. Essas camadas, ele propôs, tinham níveis de energia definidos e discretos, e assim, se fossem adicionados elétrons um a um, eles ocupariam primeiro a órbita de menor energia disponível e, quando esta estivesse cheia, a segunda órbita de menor nível, depois a seguinte etc. As camadas de Bohr correspondiam aos períodos de Mendeleiev, de modo que a primeira camada, a mais interna, como o primeiro período de Mendeleiev, acomodava dois elementos, e mais nenhum. Assim que essa camada fosse completada, com seus dois elétrons, começava uma segunda, e esta, como o segundo período de Mendeleiev, podia acomodar oito elétrons, e mais nenhum. Analogamente, o mesmo ocorria para o terceiro período ou camada. Por meio dessa formação, ou *aufbau*, Bohr pensava, todos os elementos podiam ser sistematicamente cons-

---

[1] Em 1914, os cientistas da Grã-Bretanha, França, Alemanha e Áustria foram todos envolvidos, de vários modos, na Primeira Guerra Mundial. A química e a física puras foram, em grande medida, suspensas no período, e a ciência aplicada, a ciência da guerra, tomou seu lugar. Rutherford interrompeu sua pesquisa fundamental, e seu laboratório foi reorganizado para trabalhos de detecção submarina. Geiger e Marsden, que haviam observado as deflexões de partículas alfa que ensejaram o átomo de Rutherford, viram-se na Frente Ocidental, em lados diferentes. Chadwick e Ellis, colegas mais jovens de Rutherford, foram prisioneiros de guerra na Alemanha. E Moseley, aos 28 anos, foi morto em Galípoli, com uma bala na testa. Meu pai falava sobre os jovens poetas, os intelectuais, a nata de uma geração tragicamente aniquilada na Grande Guerra. A maioria dos nomes que ele mencionava eu não conhecia, mas o de Moseley era familiar para mim, e foi aquele por quem mais lamentei.

truídos, e naturalmente se inseririam em seus lugares apropriados na tabela periódica. Assim, a posição de cada elemento na tabela periódica representava o número de elétrons em seus átomos, e a reatividade e ligações de cada elemento podiam agora ser vistas sob o aspecto eletrônico, conforme o preenchimento da camada externa de elétrons, os chamados elétrons de valência. Os gases inertes tinham, cada um, completado as camadas dos elétrons de valência com um complemento integral de oito elétrons, e isso os deixava praticamente sem reatividade. Os metais alcalinos, no Grupo I, tinham apenas um elétron na camada externa e eram ávidos por se livrar dele, para atingir a estabilidade de uma configuração de gás inerte; os halogênios do Grupo VII, inversamente, com sete elétrons na camada de valência, eram ávidos por adquirir um elétron extra e também atingir uma configuração de gás inerte. Assim, quando o sódio entrava em contato com o cloro, ocorria uma união imediata (de fato, explosiva): cada átomo de sódio doava seu elétron extra, e cada átomo de cloro o recebia todo satisfeito, e ambos se tornavam ionizados no processo.

A localização dos elementos de transição e dos elementos de terras-raras na tabela periódica sempre trouxera problemas especiais. Bohr então apresentou uma solução elegante e engenhosa: os elementos de transição, ele propôs, continham uma camada adicional de dez elétrons cada um; os elementos das terras-raras, uma camada adicional de catorze. Essas camadas internas, profundamente inseridas no caso dos elementos das terras-raras, não afetavam o caráter químico de um modo tão extremo quanto as camadas externas; isso explicava a relativa semelhança de todos os elementos de transição e a extrema semelhança de todos os elementos das terras-raras.

A tabela periódica eletrônica de Bohr, baseada na estrutura atômica, era essencialmente igual à tabela periódica empírica de Mendeleiev, baseada na reatividade química (e quase idêntica às tabelas de blocos elaboradas na era pré-eletrônica, como a tabela piramidal de Thomsen e a tabela ultralonga que Werner criou em 1905). Quer inferíssemos a tabela periódica a partir das propriedades químicas dos elementos, quer das camadas eletrônicas de seus átomos, chegávamos exatamente ao mesmo ponto.[2] Moseley e Bohr haviam deixado absolutamente claro que a tabela periódica tinha por base uma série numérica fundamental que determinava o número de elementos em cada período: dois no primeiro período, oito no segundo e no terceiro, dezoito no quarto e no quinto, 32 no sexto e talvez também no sétimo. Repeti essas séries — 2, 8, 8, 18, 18, 32 — muitas vezes para mim mesmo.

Nessa etapa, voltei a fazer visitas constantes ao Science Museum e a passar horas fitando a gigantesca tabela periódica ali exposta, dessa vez concentrando-me nos números atômicos inscritos em vermelho em cada cubículo. Olhava para o vanádio, por exemplo — havia uma pepita brilhante em seu nicho —, e pensava nele como o elemento 23, um 23 composto de 5 + 18: cinco elétrons em uma camada externa e um "centro" de argônio com 18. Cinco elétrons — daí sua valência máxima de 5; mas três deles formavam uma camada interna incompleta, e era essa camada incompleta, eu agora sabia, que gerava as cores e suscetibilidades magnéticas características do vanádio. Essa noção do quantitativo não substituiu a noção concreta, fenomênica do vanádio, e sim a intensificou, pois agora eu a via como uma revelação, no aspecto atômico, da razão de o vanádio ter suas propriedades. O qualitativo e o quantitativo fundiram-se em minha mente; a "identidade" do vanádio agora podia ser compreendida das duas perspectivas.

Bohr e Moseley, juntos, haviam restaurado para mim a aritmética, fornecido a aritmética essencial, transparente, da tabela periódica que os pesos atômicos, embora confusamente, tinham

---

[2] Isso também deu a Bohr um poder de fazer previsões. Moseley observara a falta do elemento 72, mas não pudera dizer se ele seria ou não das terras-raras (os elementos 57-71 eram terras-raras, e o 73, tântalo, era um elemento de transição, mas ninguém sabia com certeza quantas terras-raras haveria). Bohr, com sua clara idéia sobre o número de elétrons em cada camada, pôde predizer que o elemento 72 não seria das terras-raras, e sim um análogo mais pesado do zircônio. Bohr sugeriu a seus colegas na Dinamarca que procurassem em minérios de zircônio esse novo elemento, o qual rapidamente foi encontrado (e denominado háfnio, o nome antigo de Copenhague). Foi essa a primeira vez que a existência e as propriedades de um elemento foram preditas não por analogia química, mas segundo a base puramente teórica de sua estrutura eletrônica.

insinuado. O caráter e a identidade dos elementos, ou, enfim, boa parte desse caráter e identidade, agora podiam ser inferidos a partir de seus números atômicos, que não mais indicavam apenas a carga nuclear, mas representavam a própria arquitetura de cada átomo. Tudo era divinamente belo, lógico, simples, econômico, o ábaco de Deus em ação.

O que fazia os metais serem metálicos? A estrutura eletrônica explicava por que o estado metálico parecia ser fundamental, ter um caráter tão diferente de qualquer outro. Algumas das propriedades mecânicas dos metais, suas densidades e pontos de fusão elevados, agora podiam ser explicados segundo a intensidade com que os elétrons estavam ligados ao núcleo. Um átomo intensamente ligado, com uma alta "energia de ligação", parecia corresponder a dureza e densidade incomuns e a um alto ponto de fusão. Assim, meus metais favoritos — tântalo, tungstênio, rênio, ósmio: os metais filamentosos — tinham as maiores energias de ligação dentre todos os elementos. (Portanto, fiquei satisfeito por saber, havia uma justificativa atômica para suas qualidades excepcionais — e para minha preferência.) A condutividade dos metais foi atribuída a um "gás" de elétrons livres e móveis, facilmente separáveis de seus átomos originais — isso explicava por que um campo elétrico podia puxar uma corrente de elétrons móveis através de um fio. Esse oceano de elétrons livres, na superfície de um metal, também podia explicar seu brilho especial, pois ao oscilarem violentamente sob o impacto da luz, esses elétrons livres se dispersavam ou refletiam qualquer luz, que voltava pelo caminho por onde viera.

A teoria do "gás de elétrons" implicava, adicionalmente, que em condições extremas de temperatura e pressão todos os elementos não-metálicos, toda a matéria podia atingir um estado metálico. Isso já fora conseguido com o fósforo, na década de 1920, e na década seguinte foi predito que em pressões superiores a um milhão de atmosferas poderia ser possível conseguir o mesmo com o hidrogênio — poderia haver um hidrogênio metálico, especulou-se, no cerne de gigantes de gás como Júpiter.[3] Muito me agradou a idéia de que *tudo* podia ser "metalizado".

Era antiga minha curiosidade sobre os singulares poderes da luz azul ou violeta, de comprimento de onda curto, em contraste com a luz vermelha, de comprimento de onda longo. Na câmara escura isso ficava evidente: podíamos ter uma luz vermelha segura muito brilhante que não velaria um filme em processo de revelação, ao passo que o menor vestígio de luz branca, da luz do dia (que, obviamente, continha azul), o velaria de imediato. Também ficava evidente no laboratório, onde o cloro podia ser misturado em segurança ao hidrogênio sob luz vermelha, mas a mistura explodia na presença mínima de luz branca. E ficava evidente no armário de minerais do tio Dave, onde podíamos induzir fosforescência ou fluorescência com luz azul ou violeta, mas não com luz vermelha ou laranja. Finalmente, havia as células fotoelétricas que tio Abe possuía em casa; elas podiam ser ativadas por um mínimo feixe de luz azul, mas não respondiam nem a uma inundação de luz vermelha. Como uma quantidade imensa de luz vermelha podia ser menos eficaz que uma quantidade minúscula de luz azul? Só depois de aprender um pouco sobre Bohr e Planck me dei conta de que a resposta a esses aparentes paradoxos tinha de estar na natureza quântica da radiação e luz e nos estados quânticos do átomo. A luz ou a radiação apresentavam-se em unidades mínimas ou *quanta*, cuja energia dependia de sua freqüência. Um *quantum* de luz de comprimento de onda curto — um *quantum* azul, por assim dizer, tinha mais energia que um vermelho, e um *quantum* de raios X ou raios gama tinha muito mais energia ainda. Cada tipo de átomo ou molécula — fosse de um sal de prata em

---

[3] Também se especulou, no início do século XX, sobre o que poderia acontecer com o "gás de elétrons" dos metais se estes fossem resfriados a temperaturas próximas do zero absoluto — isso "congelaria" todos os elétrons, transformando o metal em um isolante completo? Descobriu-se, usando o mercúrio, que o oposto ocorria: o mercúrio tornava-se um condutor perfeito, um supercondutor, perdendo subitamente toda a resistência a 4,2 graus acima do zero absoluto. Assim, podíamos ter um anel de mercúrio, resfriado por hélio líquido, com uma corrente elétrica fluindo ao seu redor sem diminuição, para sempre.

uma emulsão fotográfica, fosse de hidrogênio ou cloro no laboratório, ou de césio ou selênio nas fotocélulas do tio Abe, de sulfeto ou tungstato de cálcio no armário de minerais do tio Dave — requeria um certo nível específico de energia para gerar uma resposta; e esta podia ser obtida até por um único *quantum* de alta energia, ao passo que não podia ser evocada por milhares de baixa energia.

Quando criança, eu pensava que a luz tinha forma e tamanho, as formas florais das chamas de velas, como magnólias em botão, os polígonos luminosos das lâmpadas de tungstênio de meu tio. Só quando tio Abe me mostrou o espintariscópio, e nele vi as faíscas individuais, comecei a perceber que a luz, toda luz, provinha de átomos ou moléculas que primeiro haviam sido excitados e então, retornando ao seu estado fundamental, liberavam seu excesso de energia como radiação visível. Com um sólido aquecido, como um filamento aquecido ao branco, eram emitidas energias de muitos comprimentos de onda; com um vapor incandescente, como de sódio em uma chama de sódio, apenas comprimentos de onda muito específicos eram emitidos. (A luz azul na chama de uma vela, que tanto me fascinara quando menino, aprendi mais tarde que era gerada por moléculas bicarbonadas ao se resfriarem, quando emitiam a energia que haviam absorvido ao ser aquecidas.)

Mas o Sol, as estrelas, não eram como as luzes na Terra. Seu brilho, sua brancura, excediam as mais quentes lâmpadas de filamento (algumas, como Sirius, eram quase azuis). Podíamos inferir, da energia de radiação do Sol, que a temperatura de sua superfície era aproximadamente 6000 graus. Tio Abe chamou minha atenção para o fato de que, quando ele era jovem, ninguém tinha a mínima idéia sobre o que podia permitir a enorme incandescência e energia do Sol. *Incandescência* não era a palavra correta, pois não havia queima, combustão no sentido usual — de fato, a maioria das reações químicas cessava acima de 1000 graus.

A energia gravitacional, a energia gerada por uma gigantesca massa ao contrair-se, poderia manter o Sol brilhando? Isso também, ao que parecia, seria totalmente inadequado para explicar o tremendo calor e energia do Sol e das estrelas, que não diminuíram por bilhões de anos. Tampouco a radioatividade era uma fonte de energia plausível, pois as estrelas estavam longe de possuir elementos radioativos em quantidades necessárias, e sua produção de energia era demasiado lenta e não podia ser acelerada.

Só em 1929 uma outra idéia foi aventada: dadas as prodigiosas temperaturas e pressões do interior de uma estrela, átomos de elementos leves podiam fundir-se uns aos outros, formando átomos mais pesados — átomos de hidrogênio, para começar, podiam fundir-se formando hélio; em suma, a fonte de energia cósmica era termonuclear. A quantidade de energia necessária, como calor, era colossal — não alguns milhares de graus apenas, como na superfície solar, mas algo da ordem de 20 milhões de graus. Para mim era difícil imaginar uma temperatura assim, e não ficou mais fácil quando li, no cativante livro *The birth and death of the Sun*, de George Gamow, que se um forno pudesse ser aquecido a essa temperatura, destruiria tudo à sua volta por centenas de quilômetros.

As temperaturas e pressões dessa magnitude, os núcleos atômicos — nus, desprovidos de seus elétrons — deslocavam-se a velocidades tremendas (a energia média de seu movimento térmico seria semelhante à das partículas alfa) e continuamente colidiam uns contra os outros, sem amortecimento, fundindo-se e formando os núcleos de elementos mais pesados.

> Devemos imaginar o interior do Sol [escreveu Gamow] como um tipo gigantesco de laboratório alquímico natural, onde a transformação de vários elementos uns nos outros ocorre quase com a mesma facilidade presente nas reações químicas comuns em nossos laboratórios terrestres.

A conversão de hidrogênio em hélio produzia imensa quantidade de calor e luz, pois a massa do átomo de hélio era ligeiramente menor que a de quatro átomos de hidrogênio — e essa pequena diferença de massa transformava-se totalmente em energia, segundo a célebre equação de Einstein $e = mc^2$. Para produzir a energia gerada no Sol, a cada segundo centenas de milhões de toneladas de hidrogênio tinham de ser convertidas em hélio, mas o Sol é composto predominantemente de hidrogênio, e sua massa é tão imensa que apenas uma pequena fração dela consumiu-se no tempo de existência da Terra. Se a taxa de fusão diminuía, o Sol se contraía e esquentava mais, restabelecendo a taxa de fusão; quando essa taxa se tornava grande demais, o Sol se expandia e esfriava, desacelerando-a. Assim, como explicou Gamow, o Sol representou "o mais engenhoso tipo de 'máquina nuclear', e talvez o único possível — uma fornalha auto-regulável na qual a força explosiva da fusão nuclear era perfeitamente equilibrada pela força da gravitação". A fusão do hidrogênio em hélio não só forneceu enorme quantidade de energia, mas também criou um novo elemento no mundo. E os átomos de hélio, na presença de calor suficiente, puderam fundir-se e formar elementos mais pesados, os quais, por sua vez, originaram elementos mais pesados ainda.

Assim, por uma fascinante convergência, dois problemas antiqüíssimos foram resolvidos de uma só tacada: o brilho das estrelas e a criação dos elementos. Bohr imaginara um *aufbau*, um desenvolvimento de todos os elementos a partir do hidrogênio, como um constructo puramente teórico — mas esse *aufbau* realizou-se nas estrelas. O hidrogênio, o elemento 1, era a unidade constitutiva essencial do universo, o átomo primordial, como pensara Prout ainda em 1815. Isso parecia muito elegante, muito satisfatório; tudo o que era preciso para começar era o primeiro, o mais simples dos átomos.[4]

---

[4] O universo começou quase infinitamente denso — talvez não maior do que um punho fechado, Gamow supôs. Gamow e seu aluno Ralph Alpher aventaram, adicionalmente (em um célebre artigo de 1948 que passou a ser conhecido, depois que Hans Bethe foi convidado a acrescentar seu nome, como o artigo alfa-beta-gama), que esse universo primordial do tamanho de um punho explodiu, inaugurando o espaço e o tempo, e que nessa explosão (que Hoyle, por zombaria, chamou de Big Bang) todos os elementos foram criados.

Mas nisso ele estava errado; foram apenas os elementos mais leves — hidrogênio e hélio, e talvez um pouco de lítio — que originaram o Big Bang. Só na década de 1950 ficou claro como os elementos mais pesados foram gerados. Poderiam ser necessários bilhões de anos para uma estrela média queimar todo o seu hidrogênio, mas as estrelas mais graú-

* * *

Eu via no átomo de Bohr uma beleza inefável, transcendente — elétrons rodopiando, trilhões de vezes por segundo, rodopiando eternamente em órbitas predestinadas, uma verdadeira máquina de moto-contínuo possibilitada pela irredutibilidade do *quantum* e pelo fato de que o elétron rodopiante não gastava energia, não realizava trabalho. E os átomos mais complexos eram ainda mais belos, pois tinham dúzias de elétrons percorrendo uma trama de trajetórias separadas, mas organizadas, como minúsculas cebolas, com camadas e subcamadas. Pareciam-me não apenas belas, aquelas coisas diáfanas porém indestrutíveis, mas também perfeitas a seu modo, tão perfeitas quanto equações (as quais, de fato, podiam expressá-las), em seu equilíbrio de números e forças, de blindagens e energias. E nada, nenhuma ação ordinária, podia perturbar suas perfeições. Os átomos de Bohr certamente estavam próximos do mundo ótimo de Leibniz.

"Deus pensa em números", dizia tia Len. "Os números são o modo como o mundo foi construído." Essa idéia nunca me saiu da cabeça, e agora parecia abarcar todo o mundo físico. Comecei a ler um pouco de filosofia nessa etapa, e Leibniz, até onde eu podia entendê-lo, atraía-me especialmente. Ele falava de uma "matemática divina", com a qual podíamos criar a realidade mais rica possível pelo meio mais econômico, e isso, agora me parecia, estava evidente em tudo: na primorosa economia com que milhões de compostos podiam ser feitos a partir de algumas dezenas de elementos, e nos cento e tantos elementos a partir do hidrogênio; a

---

das, longe de se extinguir nessa etapa, podiam contrair-se, tornar-se ainda mais quentes e iniciar reações nucleares adicionais, queimando seu hélio para produzir carbono, e então queimando o carbono para produzir oxigênio, depois silício, fósforo, enxofre, sódio, magnésio — até chegar ao ferro. Além do ferro não era possível liberar energia com fusões adicionais, portanto este se acumulava como um ponto final da nucleossíntese. Isso explicava sua notável abundância no universo, uma abundância refletida em meteoritos metálicos e no núcleo de ferro da Terra. (Os elementos mais pesados, aqueles além do ferro, permaneceram um enigma por mais tempo; aparentemente, só se originavam em explosões de supernovas.)

economia pela qual todo o conjunto de átomos se compunha de duas ou três partículas, e no modo como sua estabilidade e identidade eram garantidas pelos números quânticos do próprio átomo — tudo isso era suficientemente belo para ser obra de Deus.

25

FIM DO ROMANCE

Ficou "entendido", por volta de meus catorze anos, que eu seria médico; meus pais eram médicos, meus irmãos estudavam medicina. Meus pais haviam tolerado, e até apreciado, meus primeiros interesses pela ciência, mas agora, pareciam pensar, acabara-se o tempo da brincadeira. Um incidente permanece bem claro em minha mente. Era 1947, dois verões depois da guerra, eu estava com meus pais viajando pela França em nosso novo Humber. No banco de trás, eu falava sobre o tálio, tagarelava sem parar sobre ele: que fora descoberto, junto com o índio, na década de 1860, graças à linha verde brilhante em seu espectro, que alguns de seus sais, quando dissolvidos, podiam formar soluções quase cinco vezes mais densas que a água, que o tálio, na verdade, era o ornitorrinco dos elementos, com características paradoxais que haviam causado incerteza quanto à sua localização correta na tabela periódica — mole, pesado e fusível como o chumbo, quimicamente aparentado com o gálio e o índio, mas com óxidos escuros como os do manganês e do ferro, e sulfatos incolores como os do sódio e do potássio. Os sais de tálio, como os sais de prata, eram sensíveis à luz — era possível fazer uma fotografia toda baseada em tálio! O íon do tálio, prossegui, tinha fortes semelhanças com o íon do potássio — semelhanças que eram fascinantes no laboratório ou na fábrica, mas absolutamente letais para o organismo, pois, biologicamente quase indistinguível do potássio, o tálio intrometia-se em todos os papéis e vias do potássio e sabotava por dentro o então desamparado organismo. Falando pelos cotovelos, todo animado, narcisista, cego, nem notei que meus pais, no banco da frente, haviam se calado totalmente, tinham a expressão entediada, tensa e desaprovadora — até que, depois de vinte minutos, não conseguiram mais agüentar, e meu pai estourou: "Já chega de tálio!".

Mas não foi de repente — não acordei um belo dia e descobri que a química estava morta para mim; foi gradual, apoderouse sorrateiramente de mim pouco a pouco. Começou, creio, sem que eu sequer percebesse. Em algum momento, quando eu tinha quinze anos, dei-me conta de que não mais acordava com súbitas empolgações — "Hoje conseguirei a solução de Clerici! Hoje lerei a respeito de Humphry Davy e do peixe-elétrico! Hoje finalmente compreenderei o diamagnetismo, talvez!". Eu não parecia ter mais aquelas súbitas iluminações, aquelas epifanias, aquelas excitações que Flaubert (que eu estava lendo na época) chamava "ereções da mente". Ereções do corpo, sim, eram uma nova e exótica parte da vida — mas aqueles súbitos arroubos da mente, aquelas inopinadas paisagens de glória e iluminação, pareciam ter fugido de mim ou me abandonado. Ou será que, na verdade, eu as abandonara? Pois eu já não ia ao meu pequeno laboratório; só percebi isso quando passei casualmente por lá um dia e vi uma leve camada de poeira cobrindo tudo. Fazia meses que eu quase não via tio Dave ou tio Abe, e não carregava mais comigo meu espectroscópio de bolso.

Outrora eu passava horas na Science Library, extasiado, totalmente alheio à passagem do tempo. Antes eu parecia *ver* "linhas de força" ou elétrons dançando, pairando em suas órbitas, mas agora esse poder semi-alucinatório também desaparecera. Eu estava menos sonhador, mais concentrado, diziam os relatórios escolares — essa, talvez, era a impressão que eu dava —, mas o que eu sentia era totalmente diferente; eu sentia que um mundo interior havia morrido e me fora tirado. Pensava com freqüência na história de Wells sobre a porta no muro, o jardim mágico onde o menino foi admitido e de onde posteriormente foi exilado ou expulso. Ele a princípio não nota, no açodamento da vida e das realizações exteriores, que perdeu alguma coisa, mas depois a consciência disso começa a avultar-se dentro dele, erodindo-o e por fim o destruindo. Boyle chamou seu laboratório de "Eliseu", Hertz designou a física como "uma terra encantada". Eu agora sentia que estava fora daquele Eliseu, que as portas da terra encantada haviam se fechado para mim, que fora expulso do jardim dos números, do jardim de Mendeleiev, dos reinos de brincadeiras mágicas aos quais eu tinha sido admitido quando menino.

Com a "nova" mecânica quântica, desenvolvida em meados da década de 1920, não se podiam mais ver os elétrons como pequeninas partículas em órbita; tinham de ser vistos como ondas; não se podia mais falar em posição de um elétron, apenas em sua "função de onda", a probabilidade de encontrá-lo em determinado lugar. Não se podiam medir simultaneamente sua posição e velocidade. Um elétron, ao que parecia, podia estar (em certo sentido) ao mesmo tempo em toda parte e em parte nenhuma. Tudo isso me deixava zonzo. Eu recorrera à química, à ciência, em busca de ordem e certeza, e agora, subitamente, isso desaparecera.[1] Eu

---

[1] Novamente me identifiquei, nessa questão, quando li *The Periodic Table*, o esplêndido livro de Primo Levi, especialmente o capítulo intitulado "Potássio". Nele, Levi conta sua busca, quando estudante, de "fontes de certeza". Decidindo tornar-se físico, Levi deixou de lado o laboratório de química e foi ser aprendiz no departamento de física — aprendiz, especialmente, de um astrofísico. Isso não funcionou exatamente como ele esperava, pois, embora algumas certezas básicas realmente pudessem ser encontradas na física estelar, essas certezas, ainda que sublimes, eram abstratas e distantes da vida cotidiana. Mais gratificantes, mais próximas da vida eram as belezas da química prática. "Quando compreendo o que se passa no interior de uma retorta, fico mais feliz", Levi comentou certa

me vi em estado de choque, e já não dava mais para recorrer aos meus tios; estava em apuros, e sozinho.[2]

Essa nova mecânica quântica prometia explicar toda a química. E, embora eu sentisse nisso uma exuberância, também sentia uma certa ameaça. "A química se estabelecerá em uma base inteiramente nova", escreveu Crookes. "[...] Seremos libertados da necessidade do experimento, sabendo *a priori* qual tem de ser o resultado de cada experimento." Eu não estava certo de que gostava dessa idéia. Significava que os químicos do futuro (se existissem) nunca precisariam manipular realmente uma substância química, poderiam não ver nunca as cores dos sais de vanádio, nunca sentir o cheiro de um seleneto de hidrogênio, nunca admirar a forma de um cristal, que poderiam viver em um mundo matemático sem cores e sem odores? Para mim esse parecia um cenário horrível, pois *eu*, pelo menos, precisava cheirar, tocar e

---

vez. "Aumentei um pouquinho meus conhecimentos. Não entendi a verdade ou a realidade. Apenas reconstruí um segmento, um diminuto segmento do mundo. Isso já é uma grande vitória em um laboratório de fábrica."

[2] Eu não estava totalmente sozinho. Um guia importantíssimo para mim nessa fase foi George Gamow, escritor e cientista muito versátil e cativante, cujo livro *Birth and death of the Sun* eu já havia lido. Em seus livros sobre "Mr. Tompkins" (*Mr. Tompkins in Wonderland* e *Mr. Tompkins explores the atom*, publicados em 1945), Gamow recorre ao expediente de alterar constantes físicas em muitas ordens de magnitude para permitir ao menos um vislumbre de mundos que de outra forma seriam inimagináveis. A relatividade é tornada comicamente imaginável supondo que a velocidade da luz fosse de apenas 48 quilômetros por hora, e a mecânica quântica, imaginando que a constante de Planck aumentasse 28 vezes, de modo que pudéssemos ter efeitos quânticos na vida "real" — por exemplo, tigres quânticos, aparecendo em borrões por toda uma selva quântica, estão em lugar nenhum e em toda parte simultaneamente.

Eu às vezes me perguntava se existiam fenômenos "macroquânticos", se seria possível ver, em condições extraordinárias, um mundo quântico com meus próprios olhos. Uma das experiências inesquecíveis de minha vida foi exatamente isto: quando me mostraram hélio líquido e vi como ele mudava suas propriedades subitamente a uma temperatura crítica, transformando-se de um líquido normal em um estranho superfluido sem viscosidade, sem entropia nenhuma, capaz de atravessar paredes e de subir por um béquer, e com uma condutividade térmica 3 milhões de vezes maior que a do hélio líquido normal. Esse inacreditável estado da matéria só podia ser compreendido com base na mecânica quântica: os átomos agora estavam tão próximos que suas funções de onda se sobrepunham e se fundiam, de modo que, efetivamente, tínhamos ali um único átomo gigantesco.

sentir, situar a mim mesmo, aos meus sentidos, em meio ao mundo perceptivo.[3]

Eu sonhara em me tornar químico, mas a química que realmente me movia era a adoravelmente detalhada, naturalista e descritiva química do século XIX, e não a nova química da era quântica. A química como eu a conhecia, a química que eu amava, estava acabada ou mudando seu caráter, avançando para além do meu alcance (ou pelo menos eu assim pensava na época). Eu sentia que havia chegado ao fim da linha, o fim da minha linha, pelo menos; sentia que havia empreendido minha jornada pela química até onde me fora possível.

Eu estivera vivendo (parece-me, analisando agora) em uma espécie de doce interlúdio, tendo deixado para trás os horrores e medos de Braefield. Fora guiado para uma região de ordem e para uma paixão pela ciência por dois tios muito sábios, afetuosos e compreensivos. Meus pais me apoiaram e confiaram em mim, permitiram que eu montasse um laboratório e desse vazão aos meus caprichos. A escola, felizmente, em grande medida fora indiferente ao que eu estava fazendo — eu entregava meus deveres de casa e então ficava livre para fazer o que bem entendesse. Talvez, também, houvesse uma trégua biológica, a especial calma da latência.

Mas agora tudo isso mudara: outros interesses amontoavam-se dentro de mim, excitavam-me, seduziam-me, atraíam-me de diferentes maneiras. A vida tornara-se mais ampla, mais rica, de certo modo, mas também estava mais superficial. Aquele centro íntimo tranquilo, minha antiga paixão, não estava mais presente.

---

[3] Eu gostaria de ter percebido — mas isso não teria sido fácil para mim, um menino — que Crookes estava errado, que a nova idéia sobre o átomo que impeliu seu pensamento (ele estava escrevendo isso em 1915, apenas dois anos depois de Bohr) serviria, assim que assimilada, para expandir e enriquecer imensamente a química, e não para reduzi-la, para aniquilá-la, como ele temia. Receios semelhantes pairaram sobre a primeira teoria atômica: muitos químicos, entre eles Humphry Davy, julgaram que havia perigo em aceitar as concepções de Dalton sobre os átomos e os pesos atômicos, perigo de arrancar a química de sua esfera concreta e da realidade e lançá-la em um reino árido, pobre, metafísico.

A adolescência precipitara-se sobre mim como um tufão, fustigando-me com seus insaciáveis anseios. Na escola, eu deixara o suave "lado" clássico e passara para o assoberbado lado da ciência. Eu fora estragado, em certo sentido, por meus tios e pela liberdade e espontaneidade de meu aprendizado. Agora, na escola, era forçado a assistir às aulas, fazer anotações e provas, usar livros didáticos que eram enfadonhos, impessoais, insuportáveis. O que fora divertido, prazeroso quando eu fazia do meu jeito, tornou-se uma aversão, uma provação quando tive de fazer obrigado. O que fora um assunto sagrado para mim, repleto de poesia, estava sendo transformado em prosaico, profano.

Então era o fim da química? Eram minhas limitações intelectuais? A adolescência? A escola? Era aquele o caminho inevitável, a história natural do entusiasmo — inflamar-se intensamente, vivamente, como uma estrela, durante algum tempo, e então consumir-se, acabar aos poucos, desaparecer? Era eu ter encontrado, ao menos no mundo físico e na ciência física, o senso de estabilidade e ordem de que tão desesperadamente necessitava, podendo então relaxar, sentir menos obsessão, seguir em frente? Ou seria, talvez, mais simplesmente, que eu estava crescendo, e que "crescer" nos faz esquecer as líricas, místicas percepções da infância, a glória e o frescor descritos por Wordsworth, que então se esvaneciam à luz do cotidiano?

POSFÁCIO

Em fins de 1997, Roald Hoffmann — éramos amigos desde que eu lera seu livro *Chemistry imagined* alguns anos antes —, sabendo alguma coisa sobre minha infância química, enviou-me um pacote intrigante. Continha um grande cartaz com a tabela periódica, com fotografias de cada elemento, um catálogo químico para que eu pudesse fazer encomendas e uma barrinha de um metal cinzento muito denso, que caiu no chão com um ressonante baque quando abri o pacote. Eu o reconheci imediatamente pelo toque e pelo som ("A sensação de tocar o tungstênio sinterizado é incomparável", dizia meu tio).

O baque serviu como uma espécie de mnemônica proustiana: instantaneamente me fez lembrar meu Tio Tungstênio, sentado no laboratório com seu colarinho de ponta virada, camisa de mangas enroladas e mãos enegrecidas de pó de tungstênio. Outras imagens imediatamente emergiram: sua fábrica de lâmpadas, suas coleções de lâmpadas antigas e de metais pesados e de minerais. E minha iniciação por ele, aos dez anos, nas maravilhas da metalurgia e da química. Pensei em escrever um breve perfil de Tio Tungstênio, mas as lembranças, uma vez começadas, continuaram a surgir — lembranças não só de Tio Tungstênio, mas de todos os eventos do início de minha vida, de minha meninice, muitas delas esquecidas por cinqüenta anos ou mais. O que principiara como uma página de texto tornou-se uma vasta operação de mineração, uma escavação de quatro anos de 2 milhões ou mais de palavras — da qual, de algum modo, um livro começou a cristalizar-se.

Tirei da estante meus velhos livros (e comprei muitos outros novos), coloquei a barrinha de tungstênio em um pequeno pedestal e revesti as paredes da cozinha com tabelas químicas. Li listas de abundâncias cósmicas na banheira. Em tardes gélidas e sombrias de sábado, eu às vezes me aconchegava com um grosso exemplar do *Dictionary of applied chemistry*, de Thorpe — era um dos livros preferidos de Tio Tungstênio —, abria-o numa página qualquer e lia a esmo.

A paixão pela química, que aos catorze anos eu julgara morta, claramente sobrevivera, muito lá no fundo, durante todos aqueles anos. Embora minha vida tenha tomado um rumo diferente, tenho acompanhado as novas descobertas da química com emoção. No meu tempo, os elementos terminavam no número 92, o urânio, mas segui de perto a produção de novos elementos — até o número 118! Esses novos elementos provavelmente existem apenas em laboratório e não ocorrem em outras partes do universo, mas fiquei eletrizado ao saber que os últimos deles, embora ainda radioativos, são considerados pertencentes a uma "ilha de estabilidade" procurada há muito tempo, na qual os núcleos atômicos são quase um milhão de vezes mais estáveis que os dos elementos precedentes.

Os astrônomos agora querem saber sobre planetas gigantes com núcleos de hidrogênio metálico, estrelas feitas de diamante e magnetoestrelas com crostas de ferro. Conseguiu-se, com grande empenho, fazer combinações com gases inertes, e vi fluoretos de xenônio — uma coisa quase inconcebível, uma fantasia para mim nos anos 40. Os elementos de terras-raras, que Tio Tungstênio e tio Abe tanto apreciavam, agora se tornaram comuns e têm inúmeras aplicações em materiais fluorescentes, fósforos de todas as cores, supercondutores de alta temperatura e ímãs minúsculos de força inacreditável. Os poderes da química sintética tornaram-se prodigiosos: podemos agora projetar moléculas com quase qualquer estrutura, qualquer propriedade que desejarmos.

O tungstênio, com sua densidade e dureza, encontrou novas aplicações em dardos, raquetes de tênis e — inquietantemente — no revestimento de bombas e mísseis. Mas também se revelou — muito mais ao meu gosto — indispensável a certas bactérias primitivas que obtêm energia metabolizando compostos de enxofre nas chaminés marinhas. Se (como atualmente se cogita) essas bactérias foram os primeiros organismos na Terra, o tungstênio pode ter sido crucial para a origem da vida.

O antigo entusiasmo ressurge com grande freqüência em curiosas associações e impulsos: um súbito desejo de ter uma esfera de cádmio ou de sentir a dureza do diamante em meu rosto. As placas de automóveis imediatamente me sugerem elementos, especialmente em Nova York, onde tantas delas começam com U, V, W e Y — ou seja, urânio, vanádio, tungstênio e ítrio. É um prazer adicional, um bônus, um presente, quando o símbolo de um elemento é seguido de seu número atômico, como em W74 ou Y39. As flores também evocam elementos: a cor dos lilases na primavera, para mim, é a do vanádio bivalente. Rabanetes me lembram o odor do selênio.

As luzes — velha paixão de família — continuam a evoluir de maneiras fascinantes. As luzes de sódio, de um amarelo esplêndido, disseminaram-se na década de 1950, e as lâmpadas de quartzo e iodo, brilhantes lâmpadas halógenas, surgiram nos anos 60. Se aos doze anos, depois da guerra, eu andava com um espectroscópio de bolso em Piccadilly, hoje redescobri esse prazer, e ando com um espectroscópio de bolso em Times Square, vendo as luzes da cidade de Nova York como emissões atômicas.

E à noite sonho freqüentemente com química, sonhos que combinam passado e presente, o quadriculado da tabela periódica transformado no quadriculado do mapa de Manhattan. A localização do tungstênio, na intersecção do Grupo VI e Período 6, torna-se sinônimo do cruzamento da Sexta Avenida com a rua 6. (Não existe esse cruzamento em Nova York, obviamente, mas na Nova York de meus sonhos ele existe com destaque.) Sonho que estou comendo hambúrgueres feitos de escândio. Às vezes também sonho com a indecifrável linguagem do estanho (uma lembrança confusa, talvez, de seu "grito" lamentoso). Mas meu sonho favorito é aquele em que vou à ópera (sou Háfnio) e divido um camarote do Metropolitan com os outros metais de transição pesados — velhos e queridos amigos — Tântalo, Rênio, Ósmio, Irídio, Platina, Ouro e Tungstênio.

AGRADECIMENTOS

É imensa minha dívida para com meus irmãos, primos e, notavelmente, com meus velhos amigos, que compartilharam comigo lembranças, cartas, fotografias e recordações de todo tipo; sem eles eu não teria sido capaz de reconstituir acontecimentos de tanto tempo atrás. Escrevi sobre eles, e outros, com certo receio: "Sempre é perigoso transformar uma pessoa em um personagem", comentou Primo Levi.

Kate Edgar, minha assistente e revisora de muitos de meus livros anteriores, foi praticamente uma colaboradora neste, não apenas revisando meus numerosos rascunhos, mas indo comigo ao encontro de químicos, descendo em minas, suportando odores e explosões, descargas elétricas e ocasionais emanações radioativas, e tolerando um escritório cada vez mais atulhado de tabelas periódicas, espectroscópios, cristais balançando-se em soluções supersaturadas, espirais de arame, baterias, substâncias químicas e minerais. Este livro teria sido uma escavação de 2 milhões de palavras não fosse pelos poderes de destilação de Kate.

Sheryl Carter, que também trabalha comigo, franqueou-me as maravilhas da internet (sou analfabeto em computação, escrevo tudo a caneta ou em uma velha máquina de escrever) e encontrou livros, artigos, instrumentos e brinquedos científicos de todo tipo, os quais eu nunca teria obtido sozinho.

Em 1993, escrevi um ensaio-resenha para a *New York Review of Books* do livro de David Knight sobre Humphry Davy, que em muitos aspectos reavivou meu interesse pela química, adormecido havia tanto tempo. Agradeço a Bob Silvers por incentivar-me a escrevê-lo.

Meu artigo "Brilliant light", um fragmento anterior deste livro, publicado em *The New Yorker*, foi brilhantemente preparado para publicação (e intitulado) por meu editor nessa revista, John Bennet; e a ajuda de Dan Frank, da Knopf, foi crucial para a condução deste livro até a presente forma.

Pouco depois de começar este livro, tive o grande prazer de encontrar um herói de minha infância, Glenn Seaborg, e posteriormente conheci químicos do mundo todo e me correspondi com eles. Esses químicos, numerosos demais para que eu mencione seus nomes aqui, deram uma acolhida extraordinária a um forasteiro, um ex-entusiasta mirim, e me mostraram maravilhas que nem a mais ambiciosa ficção científica de minha infância poderia ter concebido, como "ver" átomos reais (por meio da ponta de tungstênio de um microscópio de energia atômica), além de satisfazerem desejos nostálgicos de ver, mais uma vez, entre outras coisas, o azul-vivo do sódio dissolvido em amônia líquida e minúsculos ímãs levitando sobre supercondutores resfriados em nitrogênio líquido, a mágica flutuação que desafia as leis da gravidade com que eu sonhava quando menino.

Mas destacaram-se, sobretudo, o estímulo e o apoio incomensuráveis de Roald Hoffmann, que mais do que ninguém me mostrou a coisa maravilhosa que é a química hoje — e é a Roald, portanto, que dedico este livro.

CRÉDITOS DAS ILUSTRAÇÕES

Ilustração da casa número 37 de Mapesbury Road no início do capítulo 2 de Stephen Wiltshire. Copyright © Stephen Wiltshire. Reproduzido sob permissão de John Johnston Ltd.

Ilustração de estetoscópio no início do capítulo 9 cortesia de Culver Pictures.

The Festival of Britain Periodic Table. Copyright © 1998 Macmillan Magazines Ltd. Reproduzido sob permissão de *Nature* (393:527, 1998).

Ilustração "Configuração de elétron" de *The history and use of our Earth's chemical elements: a reference guide*, de Robert E. Krebs, ilustrações de Rae Dejur (Greenwood Press, Westport, CT, 1998). Copyright © 1998 Robert E. Krebs. Reproduzido sob permissão.

ÍNDICE REMISSIVO

Abse, Dannie, 278
ácidos, 51, 74-5, 79, 83, 89, 111, 197
adolescência, 276-7, 314; *ver também* sexualidade
África do Sul, 16, 41-2, 77, 106, 140
água, 107, 117-8, 123-4, 155, 207
álcalis, 79, 111-2, 125-6
Alexander, Walter (primo), 139-40, 143, 146
alótropos, 11, 132
Alpher, Ralph, 306
alquimia, 107, 110, 122, 152, 154, 161, 227, 283, 287
alucinógenos, 122
alumínio, 43, 47-8, 69, 84, 87, 89, 128, 134-5, 163
amálgamas, 151
âmbar, 12, 159
amônia, 72, 82, 84, 91, 320
Ampère, André Marie, 131
análise química, 70

aparelhagem química e suprimentos, 41, 74-5, 77, 90, 130
aposentadoria, 182
ar, natureza do, 109-10, 113, 205
argônio, 51, 57, 147, 204
armário embaixo da escada, 20, 57-8
ascídias, 275
átomos, 11, 31, 63, 69, 86, 265-6, 288; "sintonização" de, 86; concepções de, 152-3, 154, 157-8, 221, 296-7, 313; desintegração de, 267-8, 285-6; estabilidade dos, 267, 283-4, 286-7, 296, 307, 316; fissão de, 207; imagens musicais dos, 221-2, 290; moléculas e, 156; modelos nucleares de, 290, 296-7; *ver também* radioatividade
Auer, Carl *ver* Welsbach, Auer von
aurora, 225, 246
autismo, 33, 125
automóveis, 98, 165, 309, 317

avô *ver* Landau, Marcus
Avogadro, Amedeo, 156-8

babás, 38, 103
Balard, A. J., 132
baldes de areia, 88
Balmer, J. J., 222, 296, 298
balões, 119-20
banana, 37
bário, 128, 224, 250, 258, 260
Bartlett, Neil, 205
baterias, 58, 123-9, 160, 163-6, 217
Becquerel, Alexandre-Edmond, 232, 252
Becquerel, Antoine Edmond, 252
Becquerel, Henri, 251-2, 254, 258, 260-1, 265, 283
Beddoes, Thomas, 122
berílio, 128, 201
Bernays, A. J., *The science of home life*, 78
Bernstein, Jeremy, 267
Berthollet, Claude-Louis, 151
Berzelius, J. J., 128, 155, 197, 200
Bethe, Hans, 306
bibliotecas, 18, 39, 61-2, 157, 223, 272, 310
bicicletas, 148, 169, 175
biologia, 272-6, 279-81
bismuto, 70, 168, 257-8, 287
Bland-Sutton, John, *Tumours innocent and malignant*, 236, 237
blecaute, 29, 221
blitz, 28-9, 139, 231
Bôeres, Guerra dos, 42
Bohr, Niels, 277, 297-301, 303, 306-7
Boisbaudran, Lecoq de, 202, 205
bolhas, 12, 88, 118, 226
bombas, 28-9, 47, 83, 88-9, 139, 207, 226, 238, 255, 267, 280, 292

boro, 191
Borodin, Aleksandr Porfirevich, 198, 200
botânica, 33, 34, 91-2, 241, 273
Boyle, Robert, 107-11, 113, 128, 152, 226-7, 311
Braefield, 25-8, 31, 33-4, 70, 95, 104, 181, 187-8, 223, 237; diretor de, 26, 35, 188; surras em, 26, 31; *ver também* evacuação na Guerra
Brandt, Hennig, 227
branqueamento, 76, 112
brincadeiras, 75-6, 110
bromo, 131, 200
bronze, 9
Bunsen, Robert, 89, 164, 217-22
Byers, Eben, 262

cães da família, 28-9, 87, 93, 238, 242
cal (óxido de cálcio), 44, 125; *ver também* iluminação, luz de cal
cálcio, 44, 53, 69, 128
Califórnia, 279, 281
calor, 10, 79, 83, 86-9, 266-7, 285
câmeras, 139, 140, 143
Cannery Row, 279-80
Cannizzaro, Stanislao, 157-8, 200
carbono, 11, 55, 83, 124, 307
cartões-postais pintados à mão, 182
carvão, 11, 22, 39, 46-7, 78, 112, 121, 132, 290; biscoitos de, 22
catálise, 133-4
Cavendish, Henry, 117, 123
cério, 53, 66, 209
césio, 127, 191, 208, 219, 224, 304
Challenger, professor, 220-1
chamas de vela, 11, 30, 52, 72, 83, 216, 304
Chancourtois, A. E., 203
Chesterton, G. K., 138

chumbo, 9, 13, 64-5, 112, 161, 165, 286-7
Ciência: caso de amor com a, 49, 50; contingência e, 157; e cultura literária, 129; e tarefa da família, 16; incubação de idéias na, 203; prematuridade na, 86, 109, 157-8, 254; prioridade na, 123*n*; refúgio na, 32, 189; sincronismo na, 203
cinabre, 65, 152
classificação, 199, 203
Clifford, W. K., 221
Clifton College, 35, 187
cloreto de sódio, 79, 128, 166, 177, 214-5, 300
cloro, 79, 131, 300
cobalto, 66, 76, 83
cobre, 9, 46, 72, 123
coleção: de minerais, 68; de moedas, 80-1; de passagens de ônibus, 80-1
Coleridge, Samuel Taylor, 129
combustão *ver* oxidação
comida, 99, 100, 102
compostos químicos, 79, 111, 150; composição fixa de, 151-2; e misturas, 150-1; fórmulas de, 155, 157
Comte, Augusto, 218
conservação de energia, 264
conservação de massa, 115, 117
cor, 11, 22, 76, 84, 87, 107-8, 112, 233, 296, 301, 317, 320; como propriedade elementar, 83-6; de chamas, 118, 126-7, 208, 214; de cristais e gemas, 72-3, 84, 263; de metais, 9, 10, 190-1, 208; de minerais, 45, 70, 208; em fotografias, 142-4; em reações químicas, 18, 72, 83-6, 151; em vitrais, 20, 231; fluorescente, 229-31

criólitos, 66
criptônio, 205
cristal, 43, 45, 62-3, 66, 71, 107, 132, 197; crescimento, 72-3; estrutura de, 10, 63-4, 69, 107, 151; rádio de, 12, 171, 224; *ver também* minerais; hertzita
Crookes, William, 210, 230, 260, 312-3
Crystal Palace, 87, 136
cultura americana, 280-1
cultura literária e científica, 129
Curie, Eve, 255-6, 262
Curie, Marie e Pierre, 203, 255-68, 282-3, 286-7

d'Elhuyar, Juan José e Fausto, 47-9
daguerreótipos, 136, 139-40
Dalton, John, 152-8, 196, 221, 267, 277, 293, 297, 313
daltonismo, 107
Dana, James D., *The geological story*, 64, 199
Darwin, Charles, 199, 285
Davy, Humphry, 89, 121-34, 139, 161-2, 191, 197, 200, 313
Delamere, 23, 33
Demarçay, Eugène, 257-8
densidade, 40, 48-9, 119, 206; *ver também* metais, densidade de
diamante, 10-1, 41-3, 70, 89, 132, 140, 316
diário, 138, 277
Dickens, Charles, 139, 144, 187, 220
dínamos, 54, 169
dióxido de carbono, 107, 114, 119, 232
dissecação, 240, 243-5
Djerassi, Carl, 115

Döbereiner, J. W., 133, 200-1
Doyle, Arthur Conan, 139, 220-1
Dumas, Jean Baptiste André, 157
Dyson, Freeman, 32, 205

Edison, Thomas Alva, 39, 52, 54-5
educação, 175; científica, 15-6, 158; na escola, 62, 311, 313; no museu, 62; *ver também* bibliotecas; museus
Egito, expedição de Napoleão ao, 151
Einstein, Albert, 107, 213, 271, 292, 297-8, 305
Elementos: abundância, 69, 307; como unidades constitutivas do universo, 81, 218, 293; definição de, 108, 115, 125, 152; denominação de, 66-7; descoberta ou isolamento de, 49-50, 66-7, 127-8, 130, 257-8; fictícios, 66, 258; imutabilidade, 11, 152, 215-6, 267, 287, 294-6; origem de, 296, 298, 300, 306; predição de novos, 202-4, 207, 294-5, 301; Quatro Elementos da Antigüidade, 108, 115; *ver também* elementos individuais; metais
elementos de terras-raras: actinídeos, 212, 316; lantanídeos, 54, 207-10, 225, 231, 296, 300-1, 316
elementos de transição, 208, 210, 212, 300-1; e cor, 84
elementos transurânicos, 196, 203-4, 211-3, 316
eletricidade, 13, 54, 84, 107, 111, 123, 129, 164-6, 169, 263; estática, 12, 123, 159-61, 166; *ver também* baterias; iluminação
eletromagnetismo, 166-72, 297; *ver também quanta*, teoria dos
eletroquímica, 79, 118, 123-5, 127-8, 134, 161-3, 166; *ver também* baterias
Eliot, T. S., 130, 278
Elster, Julius, 265
emulsões fotográficas, 141
energia: atômica e termonuclear, 285, 290-2, 305-7; fonte de radioatividade, 263, 265-8; quântica, 297-8, 303-4; química, 79, 89, 122-3, 165-6, 225, 289
enxaqueca, alterações visuais na, 146
enxofre, 64, 68, 94, 151, 307
Enxofre, princípio alquímico do, 108
epidemia de gripe, 101-2
escândio, 203, 219
escolas *ver* Braefield; Clifton College; educação; Hall, The; St. Lawrence College; St. Paul's School
Escola Judaica ao Ar Livre, 33
escoteiros, 59, 60-1
espectroscopia, 147, 216-20, 222, 257-8, 260, 283, 294, 298, 317; de raios X, 294
estanho, 9, 13, 45, 64, 77, 112, 318
estereoscópios, 77, 144-6
estrelas, 11, 216-8, 290, 304-6
estrôncio, 68, 128, 231
Éter, 265-7
Euler, Leonhard, 86
evacuação na Guerra, 25, 36, 180, 184; e regressão, 29, 35, 61; e sentimento de abandono, 25-6, 31, 35-6; *ver também* Braefield
explosões, 82, 87, 127, 274; *ver também* bombas

família extensa, 16, 21-4, 41-2, 137, 174-5, 177, 179-80, 223; *ver tam-*

bém Alexander, Walter; Landau, ancestrais
Faraday, Michael, 128, 131, 133, 166-70, 205
Fermi, Enrico, 207
ferro, 10-1, 69, 84-5, 95, 167, 307, 316; para o esforço de Guerra, 138
Fibonacci, série de, 33
filmes finos, 153
fissão e fusão nuclear, 207, 299, 305-7; *ver também* energia atômica
Flaubert, Gustave, 310
flogisto, 111-3, 115
flúor, 43, 90, 131, 205
fluorescência, 12, 45, 229, 231, 247, 252-3, 261, 264, 283, 287-8, 298; *ver também* iluminação; luminescência; fosforescência
flutuação, 70, 113, 119, 127, 136, 191; *ver também* levitação
fogo, 11, 22, 79, 82, 87-9, 111, 220
fogos de artifício, 87, 89, 112, 214
fosforescência, 228, 252-3, 263, 283, 298; *ver também* luminescência; fluorescência; fósforo
fósforo (elemento químico), 89, 225-7, 262, 307
fósforos, 226
fotografia, 134-47, 252-4, 288, 309; cinefotografia, 146; em cores, 143-4, 182; emulsões fotográficas, 141; estéreo, 137, 144-5; viragem, 142
fotografias da família, 41, 135-9
fotoquímica, 76, 135, 303
Fraunhofer, Joseph, 216-7
Freud, Anna, 61
fusível elétrico, 12-3

Gahn, Johan, 49
galena, 63, 65, 68, 171
gálio, 202-3; colheres de chá de, 71
Gamow, George, 305-6, 312
gás hilariante, 122-3
gases, 117-20, 152; líquidos, 303; inertes, 205, 300, 316; *ver também* argônio; hélio; neônio; xenônio
Gay-Lussac, Joseph-Louis, 131, 156
Geiger, Hans, 230, 299
Geitel, Hans, 265
George, Lloyd, 102
Goethe, J. W., 65, 130
gravidade, 128, 147, 306, 320
Griffin & Tatlock, 75, 77, 91
Griffin, J. J., *Chemical recreations*, 75-7, 90, 157
grupos químicos, 69, 126-8, 131, 191-200, 202-13, 257-9, 284, 287, 301; *ver também* metais alcalino-terrosos; gases inertes; elementos de terras-raras; elementos de transição; elementos transurânicos
Guerra Mundial, Primeira, 42, 93, 101, 173, 180, 184, 224, 226, 299
Guerra Mundial, Segunda, 25, 29, 180-1, 221, 224; mudanças durante e após, 28, 38, 88, 103-4, 137-9, 181, 185-6; refugiados, 28, 180; resultado da, 207; retorno à normalidade após, 37, 269, 279-80; *ver também* evacuação na Guerra; blitz; bomba atômica

háfnio, 67, 69, 301, 318
Haggard, H. Rider, *As minas do rei Salomão*, 41, 237
Hall, The, 59, 62, 272
halogênios, 191, 200-1, 208, 296, 300, 317
Hampstead Heath, 87, 92, 126

Handbook of Physics and Chemistry, CRC, 206
Head, Henry, 101
hélio, 205, 219-20, 233, 285, 289, 305, 306; líquido, 312
Hersey, John, *Hiroshima*, 83, 292
Hertz, Heinrich, 171-2, 311
hertzita, 171, 224
Hess, Myra, 185
híbridos, 207, 215
hidrogênio, 82, 88, 107, 118, 123-5, 127, 302, 306
Hinrichs, G. D., 203
hipocondria, 238
Hjelm, Peter, 49
Hoffmann, Roald, 115, 315, 320
Holmes, Sherlock, 220
Holocausto, 174
Homem Elefante, 237
Hooke, Robert, 109
Huxley, Aldous, *Antic Hay*, 94

iluminação, 112, 115, 133, 221, 227, 232, 317; a gás, 21, 52, 53, 55, 118, 254; elétrica e a gás, 21, 53-6; fluorescente, 220, 232-3; holofotes, 29; incandescente e fluorescente, 233; incandescente, história da, 52, 54-8, 124-5, 133, 169, 225; lâmpada de Landau, 121; lâmpadas, 13, 39, 51-8, 135, 160, 166, 221, 224, 232, 317; lâmpadas de segurança para mineiros, 15, 121, 133; lâmpadas ultravioleta, 18, 45, 229, 230; luz de cal, 53; neônio, 221, 233; *ver também* blecaute; velas
Iluminismo, 111
incas, e platina, 40

interesse vitoriano pela ciência, 77-8, 129-30
invariabilidade: da composição química, 151-2; dos átomos, 152, 267-8, 294-6; dos elementos, 11, 152, 215, 267, 286, 294-6; dos números primos, 32
iodo, 87, 131, 200, 317
ionização, 128, 253, 263, 290, 300
irídio, 40, 318
isótopos, 211, 286

James, William, 122
jardins, 28, 31, 33-4, 73, 197-8, 241, 311; de sílica, 73
Jeans, James, *The stars in their courses*, 216
Jerusalém, 103, 174, 177
Johnston, J. W. F., *The chemistry of common life*, 78
judaica, comunidade, 177, 181

Karlsruhe, conferência de, 157, 200, 203-4
Keats, John, 130
Kekulé, F. A., 201
Kelvin, William Thomson, 285
Keynes, John Maynard, 102
Kirchhoff, Gustav, 217-22
Knight, David, 129
Korn, Eric, 59, 126, 272-3, 275, 277

Laborde, Albert, 266
Lagrange, Joseph Louis, 117
lâmpadas *ver* iluminação
Landau, ancestrais, 106, 136; *ver também* família extensa; tias; tios
Landau, Marcus (avô), 14-5, 16, 36, 41, 106, 180, 224
Langmuir, Irving, 56-7

latão, 10, 150, 160, 246
Lavoisier, Antoine, 110-7, 121-3, 125, 132, 151, 153, 196
Lawrence, T. E., *The Mint*, 100
Leibniz, Gottfried Wilhelm, 227
Levi, Primo, 311
levitação, 168, 320
Liebig, Justus von, 131-2
Life, revista, 280
ligações químicas, 63, 197, 300, 302
ligas, 9, 10, 13, 40, 112, 150
Lineu, Carl, 199
linguagem: alquímica, 107; de Davy, 129; de sinais, 41, 187; etimologia, 65, 236; matemática, 170; médica, 18, 236; química, 107, 116, 236; religiosa, 30, 176; talento para línguas, 173, 186
Lister, Joseph, 251
lítio, 127, 191, 200, 218-9, 306
Lituânia, 102, 103-4
livro da selva, O, 36, 60
livros como influências, 18, 36, 62, 75, 77-8, 96, 138, 216, 236-7, 240, 255, 277, 291, 305; *ver também* autores individuais
lobinhos *ver* escoteiros
lobo, 36
Lockyer, Norman, 216, 218-20
Lodge, Oliver, 266
Londres, 13, 38, 45, 51, 54, 61-2, 99, 100, 137-8, 190, 221; *ver também* blitz; Guerra Mundial, Segunda
Lothar Meyer, J., 202-4
luminescência, 224-34, 252; bioluminescência, 110, 147, 227; bóias autoluminosas, 232; do rádio, 261-2; em tintas, 12, 224, 228, 262

luz, 11, 221, 223-5, 303-5; efeito fotoelétrico, 303; efeito magnético sobre, 167; espectro eletromagnético, 170-2, 304; origem da, 304; ultravioleta, 18, 45, 229, 250; *ver também* iluminação

mãe *ver* Sacks, Elsie Landau
magnésio, 69, 128, 135, 307; queima de, 29, 88
magnetismo, 12, 110, 166-72, 207, 316
mal de Parkinson, 78, 101
manganês, 84, 85, 206
Mann, Thomas, *Doutor Fausto*, 73
Mapesbury Road, 17-24
máquina de escrever, som da, 38
Marmite, 224
Marsden, Ernest, 289, 299
masúrio, 207
matemática, 15-6, 33, 152, 170-2, 307
maus-tratos, 26, 32, 59, 188, 279
Maxwell, Clerk J., 143, 170-2, 266-7, 296
McClintock, Barbara, 241
McKie, Douglas, 112
médicos: como químicos, 130; mobilização durante a Guerra, 103, 185; pais e parentes médicos, 18, 98, 101, 103, 185-6, 236-45, 249-50, 255, 272, 309
Mellor, J. W., 206
memória, 34, 102-3, 137-9, 316
Mendeleiev, Dimitri, 126, 190-205, 207-11, 213, 265-6, 294-5, 297, 299-300, 311
mercúrio, 14, 43-4, 65, 68, 84, 114, 150-1, 168, 232, 303
Mercúrio, princípio alquímico do, 108

metais, 9-10, 41, 43, 108, 161, 190-1, 196, 208; alcalinos, 84, 125-7, 191-2, 200-1, 207, 296, 300; metais alcalino-terrosos, 84, 125, 128, 191-2, 200-1; brilho dos, 40, 44, 108, 127, 302; combustão de, 29, 48, 111-5; condutividade de, 10, 127, 312; definição de, 126-7; densidade, peso e dureza de, 9-10, 14, 40-1, 43-4, 47, 126-7, 150-1, 302; do grupo da platina, 40-1, 46, 124, 133, 208; filamentosos, 39, 41, 51, 208, 225, 302; gás de elétrons, teoria do, 302; incorruptibilidade dos, 9-10, 40, 163; inflamabilidade ou fusão de, 29, 88-9, 125-7, 302

metalóides, 197

microscopia, 109, 239, 320

Miller, Jonathan, 21, 101, 126, 272-5, 277

minerais, 62-5, 68-70, 80, 199; e mineração, 41-4, 66, 69, 110, 112, 121, 132, 140; nomes de, 65; transparentes, 66

minérios, 40, 46; *ver também* minerais; redução

moedas, 19-20, 80, 164

Moissan, Henri, 43, 89

moléculas, natureza das, 156, 157

molibdênio, 48-9, 57, 69, 209

Monterey Bay, 279-80

morte, 179, 183, 186-7, 238, 299

Morveau, Guyton de, 113, 115

Moseley, Harry, 294-5, 299, 301

motocicletas, 29, 100, 238

motores elétricos, 168-9

museus, 62-4, 69, 73, 121, 154, 196, 205, 207, 213, 273, 301

música, 183-7, 193, 198, 270, 277; átomos musicais, 86, 221-2, 298; professores de, 184, 186, 270; *ver também* piano

Napoleão, 151
Napoleão III, 134
narcóticos, 78
natação, 97, 271, 272
National Geographic, 136, 143
nativos, 40, 46; sons produzidos por, 9-10, 14, 315, 318; *ver também* elementos
natureza tranqüilizadora, 27, 193, 206
navios, proteção catódica em, 162
neônio, 205, 221, 233
neurologia, 101, 281
Newlands, J. A., 203
Newton, Isaac, 87, 107, 113, 117, 122, 125, 128, 130, 152-3, 216, 229
nióbio, 66, 69, 78, 209
nitrogênio, óxidos de, 89, 122-3
Noddack, Ida Tacke, 207
nomenclatura, 116, 117
notas de rodapé, 198, 203
números: atômico, 81, 294-5, 299, 301; como princípio fundamental de organização, 34, 193, 221-2, 295-6, 301-2, 307-8; na tabela periódica, 193, 197, 300-1; paixão por, 37, 223; primos, 32-3; refúgio nos, 32-3

observância religiosa, 102, 174-80
Odling, William, 203
odores, 49, 78, 91-5, 118, 176, 240, 243, 263, 274-5, 317; em Braefield, 26, 95; olfato, 107
ondas e receptores de rádio, 171-2, 185, 251
Orwell, George, *1984*, 32, 138

ósmio, 39, 40-1, 55-6, 240, 318
osmirídio, 40, 48
Ostwald, Wilhelm, 154
ouro, 9, 19, 40-1, 46, 49, 112, 134, 140, 142, 153, 160, 289
Oxford, 183
oxidação, 43-4, 62, 88-9, 109-15, 118, 126, 226
oxigênio, 49, 69, 82, 114-8, 123-5, 151, 205, 307
ozônio, 18, 204-5, 263-4

padrões, na natureza, 33-4, 193, 196, 206; *ver também* tabela periódica
pai *ver* Sacks, Samuel
pais, 21, 23, 25-6, 28, 36, 38, 42, 72, 74, 94, 103-4, 138, 173, 175, 177, 180, 183, 188, 236, 269-71, 309-10, 313; e Birdie, 183; e médicos, 18, 98, 101, 103, 185, 239-45, 255, 272, 309; *ver também* Sacks, Elsie Landau; Sacks, Samuel
paladar, 37, 107, 118
paládio, 142
paleontologia, 78, 109, 112, 138
Palestina, 173-4
Park, David, 86
Parkinson, James, *The chemical pocket-book*, 78
partículas alfa, 288-9
Pask, Sidney, 272-4, 277
passagens de ônibus, 80
Pauling, Linus, 90, 207
Pepper, J. H., *Playbook of metals*, 64, 196
percepção visual, construção no cérebro, 145-6
peso, 9-10, 40-1, 70-2, 119, 287
peso atômico, 79-80, 85, 153, 155-6, 190-1, 199-200, 260, 293

pessoas da casa, 28, 38
piano, 28, 183-4, 270-1; *ver também* música
Planck, Max, 297, 303, 312
platina, 11, 40-1, 54, 125, 130, 133, 142, 215, 318
plutônio, 266-7
Poe, Edgar Allan, 262
poetas, e química, 129
polônio, 203, 256-8, 267, 287-8
polvo, 235, 274
pontos de fusão, 13, 41, 54-5, 71, 126-7, 191, 197, 211
porta com vitral, 20, 28
potássio, 69, 126-7, 226, 310
prata, 19, 20, 40, 46, 49, 80, 112, 137, 139, 141-2, 160, 162
prematuridade na ciência, 109, 157-8, 254
Prêmio Nobel, 57, 248, 260
preocupações com a saúde, 237-9
primos, 16; *ver também* família extensa; Alexander, Walter
prioridade na ciência, 123
processo termítico, 29, 48
profundidade, percepção de, 145-6
proporções fixas, 79, 124, 151-2
Proust, Joseph-Louis, 151-2, 196, 278
Proust, Marcel, 278
Prout, William, 293

quanta, teoria dos, 223, 297-303, 305, 307-8, 313
química: de cozinha, 72; e pensamento químico, 133; eletrônica, 300-1; em exames médicos, 18; estrutural, 161; história da, 52, 106; paixão de Scheele pela, 49; perigos da, 74, 89-90, 227, 237; quantitativa, 113-5, 117; sintética, 317

rabanetes, 31, 91, 95, 317
rádio, 203, 215, 255-60, 262-8, 284, 287-8, 291
radioatividade, 77, 223, 251-60, 262-8, 282-92, 305, 316; perigos da, 225, 261, 264, 282; usos na medicina, 254, 264
radioquímica, 260
radônio, 255, 267, 283-4, 287
raios catódicos, 246-7, 252
raios X, 171, 223, 247-54, 265; na medicina, 98, 242, 249, 251; perigos dos, 251
razão áurea, 33-4
redução de minérios, 47, 128
refugiados, durante a Guerra, 23-4, 28, 180
relâmpagos, 35, 166, 246
relatividade, teoria da, 312
relógio: de pêndulo, 34, 240; de rádio, 264; de rua, 138
relógios luminosos, 12, 282
rênio, 40, 203, 207, 318
respiração, 109-10, 112, 275
Revolução Francesa, 117
Roentgen, Wilhelm, 247, 249
romanos, 65, 215
Roosevelt, Franklin D., 292
Roscoe, H. E., 154
Rothschild, Victor, 273
rubídio, 127, 219
Rússia, 15, 36

Sacks, David, 12, 72, 82-3, 104, 178, 184-6
Sacks, Elsie, Landau (mãe), 9-13, 22-3, 30-1, 34, 38, 42, 77, 91, 93, 121, 136, 146, 163, 177, 182-3, 185-6, 214-5, 235-45, 255; *ver também* pais
Sacks, Jonathan (sobrinho), 242
Sacks, Marcus, 12, 22, 82-3, 104, 184-6
Sacks, Michael, 12, 23, 25-7, 104, 147, 182, 187-8
Sacks, Samuel (pai), 12, 18, 29-30, 32, 38, 96-101, 103-4, 175, 178, 183-4, 239, 299, 310; *ver também* pais
safiras, 84, 85
sais metálicos, 72, 76, 79, 111, 128, 197
sal comum *ver* cloreto de sódio
Sal, princípio alquímico do, 108
salmão defumado, 21, 99, 185
samambaias, 77, 241, 276
Scheele, Carl Wilhelm, 45, 47, 49-50, 114, 139, 209
Seaborg, Glenn, 207, 212-3, 320
selênio, 66, 94-5, 142, 197, 200, 304, 317
selos, 80
sentimento e crença religiosa, 30-1, 107, 175, 181, 266
ser judeu, 16, 35-6, 96, 99, 279; *ver também* sentimento e crença religiosa; observância religiosa; sionismo
sexualidade, 271, 276
Shaw, George Bernard, 278
Shelley, Mary, *Frankenstein*, 129
siba, 274-5
silício, 69, 88, 128, 307
sinagoga, 21, 83, 175, 177, 179
sionismo, 173-5
Snow, C. P., 197
Sociedade Literária, 278-9
Soddy, Frederick, 261, 283, 291
sódio, 69, 79, 126, 215-7, 300, 317

Sol *ver* estrelas
solução de Clerici, 70-1
Sommerfeld, Arnold, 298
sonhos, 20, 120, 201, 271, 317, 320
St. Lawrence College, 35, 238
St. Paul's School, 272-4, 277, 278-9
Stent, Gunther, 109; *ver também* prematuridade na ciência
Storrs, Ronald, 174
Suíça, 269-71
supercondutividade, 303, 320
surdez, 41, 186
Swan, Joseph Wilson, 54
Szilard, Leo, 292

tabela periódica: anomalias e rearranjos de elementos, 202, 207, 294-5; confirmação eletrônica da, 191-3, 196, 295, 299-302; dúvidas sobre, 206; elementos radioativos na, 259-60, 286-7; mendeleieviana, 213, 287; outras versões da, 203, 211, 300-1; periodicidade na, 192-3, 212-3; predições e, 202-5, 207-9; primeira visão da, 190; tendências na, 194-7, 207; *ver também* grupos químicos
Talbot, William Henry Fox, 139
tálio, 70, 199, 287, 309, 310
tântalo, 39, 48, 55-6, 58, 66, 69, 318
tecnécio, 203
televisão, 230
telúrio, 66, 94-5
teoria e prática em fundição, 46
Terra: composta de ferro, 11; idade da, 285; pesagem da, 124; processos geológicos na, 42-3, 62, 127
Thomson, J. J., 258, 266
Thomson, Thomas, 155

Thorpe, *Dictionary of applied chemistry*, 316
tias: Alida Sacks Eban, 101-2, 173; Annie Landau, 23, 174-5, 177; Birdie Landau, 19, 23, 37-8, 136, 177, 181-3; Dora Landau, 22, 177; Len Landau, 23, 33-4, 92, 138, 177, 188, 216, 223, 307; Lina Sacks Halper, 21, 102-5; Rose Laudau, 41, 140; Violet Landau, 180; outras, *ver* família extensa
tintas invisíveis, 76
tios: Abe Landau, 41-2, 53, 170-1, 216, 218, 223-4, 227-8, 230-4, 246-7, 253, 262, 264, 266, 271, 282, 287, 296, 303-4, 310; Bennie Sacks, 105; Dave Landau (Tio Tungstênio), 13-4, 39-49, 51-8, 63-4, 68, 74, 79, 90, 93, 106, 160, 209, 223-4, 233, 310, 315-6; Mick Landau (Tio Estanho), 41-2, 51, 77; Yitzchak Eban, 102, 249-50, 253; outros tios, 223, 270; *ver também* família extensa
tório, 54, 256-7, 266, 289
transparência de minerais, 11, 66
tubos de descarga de gás, 221, 225, 230
tubos de raios catódicos, 230
tubos de vácuo, 51, 224
Tungstalite, 13, 57, 224
tungstênio, 13, 44-6, 48-9, 69, 119, 171, 224, 317; balas de canhão, 45; denominação do, 45; filamentos de, 13, 40, 55-7; papel biológico do, 317; proteção contra o fogo, 76; qualidades físicas do, 14, 44-5; som do, 14, 315; uso na Guerra, 39; Universidade Hebraica, 103

uraninita, 253, 257-61
urânio, 20, 41, 66, 74, 77-8, 207, 211, 231, 252-4, 256, 264-5, 284-6, 288, 290, 316-7
Urbain, Georges, 295

vácuo, efeitos do, 110
valência, 85-6, 192, 205, 208, 301
Valentin, *Practical Chemistry*, 77
vanádio, 67, 84-5, 142, 208, 275, 301, 317
velas, 78, 112, 180
venenos, 89-90, 215, 226, 310
Viagens de Gulliver, 28, 237
vidas de químicos, 67; *ver também* Curie; Dalton; Davy; Lavoisier; Mendeleiev; Scheele
vinho, 177-8
visão em cores, 143-4
volframita, 45, 47
Volta, Alessandro, 123, 163, 166, 197

Wechsler, irmãos, 57
Wedgwood, Thomas, 139
Weeks, Mary Elvira, *The discovery of the elements*, 67, 90
Wells, H. G., 43, 136, 138, 147-9, 169, 251, 291, 311
Welsbach, Auer von, 53-5, 67, 261
Wimshurst, máquina de, 159-60, 166
Wolf, nome, 45, 105
Wood-Jones, Frederick, 244
Wordsworth, William, 314
Wright, Wilbur e Orville, 15

xenônio, 119, 205, 316
xilita, 45, 47, 68

Young, Thomas, 266

zinco, 10, 53, 118, 123, 162
zircônio, 53, 65, 67, 69, 135

1ª EDIÇÃO [2002] 3 reimpressões

ESTA OBRA FOI COMPOSTA EM TIMES PELA SPRESS E IMPRESSA PELA
GEOGRÁFICA EM OFSETE SOBRE PAPEL PÓLEN SOFT DA SUZANO PAPEL
E CELULOSE PARA A EDITORA SCHWARCZ EM ABRIL DE 2016